教育部人文社会科学研究一般项目（22XJC630010）
重庆市社会科学规划博士项目（2021BS071）
重庆市教育委员会人文社会科学研究一般项目（22SKGH208）
重庆工商大学土地资源管理国家级一流本科专业建设经费支持

张露洋　雷国平　王兆林　鄂施璇 / 著

粮食安全背景下流域耕地利用变化对耕地健康产能影响研究
——以挠力河流域为例

LIANGSHI ANQUAN BEIJINGXIA LIUYU GENGDI LIYONG BIANHUA DUI GENGDI JIANKANG CHANNENG YINGXIANG YANJIU
——YI NAOLIHE LIUYU WEILI

中国财经出版传媒集团
经济科学出版社
Economic Science Press
·北京·

图书在版编目（CIP）数据

粮食安全背景下流域耕地利用变化对耕地健康产能影响研究：以挠力河流域为例/张露洋等著. -- 北京：经济科学出版社，2024.7

ISBN 978-7-5218-4648-5

Ⅰ.①粮… Ⅱ.①张… Ⅲ.①流域—耕地利用—影响—耕地保护—研究—黑龙江省 Ⅳ.①F323.211

中国国家版本馆 CIP 数据核字（2023）第 082747 号

责任编辑：杜 鹏 武献杰 常家凤
责任校对：王肖楠
责任印制：邱 天

粮食安全背景下流域耕地利用变化对耕地健康产能影响研究
——以挠力河流域为例

张露洋 雷国平 王兆林 鄂施璇／著
经济科学出版社出版、发行 新华书店经销
社址：北京市海淀区阜成路甲 28 号 邮编：100142
编辑部电话：010-88191441 发行部电话：010-88191522
网址：www.esp.com.cn
电子邮箱：esp_bj@163.com
天猫网店：经济科学出版社旗舰店
网址：http://jjkxcbs.tmall.com
北京中科印刷有限公司印装
710×1000 16 开 14.5 印张 210000 字
2024 年 7 月第 1 版 2024 年 7 月第 1 次印刷
ISBN 978-7-5218-4648-5 定价：99.00 元
（图书出现印装问题，本社负责调换。电话：010-88191545）

前　　言

粮食安全是维持人类社会稳定的基础性问题，关乎国民经济的发展、社会的和谐以及国家的自立自强。耕地是确保粮食安全的重要基础资源。虽然耕地数量保护在近些年取得一定的成效，但由于持续多年的高强度利用，耕地逐渐显现出退化、边际化等问题，为国家耕地可持续利用带来了严峻挑战。保障耕地健康是目前耕地保护需要进一步提升的方面，相关途径和措施仍在探索，建设耕地健康产能为促进粮食数量、质量的提升以及耕地利用的可持续发展带来了新的方向。耕地健康产能是耕地保障高水平且稳定的产出、并保持和改善生产环境的能力，是产出的可持续发展能力，主要包括产能、产能稳定性以及土壤环境健康三个方面。耕地利用变化通过直接改变耕地数量和投入水平进而对产能、产能稳定性和土壤环境健康产生影响，生态用地开垦或者粗放的农业经营方式在短时间内会提升产能，但长期易造成土地退化和农业污染，不利于产能的稳定与可持续，进而影响耕地产能的健康发展。本书的研究区挠力河流域位于三江平原腹地，是国家重要的商品粮基地。快速的耕地扩张、过度的农业投入虽提高了区域产能，但产能不稳定性显著，1985~2020年产能波动指数大于5%的年份高达52.7%。同时，区域土壤环境已出现养分不均衡、土壤侵蚀等问题。湿地向耕地的开垦使区域土壤有机碳降低了90%以上,① 土壤侵蚀面积占比由1954年的4.96%增至2000年的18.61%。② 不利于耕地的可持续发展，对国家粮食安全与稳定带来威胁。因此，亟须明晰挠力河流域耕地利用变化对耕地健康产能的影响过程，并在此基础上开展耕地利用优化研究。

当前关于耕地健康产能评价、耕地利用变化对耕地产能、产能稳定性以及土壤环境健康的影响等方面的研究成果较为丰富，但耕地健康产能的评价研究存在“重环境、轻稳定”、耕地健康产能的影响机理研究存在“重静态、轻动态”等问题，相关研究仍需加强。本书从耕地健康产能、土壤健康的内涵，以及可持续发展、土地资源优化配置、报酬递减规律等理论出发，遵循“过程—影响—调控”的研究思路，在构建研究区1985～2020年耕地数量、质量、产能以及土壤环境健康数据库的基础上，运用3S技术、计量数理模型等分析方法，分析研究区耕地数量和质量变化对耕地产能、产能稳定性以及土壤环境健康等影响的基础上解释耕地利用变化对区域耕地健康产能的影响，并针对不同区域耕地利用变化对耕地健康产能的影响差异从静态和动态两方面进行针对性的耕地利用指导，以期为耕地健康风险区、产能储备区、产能不稳区等区域的土地整治与利用规划、占补平衡政策的实施等提供合理参考。

本书一共8章，第1章主要介绍了耕地健康产能保护的迫切需求，以及耕地利用变化对耕地健康产能影响研究的背景、意义、国内外研究动态、主要研究内容、研究方法和技术路线；第2章主要针对核心概念、理论基础及理论分析框架进行一定阐述与诠释；第3章对研究区挠力河流域的概况及分析数据的来源做了简单介绍；第4章对研究区耕地利用状况和

---

① 刘景双，杨继松，于君宝，等. 三江平原沼泽湿地土壤有机碳的垂直分布特征研究［J］. 水土保持学报，2003，17（3）：5－8.

② 张树文，王文娟，李颖，等. 近50年来三江平原土壤侵蚀动态分析［J］. 资源科学，2008，32（6）：843－849.

耕地健康产能情况做了一定分析；第 5 章分析了研究区耕地数量变化对耕地健康产能的影响；第 6 章分析了研究区耕地质量变化对耕地健康产能的影响；第 7 章基于耕地产能健康提出了耕地的优化建议；第 8 章对全书内容进行了总结。

由于作者水平有限，错误或不足之处在所难免，敬请读者批评指正。

作　者

2024 年 5 月

目　　录

第1章
绪　　论

1.1　研究背景

1.1.1　耕地健康产能保护的迫切需求

粮食安全是维持人类社会稳定的基础性问题，更是对于拥有14亿人口的中国的重大战略问题，粮食的安全关乎国民经济的发展、社会的稳定和谐以及国家的自立自强。随着人口总量的进一步增长、新型城镇化的快速发展、消费层次的进一步提高，刚性增长仍是粮食消费的主导增长模式，粮食供求关系"紧平衡"态势仍将长期出现。耕地是确保粮食安全的重要基础资源。虽然耕地数量保护在近些年取得一定的成果，但由于持续多年的高强度利用，耕地逐渐显现出退化、边际化等问题，为国家耕地可持续利用带来了严峻挑战（杨庆媛，2017）。贫瘠化、酸化、水土流失、次生盐渍化致使耕地退化程度愈发严重；长期不科学不合理的施肥致使耕地土壤养分失衡、提高有机质和土壤肥力下降的风险（周健民，2015；成升魁等，2018）。长期的不合理利用造成耕地数量减少、质量下降、生态环境遭受破坏等问题，威胁国家粮食安全与稳定。人多地少的基本国情对农业生产提出了集约化经营的基本要求，需提高现有耕地的产出率和水资源利用率，建设旱涝保收、高产稳产的高标准农田，进一步走以内涵开发为主的可持续发展战略道路（顾益康，2012；朱晓峰，2013；韩连贵等，2018）。

随着耕地“三位一体”保护、耕地质量的内涵界定在生态景观以及健康可持续等方面认识的逐步加深，学者对于耕地健康及耕地健康产能的认识与分析愈发重视。耕地健康是指耕地可以实现质量目标、产能目标和环境目标，具有持续生产农产品的能力。作为一个综合性的概念，耕地健康要求耕地在拥有优质的、无污染的生产环境基础上，拥有良好的质量和较高的产能（李强等，2011）。随着耕地利用与保护逐渐受到重视，18 亿亩耕地红线保障了国家粮食数量的安全，而粮食质量安全问题需要健康的耕地进行保障。保障耕地健康也是目前耕地保护需要进一步提升的方面，相关途径和措施仍在探索，建设耕地健康产能为促进粮食数量、质量的提升以及耕地利用的可持续发展带来了新的方向（徐保根，2016；王彦，2019；汤怀志等，2021）。

耕地产能健康的提出，始源于耕地资源利用与管理基础上对耕地内涵认识的加深。耕地健康产能是一个评价式的概念，它是在耕地产能、环境、自我恢复能力以及产品品质等要素管理的基础上提出的。耕地产能的健康是耕地利用过程中各项功能的正常体现，主要表现为：耕地的农业生产能力应是稳定、可持续的；在一个完整的生产周期具有一定的自我调节能力和应对损害的恢复能力；产出产品是健康的，不会对人体造成危害（汤怀志等，2021）。可见，健康产能不仅要求耕地质量要优、产能要高，还要求产能要稳定及可持续，以及生产环境的健康无危害。土壤环境作为农作物生长的基本条件要素，其健康与否直接影响农作物长势与农产品品质，进而影响耕地健康水平。健康的土壤可以提高农作物生产力，促进农作物和人类的健康发展，维护水资源和空气的环境质量，保护土壤有机体群落的多样性，抵抗人类活动和气候变化带来的胁迫以及环境退化（侯美亭，2011）。国内外众多学者常通过判断土壤健康与否辨别耕地健康情况（Wang et al.，2019；李金有等，2019；高凤杰等，2020；Zumpf et al.，2021）。

可持续发展理论是耕地健康产能内涵界定的理论基础。耕地产能的高低不能代表健康与否，而健康不仅要考虑环境污染问题，更要考虑可持续发展问题，应从长时间尺度分析其稳定性等可持续性的能力以及土壤健康情况进而评价其健康产能的综合表现。因此，耕地健康产能的内涵主要表现在耕地产能、产能稳定性以及土壤健康三个方面（见图1.1）。

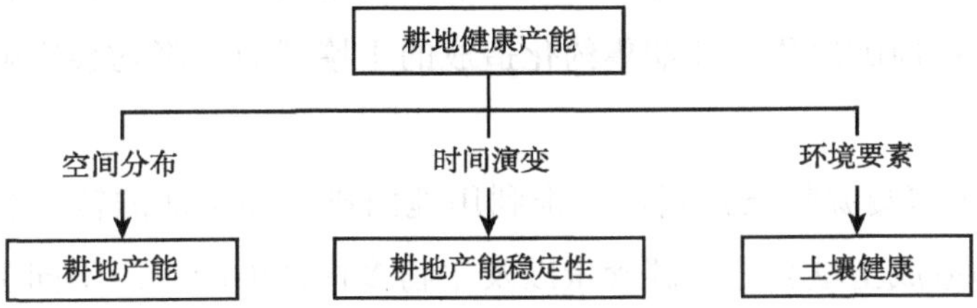

图1.1　耕地健康产能内涵界定

资料来源：作者自行整理。

1.1.2　耕地利用变化对耕地健康产能的影响显著

基于耕地健康产能的内涵，耕地利用变化对耕地健康产能的影响主要体现在耕地产能、产能稳定性以及土壤环境健康三个方面（见图1.2）。粮食生产的影响因素很多，耕地是其中最为基础也最为重要的，它是粮食生产得以持续增长的重要资源动因，其他因素均要以耕地为载体和作用对象。耕地产能总量变化是耕地面积变化与单位面积耕地产能变化的综合表现，而耕地质量对单位面积耕地产能影响较大。因此，耕地质量优劣和数量多寡通过影

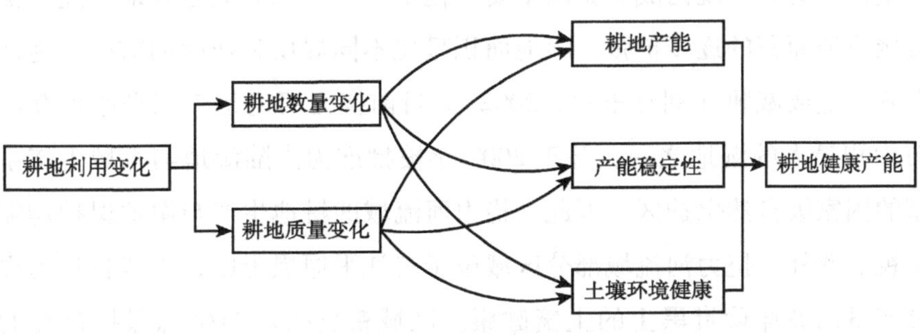

图1.2　耕地利用变化对耕地健康产能的影响

资料来源：作者自行整理。

响粮食单产和总产水平，对区域粮食安全与稳定影响重大。

耕地利用变化通过直接改变农业土地资源的数量、质量进而对耕地整体生产能力产生影响（相慧等，2012；徐珊等，2012；李建平等，2012）。同时，耕地利用方式和强度变化对耕地产能的稳定性产生一定影响，土地利用变化导致的耕地破碎化、长期集约化造成的土壤肥力下降均会影响耕地产能的稳定性。

《世界土壤资源状况》指出，未利用地向耕地和草地的转换加大土壤侵蚀风险，易造成土壤养分、碳含量以及生物多样性的减少。不同土地及耕地利用方式对土壤有机碳、肥力、养分等产生影响，致使耕地利用变化对土壤健康产生影响（赵庚星等，2005；曾孙坚，2008；陈晓娟等，2013）。耕地利用变化对综合生产能力的影响可能来源于生态用地开垦或者过量的农业投入，短时间尺度内表现为生产能力提高，但是长期则易造成土地退化和农业污染，最终导致生产能力降低，不利于生产能力的稳定与可持续，进而影响耕地产能的健康发展。

1.1.3 耕地利用变化下区域耕地产能健康存在风险

挠力河流域位于三江平原中部，是土地开发历史较早的流域，随着数次湿地开垦、森林砍伐，区域农业开发活动十分活跃，耕地面积持续增加、粮食产量快速提升，现已成为我国重要的粳稻主产区和商品粮基地。随着挠力河流域耕地面积的逐步扩张，湿地面积呈现不同规模和速度的减少，为区域生态安全造成威胁（刘红玉等，2002）。目前挠力河仍是三江平原现存湿地分布面积最大的湿地之一，并于 2002 年被批准为内陆湿地与水域生态系统类型的国家级自然保护区。因此，挠力河流域的耕地生产与湿地保护均需得到重视。此外，挠力河流域部分区域位于三江平原黑土区，不能盲目为提高粮食产量而破坏珍贵黑土的土壤健康。区域粮食生产与生态保护存在的冲突，为新时期区域耕地数量、质量、生态“三位一体”保护提出了新的要求。

研究区耕地面积占比由 1985 年的 39.93% 升至 2020 年的 62.32%。耕地的快速扩张极大地提高了区域粮食生产能力，但对产能稳定性产生不利影响，1985～2020 年中有 19 个年份产能波动幅度大于 5%，加之区域可耕后备资源的有限性，均为国家粮食安全与稳定带来风险。同时，化肥的施用仍是近阶段区域粮食增产的主要推力，但过度使用化肥易造成难以挽回的生境影响，不利于耕地的可持续发展（万炜等，2019）。

《世界土壤资源状况》报告指出了土壤健康面临的十大威胁：土壤侵蚀（soil erosion）；土壤碳损失、有机碳变化（soil carbon loss、organic carbon change）；养分不平衡（nutrient imbalance）；土壤盐渍化、土壤碱化（soil salinization、soil sodification）；土地占用与土壤封闭（land take and soil sealing）；土壤生物多样性减少（soil biodiversity loss）；土壤污染（soil contamination）；土壤酸化（soil acidification）；土壤压实（soil compaction）和土壤渍涝（soil waterlogging）。

基于以上指标，区域土壤健康存在风险。挠力河流域土壤侵蚀面积占比由 1954 年的 4.96% 增加至 2000 年的 18.61%，土地利用方式的改变与土壤侵蚀的加剧表现出一致性（张树文等，2008）。三江平原湿地开垦为耕地后，随着种植时间的不断推移，土壤有机碳含量和储量出现了显著下降的趋势，土壤有关性状出现退化（董芳辰等，2017）。沼泽湿地垦殖为水田和旱田后，土壤有机碳、全氮含量显著降低（宫超等，2015）。综合分析作物生长所需的最基本的养分元素（C、N、P、K），发现挠力河流域土壤养分存在轻度贫瘠和中度贫瘠（杨厚翔等，2018）。三江平原土壤重金属污染情况整体表现良好，存在污染的区域面积占比为 3.5%，挠力河流域土壤重金属含量低于污染警戒线（于磊等，2004）。三江平原通过“以稻治涝”策略，改善因地势低洼、降水集中造成的土壤水分过饱和问题，并取得了一定成效（周学国等，2004）。可见，区域威胁土壤健康的因素主要有土壤侵蚀以及养分不均衡。

1.2 研究目的与意义

1.2.1 研究目的

为应对耕地利用变化对区域农业生产以及粮食安全带来的不稳因素与潜在威胁，从耕地健康产能、土壤健康的内涵，以及可持续发展、波动周期、土地资源优化配置、报酬递减规律等理论出发，分别在分析研究区耕地数量变化和耕地质量变化对耕地产能、产能稳定性以及土壤环境健康等影响的基础上解释耕地利用变化对区域耕地健康产能的影响机理；在分析挠力河流域耕地健康产能时间演变与空间分异特征的基础上进行区域耕地健康产能分区，并针对各分区耕地利用变化对耕地健康产能的影响差异进行针对性的耕地利用指导。

1.2.2 研究意义

1.2.2.1 理论意义

（1）有助于丰富和完善耕地健康产能研究体系与理论内涵。当前耕地健康产能相关研究仍处于探索阶段，在理论内涵、研究体系、研究方法等方面仍有较大发展空间。本研究以可持续发展理论为指导，从时间演变、空间分布以及环境要素等方面对耕地健康产能的理论内涵进行了深入分析，强调了时间尺度上产能稳定性对耕地健康产能的重要作用，为耕地健康产能相关研究提供了新的思路；同时，进行挠力河流域典型农业生产生态保护矛盾区的耕地健康产能研究有助于丰富相关研究体系。

（2）有助于客观且清晰地认识耕地利用变化对耕地健康产能的影响过程，为科学合理的耕地资源管理和耕地的可持续利用提供依据。本研究分析了耕地质量气候条件、地形特征、土壤性状、耕作条件等方面16个因子变化对耕地健康产能的影响差异，涉及土地科学、气象学、地理学、生态学、农学等多学科的理论知识，是一个系统思维下的科学研究。理清耕地质量因子变化对区域耕地健康产能的影响有助于进一步丰富农田生态系统、耕地资源可持续利用等相关理论，为区域耕地资源优化配置提供科学依据。

（3）有助于丰富和完善自然资源要素之间相互影响机理的理论框架。气候资源、土壤资源、土地利用资源等作为自然资源的重要组成部分，彼此之间相互联系、相互渗透、相互制约。土地资源的利用往往受制于气候资源的变化，而土地利用格局的改变会对气候产生一定的影响。研究可为理清自然资源要素之间的相关影响等研究提供理论基础。

1.2.2.2 实践意义

（1）有助于科学、系统地了解挠力河流域耕地利用及耕地健康产能的时间演变和空间分异特征。基于耕地健康产能的内涵与可持续发展、作物生长动力学、波动周期等理论的指导，阐述了研究区1985～2020年耕地数量、质量与耕地产能、产能稳定性、土壤环境健康的时间演变规律和空间分异特征，为科学、系统地把握研究区耕地利用及耕地健康产能的时空变化特征提供合理参考。

（2）有助于为区域的土地整治与利用规划、占补平衡政策的实施等提供合理参考。挠力河流域是我国重要的商品粮基地，为保障黑龙江省和国家粮食安全与稳定作出了突出贡献；同时，该区域也包含国家级自然保护区和珍贵黑土区。农业生产与生态保护兼重，耕地资源、生态用地以及黑土区的合理利用显得尤为重要。理清耕地利用变化对耕地健康产能的影响过程，可为产能储备区、产能不稳区、耕地健康风险区等区域的土地整治与利用规划、占补平衡政策的实施等提供合理参考，可为保障区域与国家粮食安全与稳定奠定基础。

（3）为国内其他粮食主产区的耕地健康产能保护和耕地资源优化配置等提供一定的借鉴。国内其他粮食主产区与挠力河流域一样，为保障国家粮食安全与稳定做出了突出贡献。本研究以耕地产能健康和耕地资源可持续利用为目标，分析了耕地利用变化于耕地健康产能的可能影响，相关研究体系、方法、结论可以为国内其他粮食主产区的耕地健康产能保护和耕地资源优化配置等研究提供一定的借鉴与参考。

1.3 国内外研究动态

1.3.1 国外研究动态

1.3.1.1 耕地健康产能评价与耕地产能计算相关文献综述

（1）耕地健康产能评价。随着经济建设和社会迅速发展，土壤环境污染、生态环境恶化等问题愈发受到重视。国内外学者愈发注重土壤环境的健康以及粮食数量和质量的双重安全。国外学者关于耕地质量、耕地健康、耕地质量健康、耕地产能健康等方面的探索与研究主要聚焦于土壤健康方面（Negasa et al.，2017；Igalavithana et al.，2017；Pokhrel et al.，2020）。

美国自然资源保护局将土壤健康（土壤质量）界定为一种能力，是在满足作物生长基本需求的基础上，不损坏生态环境的能力，这种能力是动植物和人类生态系统得以可持续发展的基础动因。20 世纪 80 年代加拿大出现了一系列土壤污染问题，对人类身体健康和生态系统可持续发展带来了极大的威胁，因此该国大力推出“土壤健康”项目，以期通过《国家污染场地修复计划》对土壤污染状况进行监测、修复与控制（Acton et al.，1995）。20 世纪 90 年代以来，随着土地荒漠化、水土流失等土壤健康问题的逐渐加剧，为满足人们对土地可持续利用的需求以及对土地资源的有效管理，联合国粮食及农业组织（FAO）发布了《可持续土地利用管理评价大纲》，并将可持续土地利用的基本原则界定为生产性、稳定性、保护性、可行性以及可承受性（FAO，1993）。可持续逐渐成为耕地利用与保护的重要内容。21 世纪以来，欧盟启动了“土壤环境评价健康项目”，将影响欧洲土壤健康的原因划定为 9 个方面：土壤盐渍化、土壤侵蚀、土壤封闭、生物多样性下降、土壤有机质下降、土壤污染、土壤压实、山体滑坡和土地荒漠化（Kibblewhite et al.，2007）。2007 年，美国康奈尔土壤健康研究团队为评估土壤环境健康状况，在土壤健康方面构建了研究体系，推动了相关研究的发展。

关于土壤健康的研究，相关学者则更关注于影响因素评估、影响指标选取以及评价分析框架等方面。卢梭等（Rousseau et al.，2013）评估了农业管理措施和农林复合系统对土壤质量和功能不同参数的影响，阿优比等（Ayoubi et al.，2011）评估了土地利用变化对土壤质量指标的影响。阿普费尔鲍姆等（Apfelbaum et al.，2019）在生态系统健康背景下界定了土壤健康的理论框架，卢兹等（Luz et al.，2019）利用土壤管理评估框架监测了巴西南部多种农业种植制度中的土壤质量变化。

（2）耕地产能计算与模拟。耕地产能计算与模拟的方法主要有趋势外推法、经验法、机理法等。

趋势外推法是根据作物实际产量的变化趋势通过数理模型的方法进行产量预测，常见方法有灰色系统模型、神经网络模型、指数平滑等。斯塔斯特尼等（Stastny et al.，2011）运用多层神经网络模型对作物产量水平进行了预测。经验法主要表征气候生产能力，在测算气温、降水、光照等气候因子与实际产量之间函数关系的基础上，根据气候因子反推粮食生产能力。较为常见的函数关系模型包括 Miami 模型和 Thornthwaite Memorial 模型。利特（Lieth，1973）在分析生产力与年平均气温和降水量关系的基础上，提出了一个大陆初级生产力的 Miami 模型。Thornthwaite Memorial 模型在 Miami 模型的基础上，进一步考虑了年实际蒸发量对气候生产能力的影响。机理法是基于作物生长动力学理论和产量形成机理，从作物生长所需的光、温、水、土出发，以逐级修正的方式计算作物光合生产潜力、光温生产潜力、气候生产潜力和土地生产潜力的方法，分为单作物模型和通用模型两种。WOFOST、ORYZA、WheatSM、AEZ 等模型都是机理法产能计算的常用模型（Ceglar et al.，2019；Marcus et al.，2020）。随着遥感技术的快速发展，遥感影像信息越来越丰富，通过产量与遥感影像光谱之间的函数关系，可以构建产量反演模型，达到快速且客观地提取作物产量信息的目的（Thenkabail et al.，1994；Zhang et al.，2008；Michael et al.，2018）。

1.3.1.2 耕地利用变化对耕地健康产能影响的相关文献综述

（1）耕地利用变化对耕地产能影响的相关文献综述。耕地是粮食生产得以持续增长的重要资源动因，其他因素均要以耕地为载体和作用对象。耕地利用变化直接改变农业土地资源的数量、质量和利用结构进而对耕地整体生产能力产生影响。

耕地数量变化引起的产能变化，主要指建设用地侵占农用地引起的生态系统功能、生物多样性和粮食生产潜力变化等方面。里马尔等（Rimal et al.，2019）分析了尼泊尔东部科西河流域土地利用和覆被变化对生态系统服务功能的影响，发现土地覆被变化导致粮食产量和碳储量呈下降趋势，但流域整体生态环境质量有所提高。法内达等（Farneda et al.，2020）探讨了土地利用变化对物种多样性的影响。格雷厄姆等（Graham et al.，2019）研究发现土地利用变化对群落多样性产生影响，进而影响土地生产能力。汉等（Khan et al.，2019）分析了城市扩展和土地利用变化对地表温度和农业生产力的影响，发现甘蔗和大麦大量减产。除了部分学者探讨耕地数量变化对耕地产能的相关影响外（Milesi et al.，2003；Imhoff et al.，2004；Pei et al.，2013），还有学者从耕地质量角度探讨其对耕地生产能力的影响。在构建耕地资源质量评价体系、耕地资源质量评价方法、土地退化对粮食生产能力的影响等方面做了较多的探索和研究（Nakadai et al.，1993；Walker et al.，2015；Patrick et al.，2016；Nosrati et al.，2019）。卡纳尔等（Khanal et al.，2021）利用6种机器学习算法探讨了农田机械、土壤机械压实对土壤健康和作物生产力的负面影响。伊戈尔等（Igor et al.，2018）比较了不同耕作制度对克罗地亚黏壤土的土壤压实、土壤侵蚀和作物产量的影响，发现耕作处理对土壤物理参数、土壤流失量和作物产量均有影响。库马尔等（Kumar et al.，2016）评估了气候变化对印度作物农业土地生产力的影响，发现土地生产力随年平均最高气温的升高而降低，需要增加更多灌溉设施和种植肥料以减轻气候变化对农业的负面影响。

（2）耕地利用变化对耕地产能稳定性影响的相关文献综述。耕地利用变化通过直接改变耕地数量和耕地利用方式进而引起产量波动，对产能的稳定性产生影响（Enfors et al.，2007；FAO，2012）。

国外常通过田间试验的方式分析产量及产能波动的原因，产能的波动往往对应着产能的不稳定性，而造成这种不稳定性的原因包括耕地数量变化和耕地质量变化。莫汉等（Mohan et al.，2016）研究了印度各区域产量波动格局，发现印度中部后期播种环境下产量波动幅度更大，卢迪亚纳和贾巴尔普尔由于自身的自然禀赋可以减缓环境变化带来的压力。吉佐等（Gizaw et al.，2016）研究发现华盛顿东部地区籽粒产量和光谱反射率指数普遍表现出较高的遗传变异性。巴西等（Bacsi et al.，2019）研究了农户行为，发现良好的农作物生产技术会在变化的环境条件下提供高产，即保持单产波动小。恩克比韦等（Nkebiwe et al.，2016）指出深埋地下肥料可能减轻日益频繁的高温和干旱对全球粮食生产的负面影响。黑里奇等（Herridge et al.，2019）通过相关实验，发现缅甸中央干旱区农民实行的传统耕作消耗了土壤中的有机物，并使土壤遭受了物理降解，土壤表现出质地粗糙、保水性低、浸出潜力高且营养不足的特征。拉赫曼等（Rahman et al.，2013）指出孟加拉国沿海地区水稻的土壤盐分和一些必需的土壤养分受"虾—稻"系统影响，导致稻米减产，并威胁当地"虾—稻"种植系统的可持续性。拉金等（Larkin et al.，2010）研究发现油菜轮作的块茎产量高于连续种植马铃薯或大麦/三叶草。覆盖作物的添加增加了细菌的数量、微生物的活性，对土壤微生物特性产生了显著的影响，提高了块茎产量。

（3）耕地利用变化对土壤环境健康影响的相关文献综述。土壤健康是土壤维持环境质量、作物生产力以及生态系统健康的能力。耕地利用变化通过改变土地覆被、土地利用强度和土地管理措施进而对土壤结构、土壤系统养分的再分配等产生深远影响（Fu et al.，1994；Liu et al.，2010）。不合理的耕地利用会引起土壤养分含量下降、土壤侵蚀、土壤污染等问题，最终导致耕地生产能力的下降，不利于耕地利用可持续发展。

（4）国外耕地利用变化对土壤健康的影响多集中在轮作、保护性耕作、耕地开垦、耕地投入等对土壤环境健康的可能影响。凯伊克乔格鲁等（Kayikcioglu et al.，2020）分析了土耳其西部地中海土壤以番茄为基础的多种轮作种植对土壤健康的影响，发现 CR4（番茄、豆类、小麦和芥菜轮作）和 CR2（番茄、豆类和芥菜轮作）两种不同的耕作制度均可通过改善土壤呼吸、矿化氮素、脱氢酶和葡萄糖苷酶的活性来促进土壤健康。纳迪姆等（Nadeem et al.，2020）研究发现在小麦常规和保护性耕作系统中，残留锌改善了土壤健康、生产力和稻米品质。比利亚里诺等（Villarino et al.，2019）研究发现从自然生态系统到农业系统的土地利用变化会对土壤有机碳储量产生负面影响，因此提高农业生产能力应通过提高作物产量而不是通过扩大耕地面积。切尔奇奥卢等（Çerçioğlu et al.，2019）研究了覆盖作物管理对土壤水力特性的影响，发现覆盖作物管理对每年的饱和导水率有显著影响，而土壤容重、土壤持水量和孔隙分布受土壤深度的影响较大，覆盖作物对黏性土的一些水力特性有轻微的改善，但这种改变可能需要几年的时间。巴赫尚德等（Bakhshandeh et al.，2019）分析了伊朗北部土地利用变化对土壤质量和生物肥力的影响，发现土地利用变化对土壤的大部分性质有显著影响。与天然林相比，土壤有机碳（soil organic carbon，SOC）和全氮（total nitrogen，TN）储量随土地利用变化而减少。

1.3.2 国内研究动态

耕地健康产能评价及耕地利用变化对耕地健康产能影响的相关研究虽处于发展阶段，但学者已针对此类科学问题申请了《基于效力预测的耕地健康产能形成动力机制与财政支持体系研究》《气候变暖背景下三江平原耕地利用变化及其对粮食产能的影响》《黄淮海平原耕地利用变化对耕地生产潜力和粮食生产的影响》等国家自然科学基金项目。且 2019 年至今，相关领域的学术论文发表数量显著增加。可见，学者对耕地健康产能评价及耕地利用变化对耕地健康产能影响等科学问题逐渐重视，此研究领域成为耕地利用、粮食产能及耕地健康等耦合研究的重要方向。

1.3.2.1　耕地健康产能评价与耕地产能计算相关文献综述

（1）耕地健康产能评价。近年来，为评价耕地健康状况，我国开展了大量卓有成效的工作。环保部颁布《土壤环境质量标准》（GB 15618—1995）以评价、监测农用地污染情况，国土部颁布《农用地质量分等规程》（GB/T 28407—2012）以指导农用地质量评价，农业部颁布《耕地质量等级》（GB/T 33469—2016）以指导耕地地力调查与评价，地质调查局颁布《土地质量地球化学评价规范》（DZ/T 0295—2016）以指导土壤地球化学情况的调查与评价。耕地产能核算、评价也逐渐加入健康、可持续等方面的指标。

相关学者应用上述数据和资料开展耕地健康产能评价和分区相关研究。李强（2012）评价河北省栾城县耕地健康综合指数发现，2010 年区域耕地健康面积占比最大，其次是亚健康区域。综合来看，研究区耕地健康状况良好。赵瑞等（2019）研究发现河南省温县耕地产能和耕地健康的空间分异性显著，耕地健康产能的判定主要取决于耕地健康诊断的结果，耕地生产环境和耕地系统的弹性对耕地健康产能情况的影响较大。高璐璐等（2020）基于“需求—功能—维度—要素—指标”的研究思路，从耕地产能和耕地健康两个维度构建评价指标体系，发现吉林省大安市耕地产能较低，但耕地健康状况较好；利用状况、有益生态状况对耕地健康产能的影响较大。叶思菁等（2019）选取 65 个县域进行中国耕地健康产能试点评估，发现试点县耕地的亚健康现象显著，主要受耕地破碎化和农田基础设施不足等的影响，同时受气候、土壤结构以及耕作技术等的影响，耕地的生态系统服务能力逐渐退化；不健康高产区分布广泛，可作为藏粮于地的优选区域。温良友等（2019）根据耕地健康与产能的综合评价进行了北京市大兴区的耕地整治分区研究，发现综合产能限制因素和健康诊断结果的土地整治分区可为区域耕地利用管理、国土空间综合整治提供良好的数据与理论基础。

（2）耕地产能计算与模拟。国内耕地产能计算与模拟的方法也主要集中在四个方面：趋势外推法、经验法、机理法以及遥感估产法。

中国土地资源生产能力及人口承载量项目根据灰色系统预测、逻辑斯蒂增长曲线等方法以趋势外推的方式测算了2000年和2025年的土地资源承载能力（陈百明，1991）。趋势外推法以简单易行等优势曾被广泛应用于产能预测等研究，但因其考虑的因素较少，致使预测精度相对较低、对突发事件的敏感性不足，逐渐被其他方法取代（程志强等，2015）。由于Miami和Thornthwaite Memorial这两种经验法模型所需气候指标较少，因而在国际的应用度较高（李莉等，2014；于智媛等，2017；赵慧颖等，2017；柴晨好等，2020）。但因其仅考虑大尺度气候特征的生产潜力，对农作物生长所需的土壤、耕作条件等其他要素的考虑较少，致使其仅适用于耕地气候生产潜力的测算与研究（赵俊芳等，2019）。由于趋势外推法和经验法的弊端逐渐凸显，机理法耕地产能测算逐渐被重视。机理法模型主要分为单作物模型和通用模型。ORYZA、RCSODS和Wheat SM模型作为国内使用率较高的单作物模型主要模拟分析水稻、小麦等作物的生产能力（孙扬越等，2019）。WOFOST和AEZ模型是较为常用的通用型模型（杜国明等，2016；李晓亮等，2019）。机理法所需参数较多，对研究基础要求较高，因此研究结果难以推广使用。随着遥感技术的快速发展和遥感影像数据的快速更新，多时相、高光谱遥感影像数据逐渐被应用到作物识别、长势监测等相关研究中（杨哲海等，2003；刘斌等，2016）。农作物产量遥感反演的基本原理是根据作物实际长势和遥感影像波段的相关关系，建立回归模型，通过植被指数等预估产量（任建强等，2010）。遥感估产法对数据参数的要求相对较低，操作相对便捷，同时，结果具有一定的推广性。

1.3.2.2 耕地利用变化对耕地健康产能影响的相关文献综述

（1）耕地利用变化对耕地产能影响的相关文献综述。国内由于人多地少的基本国情以及切实保护耕地的基本国策，学者早期主要关注于耕地数量变化对耕地生产能力的影响。通过分析土地利用类型、结构和集约度等耕地利用数量变化特征与统计数据（粮食播种面积、单产等）、产能模拟数据（气候生产潜力、土地生产潜力等）、产能反演数据（NPP 指数、NDVI 指数等）等耕地产能数据的相关关系，分析耕地数量变化对粮食安全与稳定的约束作用。相关研究发现，20 世纪 90 年代中国的土地利用变化致使农田光温生产潜力呈现“南减北增”的分异特征，净增加总量为 2 622 万吨（刘纪远等，2005）。城市化和退耕还林还草政策致使耕地产能的占补平衡出现明显的空间分异特征（闫慧敏等，2012）。2005～2008 年中国耕地数量变化造成了光温生产潜力总量的净减少（程传周等，2010）。1990～2010 年东北平原区受全国耕地开垦引起的光温生产潜力变化的影响较大（王静等，2013；刘洛等，2014）。耕地衰退区和扩张区的气候条件差异直接导致了产能占补平衡的不对等。气候变化致使东北地区耕地光温生产潜力下降，土地利用变化通过增加耕地面积提高了区域光温生产潜力，总体表现为生产潜力的提高（徐新良等，2007）。

随着耕地“三位一体”保护认识的逐渐加深，研究学者意识到耕地总量平衡不仅要考虑耕地数量问题，更要考虑耕地质量问题。因此，耕地质量对耕地产能的影响研究逐渐加强。耕地动态监测和耕地质量评价的相关内容为其提供了坚实的理论基础和丰富的研究方法。姜群鸥等（2010）模拟了未来情景下耕地和耕地生产能力的空间分布情况，发现耕地产能提升潜力较高的区域，提高单位面积产能的效用更大；耕地产能提升潜力较低的区域，扩大耕地面积的效用更大。魏洪斌等（2014）预测了省域尺度耕地数量和质量变化，并分析了其对区域耕地产能的可能影响。肖丽群等（2012）从耕地质量等别的视角分析了长江三角洲地区耕地数量变化对耕地产能的影响，发现未来 10 年区域耕地数量和质量均呈现下降的趋势，占优补劣是区域补充耕地产能下降的主要原因。杨建波等（2017）分析了河南省粮食主产区耕地质量影响因素与耕地产能的关系，发现随着区域耕地质量的提升，产量呈现倒“S”状变化。谢晓彤等（2017）分析了新郑市耕地质量的限制因素，发现土壤质地、有机质、全氮对区域耕地质量和产量产生了显著影响。刘浩然等（2019）分析了黑龙江省耕地产能的影响因素，发现化肥施用量是区域产量提升的主要动因。李青丰（2006）分析了生态安全对于阻止耕地隐性流失的重要意义，强调了生态劣变对耕地和粮食安全的不利影响。

（2）耕地利用变化对耕地产能稳定性影响的相关文献综述。耕地利用变化对耕地产能稳定性的影响主要体现在耕地数量和质量两个方面。随着耕地利用布局调整，耕地的气候、土壤、地形等条件发生改变，致使不同本底条件耕地的生产力以及增产潜力表现出不同的特征。进而导致不同区域耕地产能对耕地变化的敏感性不同，即稳定性不同，而增产潜力的差异导致其产能恢复力的差异。

耕地利用布局的变化可能是耕地向易灾易害区的转移，进而造成产能的不稳定。1980～2010 年中国新增耕地主要分布在土壤和水环境欠优的地区，致使农民面临的风险提升，对粮食生产稳定产生威胁（刘纪远等，2014）。1990～2014 年中国粮耕敏感性经历了“剧烈—平稳—剧烈”的变化，且区域差异性显著，粮食产量的影响因素逐渐多元化（柯新利等，2018）。1990～2005 年中国耕地分布重心和粮食生产重心均呈现“北进中移”的变化趋势，粮耕敏感性逐渐加强，化肥、农药等耕作投入的报酬递减效应逐渐显现（刘彦随等，2009）。2000～2010 年耕地分布重心呈现“南退西移”的态势，粮食生产重心呈现“北进东移”态势，“北粮南调”趋势已初步显现（王佳月等，2017）。人为因素和自然属性均对河北省雄县低产区的产能产生影响，人为因素的影响优势在高产区逐渐显现；全氮、土体构型、盐渍化情况以及有机质含量对区域产能稳定性的影响较大（王庆宾等，2010）。2008～2016 年连云港市的粮耕敏感性逐渐降低，耕地数量变化对区域耕地产能的影响程度逐渐降低（孙潇潇等，2017）。2000～2012 年云南粮耕敏感性逐渐提升，耕地数量变化对区域耕地产能的影响程度逐渐提升（童彦等，2015）。1999 年以来新疆粮食产量稳定性逐步提升，成灾面积、农业机械总动力和化肥施用量对区域粮食产量的波动性影响最大（李福夺等，2016）。河南省的粮食产量呈现剧烈的古典型波动特征（张志国，2011）。成灾面积、有效灌溉面积、粮食作物播种面积、支援农业生产及农业事业费用、降水量以及化肥施用量对河北省粮食产量波动的影响较大（王树涛等，2011）。化肥使用量、自然灾害、农机具总动力、粮食收购价是影响湖南省粮食产量波动的主要因素（龙方等，2010）。

（3）耕地利用变化对土壤环境健康影响的相关文献综述。全球耕地面积约有16亿公顷，不合理的耕作利用方式会引起土壤侵蚀、有机质下降、盐渍化等土壤健康问题，最终导致土壤退化、产能降低（农业部农业贸易促进中心政策研究所，2014）。

相关研究表明，土地利用覆被变化可以降低气候变化导致的土壤侵蚀增加幅度。例如，退耕还林工程减少土壤侵蚀的效果显著。植被的存在加强了降水和土壤侵蚀之间的复杂性，提高了地表抗蚀力（孙智辉等，2009）。耕地开垦通过改变土壤湿度和温度条件，促进土壤呼吸作用，进而对土壤有机质产生影响。三江平原地区湿地向耕地的开垦使区域土壤有机碳降低了90%以上（刘景双等，2003）。随着耕地种植年限的不断延长，耕地的立地条件发生改变，致使土壤养分、地形、地下水位、容重等因素随之产生变化，土壤中的碳储量会呈现“显著下降—趋于平稳”的变化特征（曾希柏等，2006）。开垦3~5年土壤有机碳下降显著；5~15年土壤有机碳的下降趋于平缓；15~30年土壤有机碳又趋于平稳，进入新的平衡期（苏艳华等，2008）。耕地内部结构的变化，如耕地的水田化，通过对土壤碳输入与输出的改变，进而对土壤碳库产生较大影响（孙绪博等，2018）。三江平原耕地的扩张主要是通过对湿地进行开垦完成的，湿地向草甸、旱地和水田的转换会引起地表水位和土壤水分的变化，进而对土壤养分产生影响；化肥施用虽会提升土壤养分，但易对土壤健康产生不利影响（陆琦等，2007）。不同土地利用方式会对土壤重金属元素产生影响。三江平原水田的重金属含量相对较高，水田的As含量显著区别于旱地和湿地，耕地与湿地的Pb含量差异显著，不同土地利用方式的Zn含量的差异不显著（曹宏杰等，2014）。多重尺度上不同土地利用类型的空间组合格局对土壤水分的影响显著（邱扬等，2007）。湿地向耕地的转换以及旱地向水田的转换深刻影响区域土地侵蚀、土壤碳含量、养分含量、重金属污染以及土壤含水量等，进而对土壤健康产生影响。

1.3.3 研究动态评述

1.3.3.1 耕地健康产能的研究体系仍需完善

耕地质量是耕地的属性信息，是衡量耕地好坏的凭据。耕地产能是耕地产品输出的最终表现。耕地质量好的区域往往产能较高，耕地产能是耕地质量的综合表现。在国家粮食产量稳步提升的同时，不合理的耕地利用增加了土壤退化及污染的风险，严重影响了耕地资源的可持续利用。在耕地“三位一体”保护和耕地资源可持续利用的要求下，耕地健康产能的研究显得尤为迫切。目前有关耕地健康产能的研究多集中在农用地分等和土壤环境质量成果相融合的方面，未构建明确的耕地健康产能评价体系。同时，过于注重耕地土壤健康，而忽视了对耕地健康产能在始终具备持续、稳定地进行农业生产的能力以及具有自我调节和对损害的恢复能力等方面的分析。本研究在耕地产能研究的基础上参考可持续利用的理念，在时空维度上考虑耕地产能的稳定性，并在区域土壤健康存在的现实问题基础上从土壤侵蚀、养分失衡等方面入手，综合分析区域耕地健康产能变化规律与空间分异特征。

1.3.3.2 耕地产能计算与反演仍需细化

目前耕地产能计算大多在农用地分等体系上细化评价内容。在大区域尺度研究中有一定的意义。但由于研究区尺度较小，直接应用农用地分等定级的相关成果时存在一些弊端（部分指标以县域为评价单元划定标准；各指定作物的生产潜力指数依据 1961 ~ 1990 年地面气候资料进行计算，数据没有更新。而 21 世纪以来研究区气候变化显著，以 1961 ~ 1990 年的气候资料计算显然不够合理）。同时，部分数据获取难度较大，不宜推广使用。遥感估产法以快速、客观的优势逐渐被应用到科学研究中，BP 神经网络以其非线性映射能力、自学习和自适应能力、泛化能力以及容错能力的优势被广泛应用于识别、分类、预测以及拟合等相关研究中。本书从遥感估产的理论出发，结合实际产量数据运用BP神经网络模型进行实际产能的反演，结果相对客观、精度相对较好。

1.3.3.3　耕地利用变化对耕地健康产能的影响研究有待加强

当前学者对于耕地利用变化对耕地健康产能的影响研究相对不多，但是对于耕地利用变化对耕地产能、产能稳定性以及土壤环境健康等方面的研究较为丰富，已形成一定的研究体系。而耕地健康产能正是在耕地产能、产能稳定性、土壤环境健康等内涵的基础上提出的“评价式”概念，相关研究理论、方法、成果可以为耕地健康产能的研究提供很好的借鉴。但是耕地数量和质量变化对耕地健康产能的影响研究还需完善。当前研究较多从建设用地侵占耕地、农业结构调整等耕地数量绝对变化对生产能力的影响出发，对耕地利用变化图谱的产能、产能稳定性以及土壤环境健康的差异特征；耕地质量因子动态变化对产能、产能稳定性以及土壤环境健康变化的影响差异；区域耕地健康产能分区以及趋势分区等方面的研究仍需加强。耕地利用变化对综合生产能力的影响可能来源于生态用地（草地、湿地）开垦或者过量的农业投入，短时间尺度内表现为生产能力提高，但是长期则会导致土地退化和农业污染，最终导致生产能力降低，不利于耕地的可持续发展。

综合分析耕地数量和质量变化对耕地产能、产能稳定性以及土壤环境健康的影响，进而总结耕地利用变化对耕地健康产能的影响过程和机理，结合现有影响下耕地健康产能的时空格局和演变规律，提出维持和增强区域耕地健康产能的耕地利用优化方案与管理策略，为保障区域及国家粮食安全与稳定提供参考。

1.4　主要研究内容

挠力河流域地处三江平原腹地，面积约为24 900公顷，是三江平原主要产粮区和国家重要商品粮基地。区域粮食生产和生态保护存在一定冲突，为新时期耕地“三位一体”保护提出了新的要求。从耕地健康产能、土壤健康的内涵，以及可持续发展理论、土地资源优化配置理论、报酬递减规律、相关分析、拟合分析等理论与分析方法出发，分别分析研究区耕地数量变化和质量变化对耕地产能、产能稳定性以及土壤环境健康等影响的基础上解释耕地利用变化对区域耕地健康产能的影响机理；在分析挠力河流域耕地健康产能时间演变与空间分布差异特征的基础上进行区域耕地健康产能分区，针对各分区耕地利用变化对耕地健康产能的影响差异进行针对性的耕地利用指导。主要研究内容包括。

（1）明晰了区域耕地利用和耕地健康产能变化与分布特征。在耕地分布数据提取、耕地质量评价、耕地产能反演、土壤环境健康评价等数据处理的基础上，从耕地数量和耕地质量两方面分析了耕地利用的时间演变规律和空间分异特征；在分析区域耕地产能、产能稳定性和土壤环境健康的时空特征基础上分析耕地健康产能的分布。

（2）揭示了耕地数量变化对耕地健康产能的影响规律。基于耕地健康产能的基本内涵以及可持续发展、土地资源优化配置等理论，利用 1985 ~ 2020 年耕地利用数据、1985 ~ 2020 年耕地产能数据以及 1985 年和 2020 年土壤环境健康数据，在耕地数量变化对耕地产能、耕地产能稳定性和土壤环境健康影响的基础上分析耕地数量变化对耕地健康产能的影响。

（3）阐述了耕地质量变化对耕地健康产能的影响过程。基于耕地健康产能的基本内涵以及可持续发展、波动周期等理论，利用 1985 年和 2020 年耕地质量数据、1985 ~ 2020 年耕地产能数据以及 1985 年和 2020 年土壤环境健康数据，在耕地质量变化对耕地产能、耕地产能稳定性和土壤环境健康影响的基础上分析耕地质量变化对耕地健康产能的影响。

（4）基于耕地产能健康提出了耕地利用及投入的优化建议。基于耕地健康产能的基本内涵以及土地资源优化配置、报酬递减规律等理论，利用 1985 ~ 2020 年耕地利用数据、1985 年和 2020 年耕地质量数据、1985 ~ 2020 年耕地产能数据以及 1985 年和 2020 年土壤环境健康数据从耕地健康产能静态分区与各分区耕地利用优化建议、耕地健康产能动态分区与各分区耕地利用投入程度优化建议两方面进行耕地利用优化管理方面的研究。

1.5 研究方法

1.5.1 理论研究与实证分析相结合

综合可持续发展、土地资源优化配置、报酬递减规律等理论，收集整理国内外有关耕地健康产能测算与模拟、耕地健康产能影响因素分析以及耕地利用变化对耕地健康产能的影响分析等相关文献资料，梳理并掌握相关领域的发展动态、基本理论以及研究方法，了解发展方向与研究趋势，找到存在的问题与研究不足，提炼出本书的理论基础与科学问题。

以位于三江平原腹地的挠力河流域为研究区进行实证研究。进行了挠力河流域野外勘测调查，对挠力河流域耕地利用状况、土壤性状、耕作条件等方面进行实地考察，广泛收集图像资料、统计数据、调查资料、土壤属性信息数据等，进行数据库建立与分析，为研究提供数据支持。基于耕地健康产能的内涵及相关理论分析挠力河流域耕地利用变化对耕地健康产能的影响。

1.5.2 “3S”信息技术

地理信息系统（geographic information system，GIS）技术提供了栅格与矢量数据的输入、存储、查询、计算、分析与显示等较为丰富的功能；遥感（remote sensing，RS）技术提供了多传感器、高分辨率和多时相的影像数据。全球导航卫星系统（glabal navigation satellite，GNSS）技术为野外样点的采集与采集结果的可视化提供便利。本研究收集了挠力河流域 Landsat 系列、MODIS NDVI、GIMMS AVHRR NDVI 等遥感影像数据和采样点数据。并在此基础上运用 ENVI 软件进行数据预处理、面向对象监督分类等操作，提取研究区耕地利用数据。运用 ArcGIS 软件实现耕地利用数据、气象数据、地形数据、土壤性状数据、耕作条件数据、NDVI 数据、土壤环境数据等多数据坐标系统的统一，数据的编辑与管理；利用空间分析、插值、统计以及计算等功能对已有数据进行叠加、插值、统计、提取等处理与分析；最后，实现研究结果的空间化表达与出图。

1.5.3 计量数理模型

本书运用大量的计量分析方法和数学模型进行分析，主要包括空间转移模型、敏感性评价模型、重心模型及迁移路径、耦合协调分析、非参数三次样条回归、直接通径系数、灰色关联度模型、H－P 滤波分析、双重筛选逐步回归、两维图论聚类分析和二次多项式逐步回归分析等模型和分析方法。这些方法和模型能够很好地解决本研究所涉及的主要内容，为本研究的实现奠定了基础。部分模型方法及在文中的应用如下。

（1）空间转移模型。通过计算研究区各县域 1985～2020 年耕地产能的总量转移和份额转移，定量分析研究区内部各县域耕地生产能力的强弱分化，进而诠释耕地产能的整体格局变化。

（2）敏感性评价模型。通过计算耕地产能与耕地面积的敏感性指数，分析耕地产能对耕地面积变化的响应方向和程度。

（3）重心模型与迁移路径。由于土地利用用途改变和耕地扩张，耕地重心位置处于动态变化中；同时，随着耕地数量和质量的变化，耕地产能重心也不断变化。通过分析 1985～2020 年耕地和耕地产能的重心变化和迁移路径，分析区域耕地数量和耕地产能空间变动规律和差异。

（4）耦合协调分析。在测度两个系统相互作用程度的基础上，进一步测度两个系统的协调程度，识别两个系统的促进和制约关系。用耦合协调度进行耕地质量和耕地产能相互作用、相互协调关系的定量表征及其演化规律研究。

（5）非参数三次样条回归。为分析两个因素之间复杂的、非线性的影响关系，在不设定函数形式的情况下，进行多区间回归的非参数三次样条回归方法具有稳健性高、解释性强的特点。通过此方法分析耕地质量变化的不同区间与耕地产能变化的拟合关系，以此分析不同区间的耕地质量变化对耕地产能变化的可能影响。

（6）通径系数分析。当自变量是多个变量时，自变量对因变量的影响不能仅通过简单相关关系进行分析，因为任意两个变量之间的相关关系都会对其他变量产生影响。因此，应在简单相关关系和多元回归的基础上将相关系数进行分解，计算某一自变量对因变量的直接作用。通过通径分析计算各耕地质量因子变化对耕地产能、产能稳定性以及土壤健康变化的直接作用效果。

（7）灰色关联度模型。通过分析因子曲线形状的关联度来反映因子之间的联系程度，以弥补数理统计分析的不足；因子与目标因子的关联程度越大，则影响越深。运用灰色关联度模型分析耕地面积比例与土壤环境健康分值变化的关联程度，以反映耕地面积变化对土壤环境健康的影响。

（8）H－P滤波分析。通过将时间序列分解成趋势成分和波动成分以测定时间序列的长期趋势与波动情况。通过H－P滤波将多年耕地产能进行趋势部分和波动部分的分解，并测算产能的波动指数以反映产能的不稳定性情况。

（9）双重筛选逐步回归。当自变量指标和因变量指标均为多个，即多对多的回归分析时可采用双重筛选逐步回归分析方法，根据各个自变量方差贡献的显著性检验结果，精选出一些对某一组因变量的方差贡献较大的自变量，分别按组建立回归模型。运用双重筛选逐步回归分析耕地数量和质量变化对耕地健康产能的综合影响。

（10）两维图论聚类分析。参照“物以类聚”的基本思想，通过构建基于位置关系的加权无向图，在综合考虑分区单元间的指标关联性和位置连通性的基础上进行聚类分析。运用两维图论聚类进行耕地健康产能分区。

（11）二次多项式逐步回归。多项式回归通过增加自变量的高次项对数据点进行逼近，逐步回归能有效地从众多影响因变量的因素中挑选出对因变量贡献大的变量，建立最优回归方程。利用二次多项式逐步回归的方法，计算各分区耕地数量、耕地质量与产能、产能稳定性以及土壤环境健康的拟合函数，以解释各分区耕地利用对耕地健康产能的可能影响以及影响的区域差异。

1.5.4 计算机编程技术

计算机编程技术通过某种程序设计语言编写程序代码，利用计算机运算速度快、计算精度高、逻辑运算能力强、自动化程度高等优势解决相应问题，获得相应结果。本研究涉及 1985～2020 年耕作期（5～9 月）NDVI 数据，将月度数据整理成年度数据的数据量相对较大，借助 Python 语言编程批处理方法完成该数据的提取与基本统计计算。利用 NDVI 数据和产量样点数据进行产能反演是基于 MATLAB 软件编程完成的。耕地质量对耕地产能影响分析时采用的非参数样条回归方法是基于 Python 语言编程完成的。

1.6 技术路线

遵循"过程—影响—调控"的研究思路，以多学科理论与方法为依据，注重农学、气象学、地理学与土地资源管理学的交叉，并以遥感和 GIS 作为基本的技术平台。利用 Landsat 系列数据、气象数据、DEM 数据、第二次土壤普查数据、土壤调查样点数据、土壤水分数据、第二次土地调查更新数据、统计年鉴数据、NDVI 数据、土壤侵蚀数据等构建研究区 1985～2020 年耕地数量、1985 年和 2020 年耕地质量、1985～2020 年耕地产能以及 1985 年和 2020 年土壤环境健康数据库。并在此基础上分析研究区 1985～2020 年耕地数量、质量以及产能、产能稳定性和土壤环境健康的空间分布差异和时间演变规律。在分析区域耕地数量和质量变化对产能、产能稳定性和土壤环境健康影响的基础上解释区域耕地利用变化对耕地健康产能的影响。针对区域耕地健康产能的分布差异进行耕地健康产能分区，并根据各分区耕地数量和质量对耕地健康产能的影响，从静态和动态两个角度提出耕地利用的优化建议。具体技术路线如图 1.3 所示。

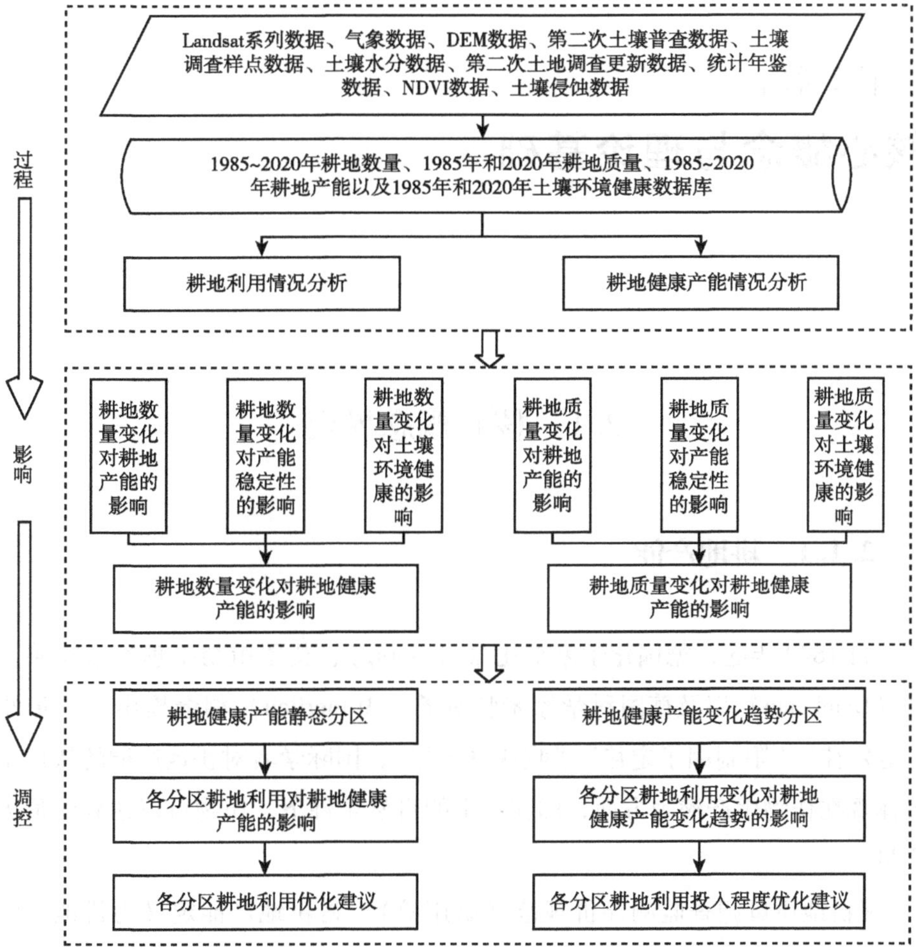

图 1.3　技术路线

资料来源：作者自行整理。

第2章

核心概念与理论基础

2.1 核心概念界定

2.1.1 耕地产能

自1840年起，德国化学家李比希（Liebig）、英国植物生理学家布莱克曼（Blackman）以及德国科学家米特利希（Mitherlich）相继提出了“最小养分定律”“限制因子定律”“收获量定律”，国际学者对耕地产能的认识主要体现在作物生产潜力方面，即在特定的自然条件下，作物可以达到的最大产量。

《耕地质量调查监测评价规范（试用稿）》将耕地产能定义为耕地与气候、耕作（田间耕作或农业生产活动）相结合，所形成的耕地生产力水平和产出效果。国内学者针对耕地产能的表述方式有所差异，但核心内涵相对一致。即在一定地域、一定时期和一定的社会经济条件下，各种农业资源要素综合投入所形成的耕地生产能力（关文荣等，2006），可分为理论产能、可实现产能和实际产能。其中，理论产能假设社会经济技术水平最优时，耕地在光照、温度、降水等气候因素影响下所能实现的最高产能；可实现产能指在现有社会经济技术水平下耕地所能实现的产能；实际产能是当前耕地已经达到的生产能力，即作物的实际产量（郧文聚等，2007；伍育鹏等，2008；吴克宁等，2008；饶彩霞等，2008；唐秀美等，2011）。耕地产能是耕地功能的主要表现方式，具有一定的时空限制性，受耕地数量和质量共同影响，在耕地面积基本稳定的前提下，着力提高耕地质量，是提升耕地产能、保障国家粮食安全的根本途径（陆文聪等，2007；Tao et al.，2009；郑亚楠等，2019）。

鉴于耕地利用系统是复杂的“人—地”耦合系统，耕地实际产能对实际生产的指导意义更大，因此，本书所涉及的耕地产能指的是耕地实际产能，即实际产量。

2.1.2　土壤健康

耕地健康状况深刻影响着耕地系统的可持续性和农田生态系统的正常运行。耕地作为自然与经济的综合体，在社会经济技术水平一致的前提下，耕地健康主要体现在土壤健康上。

1941 年美国生态学家利奥波德（Leopold）认为土壤健康是土地能够维持各项功能正常发挥的能力。1998 年史密特等（Smit et al.）提出农业生态系统健康是指农业生态系统避免发生失调综合征、处理胁迫的状态和满足持续生产农产品的能力。2011 年联合国粮食及农业组织将土壤健康定义为土壤作为一个生命系统，具有的维持其功能的能力。国外学者对于土壤健康内涵的理解则更强调动态过程，认为土壤健康是土壤动态质量的表现，即由于人类对土壤的使用与管理使土壤性状发生改变的现象（Acton et al.，1996；张桃林等，1999；Moebius-Clune et al.，2016）。同时，不同学科属性的专家由于研究目的不同，对土壤健康的界定也有所差异。

《耕地质量等级》将土壤健康界定为土壤作为一个动态生命系统具有的维持其功能持续的能力。国内学者对于土壤健康的界定也与土壤质量有一定的关联性。针对土壤健康的表述方式有所差异，但核心内涵相对一致。即维持生态系统生产力和动植物健康而不发生土壤退化及其他生态环境问题的能力（曹志洪，2001；杨晓霞等，2007；张俊伶等，2020）。

综上所述，可以发现土壤健康与土壤肥力、土壤质量、土壤安全等概念有密切的联系。土壤肥力是土壤健康的基础，土壤质量是土壤健康的核心内容，土壤安全是土壤健康的目标。根据《世界土壤资源状况》报告指出的土壤健康十大威胁以及研究区的实际情况，研究区的土壤环境健康变化主要体现在养分失衡和土壤侵蚀两方面。

2.1.3 耕地健康产能

随着对耕地“三位一体”保护和耕地资源可持续利用等方面认识的不断加深，学者对于耕地健康、耕地质量健康、耕地产能健康等研究逐渐重视，从单纯注重耕地生产能力发展向保障耕地资源可持续利用方面进行转变，耕地保护的内涵不断深化（高丽丽，2011；杨邦杰等，2012）。

学者郧文聚（2015）认为耕地健康产能是对耕地生产能力、生产环境、自我恢复能力及其生产的农产品品质等要素管理而提出的“评价式”概念。高涵等（2020）认为耕地健康产能主要体现在两个方面：一是人类对耕地的需求从最初的高产转为稳产；二是人类发展需要耕地具有可持续功能。张小丹等（2020）将耕地健康产能界定为耕地在发挥持续稳定的生产能力的基础上，能够保持和改善生产环境，生产的农产品能促进人类和动植物的健康，同时具有较强的抵抗力和恢复力。

耕地产能的高低不能代表健康与否，而健康不仅要考虑生产环境问题，更要考虑可持续发展问题，应从长时间尺度分析其稳定性等可持续性的能力以及土壤健康情况进而评价其健康产能的综合表现。因此，从耕地产能的时空特征和所处环境条件等方面对耕地健康产能进行界定。产出水平和能力是对耕地的基本要求。因此，耕地产能是耕地健康产能的基础条件，主要体现了耕地健康产能的空间分布状况。某一时段的产出水平无法准确衡量产能的健康情况，若区域产能在某一时段表现出高产特征，但产能的波动幅度较大、频次较多，则区域产能表现为不健康。因此，耕地产能稳定性是耕地健康产能的限制条件，主要表现了耕地健康产能在时间尺度的变化特征。土壤是耕地产出的基础动力资源，若耕地的高产是以牺牲土壤可持续能力为代价，则耕地产能不可持续，不是产能健康的表现。因此，土壤环境健康是耕地健康产能的限制条件，主要表现了耕地健康产能的环境条件状况（见图 2.1）。

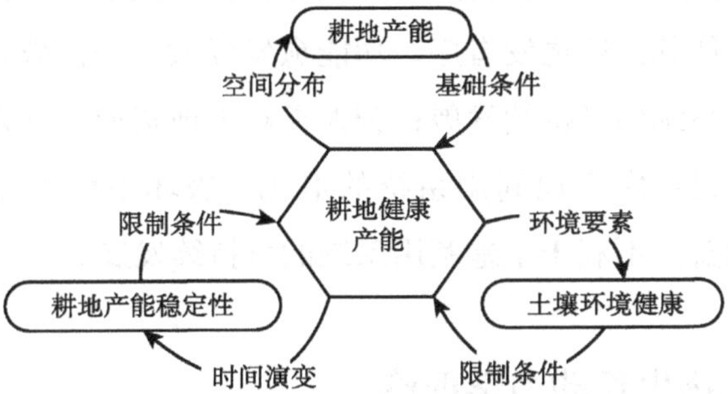

图 2.1　耕地健康产能的内涵

资料来源：作者自行整理。

综合上述观点以及研究区实际情况，本书将耕地健康产能的内涵界定为耕地保障高水平且稳定的产出，同时能够保持和改善生产环境的能力。主要从耕地产能、耕地产能稳定性以及土壤环境健康 3 个方面进行展开。

2.2　理论基础

2.2.1　可持续发展理论

可持续发展理论是指既满足当代人的需求，又不对后代人满足其需求的能力构成危害的发展，基本原则为公平性、持续性和共同性。达到共同、协调、公平、高效、多维的发展是其的最终目标。

可持续发展需要满足可持续经济、可持续社会和可持续生态的协调统一，要求人类均衡经济发展、社会公平和生态和谐之间的关系，最终实现人类社会的全面发展。经济建设与社会发展需要考虑自然承载力情况，不能以牺牲环境为代价进行社会和经济的发展。要实现可持续发展，需要令可再生资源的再生速度大于消耗速度，寻求替代资源以补充不可再生资源。

人类对土地资源的利用与管理将产生两种完全不同的资源变更结果。如果人类对土地资源的干预符合自然发展规律，则人类活动会促进土地利用系统的健康发展，使其系统愈发有序、功能愈发强大、经济效益愈加良好，最终实现土地利用系统的可持续发展；若人类对土地资源的开发与使用违背自然发展规律，则易造成土地利用系统的退化，破坏系统秩序、衰减系统功能、损失经济效益，不利于土地利用系统的可持续发展。

2.2.2 作物生长动力学理论

光、温、水、土是作物生长的基本动力资源。光照是作物生长的基础，作物通过光合作用将二氧化碳（CO_2）和水（H_2O）转化为有机物。温度是作物生长的限制条件，当作物所处温度大于其所需的最高温度或者小于其所需的最低温度时，作物会停止生长发育；温度条件适宜会促进作物生长速度；当活动积温满足作物所需，作物才能完成其完整的生长与发育过程。水分是生成有机物的基础原料，首先，水分多少会影响光合作用效率；其次，水分作为作物本身重要的组成部分，对作物生长发育的各个阶段均起到不可或缺的作用；最后，水分对作物开花、授粉、受精以及病虫害等的发生发展产生重要影响。土壤为作物提供基础养分资源，土壤理化性质会直接影响作物的生长状况、产量水平、产品品质以及抵御灾害的能力。

2.2.3 波动周期理论

波动原本是物理学名词，是指物体的一种运动形式。时间序列数据在时间尺度的变化也表现出波动特征。经济学中将时间序列的波动分成短期波动和长期波动。其中，短期波动是时间序列与其长期趋势的偏差；长期波动是一段时间内短期波动表现出的总体特征，可以反映时间序列的不稳定情况。

经济学中产出的波动可能是由于自然产出率的波动，也可能是由于产出背离自然产出率引起的波动。索洛的新古典增长理论强调资源的稀缺性，强调单纯物质资本积累带来的增长极限，证明了自然产出率的增长是平稳的。1936 年，英国经济学家凯恩斯（Keynes）提出经济发展会经历“繁荣、恐慌、萧条、复苏”四个阶段，会出现“上升—下降—上升”明显规律性、周期性的运动，即经济周期。凯恩斯波动理论说明了大多数短期波动与自然产出率是背离的。

2.2.4　土地资源优化配置理论

土地资源优化配置是以一定的经济效益、社会效益和生态效益为目标，在全面了解区域土地利用现状、潜力、问题等的基础上，根据科学的管理手段、技术及方法，对不合理的土地利用进行数量、用途、结构、布局等的设计与调整，以在保障区域生态系统维持相对平衡的前提下提高土地利用率和产出率，实现土地资源的可持续利用。

土地资源总量的提升、未利用土地资源的开发以及已利用土地资源的结构调整是土地资源优化配置的主要实现手段。由于土地资源稀缺性、面积有限性等基本特性，土地资源总量增加以及未利用地开发利用的空间有限，致使已利用土地的结构调整成为土地资源优化配置的核心和重要手段，如以经济发展为需求的建设用地扩张及以生态保护为需求的“退耕还林、还草”等。

2.2.5　报酬递减规律

报酬递减规律是土地利用，特别是耕地利用方面的普遍规律。土地报酬递减现象经过了威廉·配第（William Petty）、杜尔阁（Turgot）、西尼尔（Senior）等人的发现、认识与研究。1900 年，美国学者克拉克（Clark）在

《财富的分配》中详细描述了土地报酬递减现象。他认为在土地报酬达到顶峰之前，生产要素的不变成分（如土地）的比重超过可变成分（如肥力、劳动力等），可变成分的功能可以进行充分发挥，不变成分的功能不能得到充分发挥，致使可变成分的增加会引起生产效率的提高，直至可变成分与不变成分的比重均衡时，边际生产率达到顶峰；随后，提升可变成分产生的边际产量开始减少；直至边际产量为零时，可变成分的再投入不会带来产量的提升，反而会引起产量的降低。

因此，报酬递减规律可以表述为：在一定的土地面积和技术条件下，随着可变生产要素投入的增加，土地产出会呈现“显著增加—增加放缓—逐渐降低”的抛物线过程。

2.3 理论分析框架

2.3.1 总体理论分析框架

耕地利用变化通过直接改变耕地数量和投入水平进而对产能、产能稳定性和土壤环境健康产生影响，生态用地开垦或者粗放的农业经营方式在短时间内会提升产能，但长期易造成土地退化和农业污染，不利于产能的稳定与可持续，进而影响耕地产能的健康发展。因此，需要明晰耕地利用变化对耕地健康产能的影响过程，并在此基础上开展耕地利用优化管理研究。

耕地利用变化对耕地健康产能的影响研究主要包括耕地利用及耕地健康产能的时空分异分析、耕地利用变化对耕地健康产能的影响机理分析以及基于耕地产能健康的耕地利用优化建议（见图 2.2）。

耕地利用及耕地健康产能时空特征分析是本书的基础，以可持续发展理论、作物生长动力学理论以及波动周期理论为指导，在分析区域耕地数量、质量与耕地产能、产能稳定性、土壤环境健康的时间演变规律和空间分异特征的基础上阐明研究区耕地利用及耕地健康产能的时空变化特征。

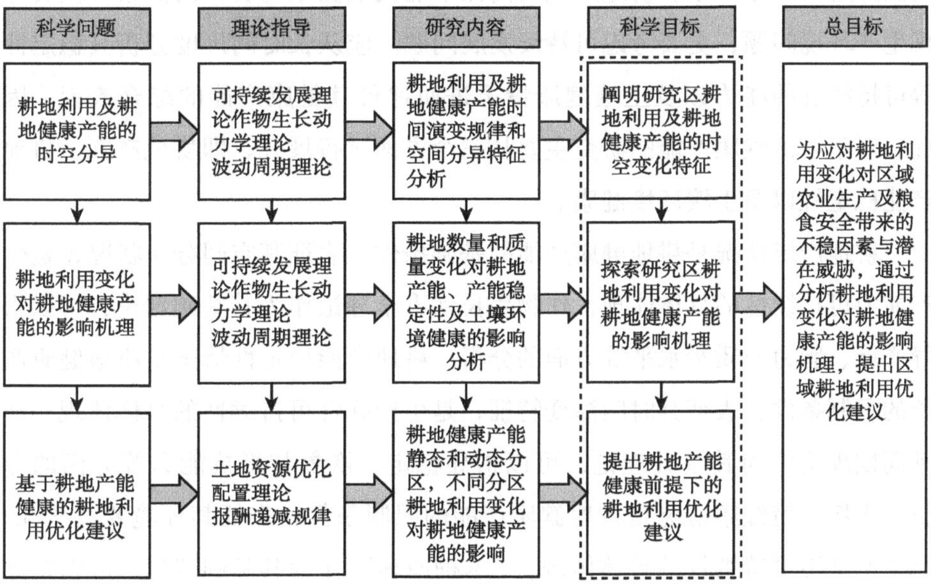

图 2.2　总体理论分析框架

资料来源：作者自行整理。

耕地利用变化对耕地健康产能的影响机理分析是本书的重点，以可持续发展理论、作物生长动力学理论以及波动周期理论为指导，在分析区域耕地数量和质量变化对耕地产能、产能稳定性以及土壤环境健康影响的基础上探索耕地利用变化对耕地健康产能的影响机理。

基于耕地产能健康的耕地利用优化建议是本书的延伸，以土地资源优化配置理论和报酬递减规律为指导，在进行区域耕地健康产能静态和动态分区的基础上结合各分区耕地利用变化对耕地健康产能的影响，提出耕地利用及投入的优化建议。

2.3.2　耕地健康产能的理论分析框架

耕地健康产能是耕地保障高水平且稳定的产出，同时能够保持和改善生产环境的能力，是产出的可持续发展能力。可持续发展理论是耕地健康产能内涵界定的理论基础。耕地产能的高低不能代表健康与否，而健康不仅要考虑生产环境问题，更要考虑可持续发展问题。应从长时间尺度分析其稳定性等可持续性的能力以及土壤健康情况进而评价其健康产能的综合表现。因此，对于耕地健康产能的研究主要从三个方面进行展开，即耕地产能、耕地产能稳定性以及土壤环境健康。

耕地产能情况是耕地健康产能的基础条件，表征其空间分布状况，是生产能力可持续性的具体体现，作物生长动力学理论作为其基础理论，可以指导产量、肥力与质量水平等方面的分析。耕地产能稳定性情况是耕地健康产能的限制条件，表征其时间演变特征，是生产弹性可持续性的具体体现，波动周期理论作为其基础理论，可以指导稳定、恢复与抵抗能力等方面的分析。土壤环境健康情况是耕地健康产能的限制条件，表征其环境要素状况，是生产环境可持续性的具体体现，“木桶原理”作为其基础理论，可以指导土壤污染状况、生物特性、理化性质等方面的分析（见图 2.3）。建设耕地

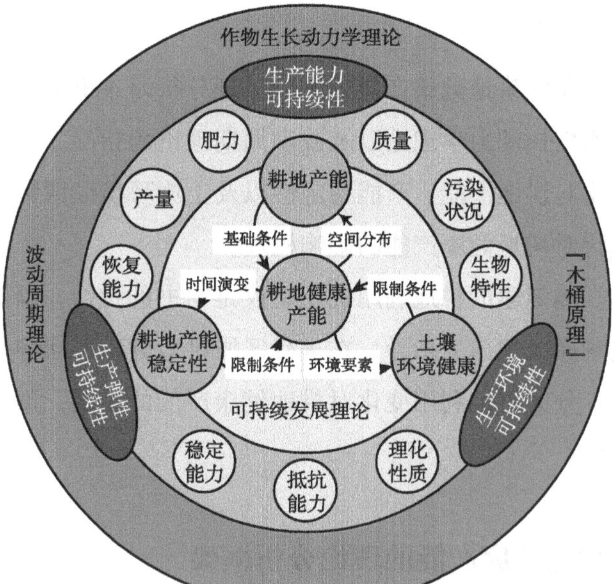

图 2.3　耕地健康产能的理论分析框架

资料来源：作者自行整理。

健康产能为促进粮食数量、质量的提升以及耕地利用的可持续发展带来了新的方向。

2.3.3　相关理论在研究中的应用

2.3.3.1　可持续发展理论对耕地健康产能内涵界定的指导

耕地产能高低不能代表健康与否，一味为追求高产而破坏耕地系统健康，会对后代人的需求产生不利影响，不利于耕地资源协调、公平、高效、多维地发展。只有耕地健康才能保障区域耕地资源的可持续发展以及粮食安全与稳定。因此，本书以可持续发展理论为指导，遵循耕地健康产能的内涵，从生产能力可持续性、生产弹性可持续性以及生产环境可持续性 3 个方面选取产能、产能稳定性和土壤环境健康反映区域耕地产能的健康情况。在了解研究区耕地数量、质量的时间演变规律与空间分异特征的基础上，分析其对耕地健康产能的影响，为保障耕地产能的可持续发展提供合理参考。

2.3.3.2　作物生长动力学理论对指标选取的指导

农作物生长遵循一定的动力规律和法则，分析耕地质量变化对耕地产能的影响时应遵照作物生长动力学的相关理论，选取适宜的指标，否则研究将脱离现实，没有意义。本书依据作物生长动力学理论进行相关指标的选取，根据相关经验公式进行指标的计算。

2.3.3.3　波动周期理论对产能稳定性测算的指导

粮食产量受多种因素综合作用而产生波动，表现为产量的不稳定性。一方面，产量的波动可能是由于生产水平的提高导致长期呈现增长的趋势；另一方面，产量的波动可能是受到自然灾害、或者投入水平的变化导致短期的波动。产量的长期趋势表现了生产系统内的特征，可用于预测研究；短期波动则表现了周期性的变化，表征其不稳定性特征。因此，分析产量的不稳定性时，应参考波动周期理论通过波动指数分析产量相对长期趋势的波动变化。本书根据波动周期理论和粮食产量波动特征，进行耕地产能稳定性的计算与评定。

2.3.3.4 土地资源优化配置理论对耕地利用优化建议的指导

根据耕地健康产能的内涵和耕地资源可持续利用的要求，需要对现有耕地在数量、质量以及空间配置上进行调整。在了解研究区耕地数量和质量的时间演变规律和空间分异特征的基础上，分析耕地利用变化对耕地健康产能的影响。根据影响机理与规律以土地资源优化配置理论为指导，在保障产能健康的基础上测算区域耕地的适宜开垦数量，并根据耕地健康产能的空间分布特征，提出耕地开垦和投入的调整建议。

2.3.3.5 报酬递减规律对耕地利用投入优化建议的指导

农业生产过程中，在其他养分充足的前提下，增加某种养分会提升产量；但随着这种养分的不断增加，边际产量会随之降低；当边际产量为零后，随着养分的增加，反而会引起产量降低。因此，耕地质量相关要素的投入不会一直带来产能的提升，如果投入超过耕地对这一要素所能“消化”的最大值，往往会造成产能的降低，不利于耕地可持续发展和产能健康。本书根据报酬递减规律，指导耕地健康产能不同分区的耕地利用投入的优化与调整。

| 第3章 |

研究区概况与数据来源

3.1 研究区概况

3.1.1 地理位置与行政隶属

挠力河流域地处黑龙江省三江平原腹地，北、东部与同江抚远地区接壤，北、西部隔松花江与萝北绥滨地区相望，东靠乌苏里江，南与穆棱河地区相连，西与安邦河流域为邻，流域总面积为 24 900 公顷。①

挠力河流域涉及双鸭山市、佳木斯市和七台河市 3 个地级市，包括双鸭山市区、宝清县、友谊县、集贤县、饶河县、富锦市和七台河市区 7 个县市（区）。1947 年，黑龙江省垦区开始开发建设；2018 年，黑龙江北大荒农垦集团总公司挂牌成立；2020 年，农垦总局及内设机构正式撤销。虽然黑龙江省农垦系统不复存在，但是黑龙江省垦区为国家粮食安全与稳定做出的突出贡献不容忽视。垦区土地资源富集、人均占有资源多、耕地集中连片、适宜大型机械化作业等特点，致使垦区和农区耕地资源利用与产出程度有一定的差异性。

① 周浩，金平，夏卫生，等. 三江平原挠力河流域主要作物水分盈亏时空变化特征［J］. 农业工程学报，2020，36（14）：159－166.

3.1.2　地形地貌条件

挠力河流域地势呈现南部、东部高，北部、中部低的态势，高程介于38～840米之间。地貌类型以低海拔冲积平原为主，面积占比31.10%，主要分布在研究区北部、中部区域；低海拔冲积扇平原面积占比28.94%，主要分布在研究区中部；低海拔小起伏山地面积占比23.30%，主要分布在研究区南侧和东侧；低海拔丘陵面积占比11.51%，主要分布在低海拔小起伏山地周围；低海拔冲积洪积台地面积占比3.15%，主要分布在研究区东南侧；低海拔中起伏山地面积占比2.00%，主要分布在研究区东侧和西侧的小起伏山地附近。①

分析1985～2020年研究区耕地分布的地形变化发现（见图3.1），水田分布的坡向、坡度条件相对稳定，旱地分布的坡向、坡度呈波动性增加态

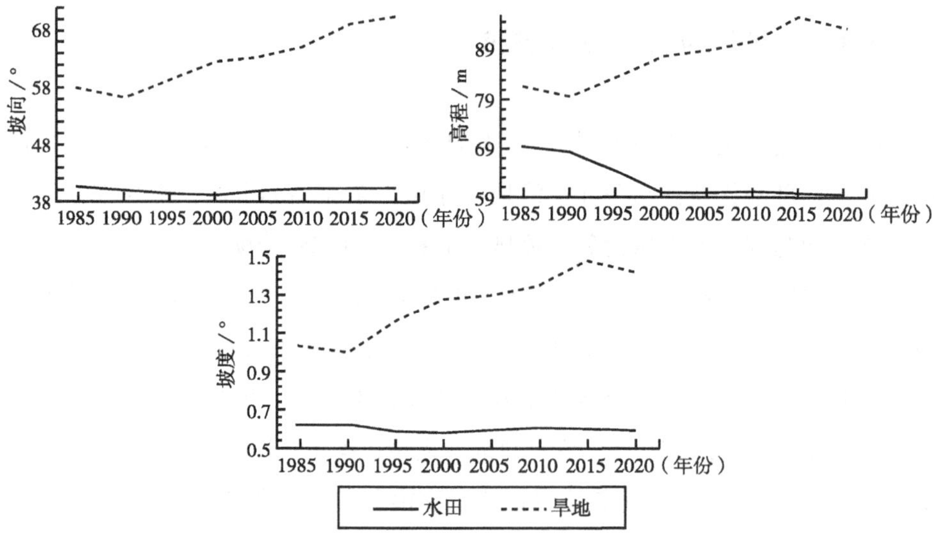

图3.1　1985～2020年研究区耕地分布的地形变化

资料来源：作者自行整理。

① 数据根据中国科学院资源环境科学与数据中心的中国100万地貌类型空间分布数据（https://www.resdc.cn/data.aspx?DATAID=124）整理得到。

势；水田分布的高程呈现“先降低、后稳定”态势，旱地分布的高程呈逐步增加态势。

3.1.3　气候及水文条件

挠力河流域位于中温带大陆性季风气候区，夏季高温多雨，冬季寒冷干燥。相对湿度多年均值为 65.34%，其中夏季湿度在 70% ~80% 之间。风速多年均值在 3.0 米/秒左右。日照时数多年均值约为 2 500 小时，其中 4 ~9 月日照时数约为 1 393 小时；太阳辐射多年均值约为 12 913 千卡/平方米。①

1985 ~ 2020 年研究区耕作期（5 ~9 月）降水量均值介于 423.97 ~ 473.84 毫米之间，耕作期月均温均值介于 16.00 ~ 18.83 摄氏度之间。挠力河流域内共有宝清、保安、红旗岭和菜嘴子 4 个水文站，其集水面积分别为 3 689 平方千米、1 344 平方千米、1 147 平方千米和 20 796 平方千米。②

3.1.4　土壤植被条件

研究区土壤类型以草甸土为主，面积占比 35.87%，主要分布在研究区中部的低海拔冲积平原；暗棕壤面积占比 25.62%，主要分布在研究区南部和东部的低海拔小起伏山地；沼泽土面积占比 17.13%，主要分布在低海拔冲积扇平原；白浆土面积占比 12.39%，主要分布在研究区北部；黑土面积占比 8.28%，主要分布在研究区中部，分布相对分散；泥炭土面积占比 0.19%；石质土和水稻土面积占比均为 0.17%。③ 研究区植物资源丰富，植被区系以长白植物区系为主，植物群落为中温带针阔叶混交林。

---

①② 张莹. 挠力河流域耕地利用水土资源优化配置研究［D］. 沈阳：东北大学，2019.

③ 数据根据中国科学院资源环境科学与数据中心的中国土壤类型空间分布数据（https：//www. resdc. cn/data. aspx？DATAID =145）整理得到。

3.1.5 社会经济条件

由于研究区是跨行政单元的自然区域，相关社会经济数据很难准确计量。而研究区所属地市级行政区包括双鸭山市、佳木斯市和七台河市。故统计3个地级市的社会经济条件以表征研究区社会经济状况（见图3.2）。研究

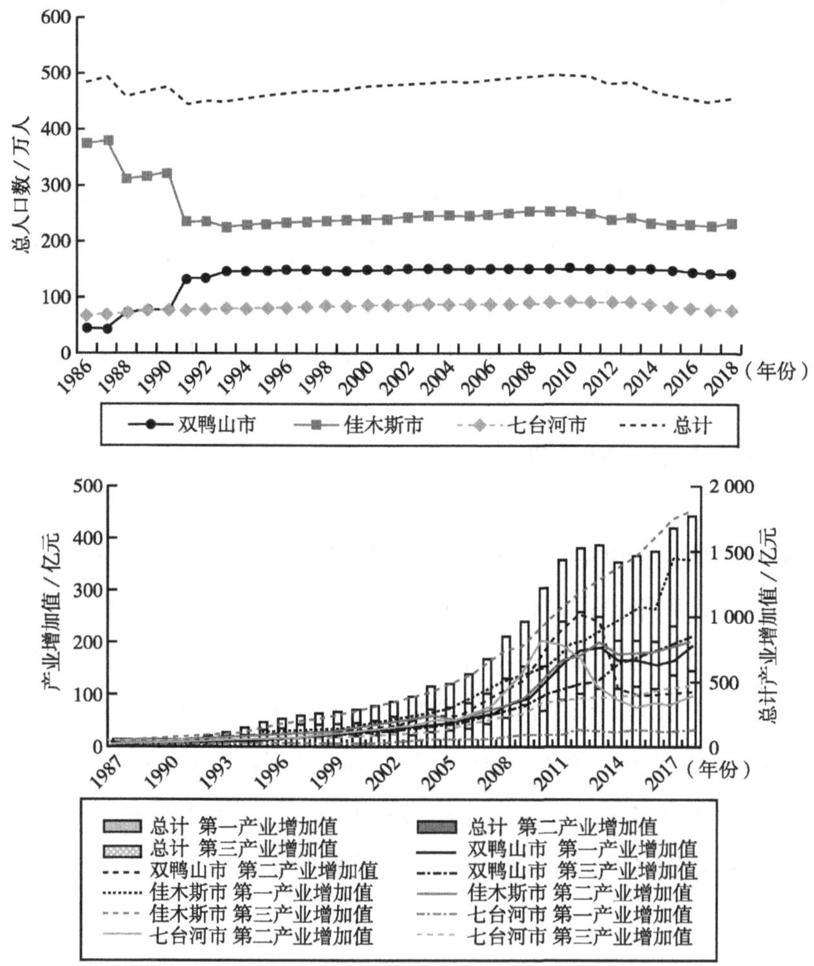

图3.2 1986～2018年研究区所属地级市总人口上图和产业增加值下图情况

资料来源：作者自行整理。

区所属地级市总人口数多年均值为 473. 05 万人，2018 年总人口数为 451. 9 万人。第一产业增加值多年均值为 186. 31 亿元，2018 年为 582. 4 亿元；第二产业增加值多年均值为 209. 15 亿元，2018 年为 405. 9 亿元；第三产业增加值多年均值为 252. 13 亿元，2018 年为 781. 1 亿元。①

3. 2　数据来源

3. 2. 1　调研数据来源

2017 年 10 月，笔者通过野外实地勘测和农户访谈等形式，获得关于挠力河流域基本状况、耕地利用情况、农业耕作、粮食产量情况等方面的基础数据，对研究区的基本情况得到直观认识和了解。相关调研情况如图 3. 3 所示。

图 3. 3　实地调研情况

资料来源：作者自行整理。

① 数据根据统计年鉴整理得到。

3.2.2 社会经济数据来源

社会经济数据包括人口、耕地面积、粮食产量、农业机械化总动力、农用化肥施用量等数据主要来源于《龙江六十年（1949 ~ 2009)》《黑龙江统计年鉴（1987 ~ 2019 年)》《中国县域统计年鉴（县市卷）——（2000 ~ 2019 年)》《双鸭山社会经济统计年鉴（1992 ~ 2009 年)》《双鸭山农场年鉴（2002 ~ 2016 年)》《佳木斯经济统计年鉴（1987 ~ 2008 年)》《宝清年鉴（2006 ~ 2018 年)》《友谊农垦年鉴（2010 ~ 2017 年)》《友谊县年鉴（2002 ~ 2018 年)》等。部分数据来自统计公报、政府网站以及公开发表的学术论文。

3.2.3 耕地分布数据来源

耕地分布数据的数据源是美国国家航空航天局（Notional Aeronautics and Space Administraton，NASA）的陆地卫星 Landsat TM/OLI 的多光谱遥感影像数据（https：//earthexplorer. usgs. gov/）。其中，2015 和 2020 年使用 Landsat OLI 遥感影像，空间分辨率为 15m；1985、1990、1995、2000、2005 以及 2010 年使用 Landsat TM 遥感影像，空间分辨率为 30m。1985 ~ 1995 年使用影像行列号为 113027、114027、114028、115027、115028 的 5 景，2000 ~ 2020 年影像行列号为 114027、114028、115027、115028 的 4 景。选取云量符合要求的 6 月或 9 月影像，若当年影像云量不符合要求，则选取研究时点前后一年符合要求的影像。部分影像通过裁剪、拼接的方式获取，共使用原始影像 39 景。

3.2.4 耕地质量数据来源

书中耕地质量评价涉及较多数据源，主要包括气候条件、地形特征、土壤性状和耕作条件等方面的数据。其中部分耕地质量因子短期不易发生改变，因此利用20世纪90年代左右的数据代表研究区1985年的相关情况，利用21世纪10年代左右的数据代表研究区2020年的相关情况。

太阳辐射数据采用全球高分辨率地表太阳辐射逐月数据集，数据来源于国家青藏高原科学数据中心（http：//data. tpdc. ac. cn），经过重采样和裁剪等操作对数据进行重新加工，使用数据的空间分辨率为0.003°；为消除单一年份可能产生的误差，计算1985～1989年耕作期（5～9月）的年太阳辐射均值代表1985年耕作期太阳辐射量，2013～2017年耕作期的年太阳辐射均值代表2020年太阳辐射量。温度数据采用中国地面气温月值0.5°×0.5°格点数据集（V2.0），数据来源于国家气象科学数据中心（http：//data. cma. cn/），经过重采样和裁剪等操作对数据进行重新加工，使用数据的空间分辨率为0.003°；为消除单一年份可能产生的误差，计算1985～1989年耕作期（5～9月）的温度均值代表1985年耕作期温度，为保证数据的一致性计算2013～2017年耕作期的温度均值代表2020年耕作期温度。降水量数据采用中国地面降水月值0.5°×0.5°格点数据集（V2.0），数据来源于国家气象科学数据中心（http：//data. cma. cn/），经过重采样和裁剪等操作对数据进行重新加工，使用数据的空间分辨率为0.003°；为消除单一年份可能产生的误差，计算1985～1989年耕作期（5～9月）的降水量代表1985年耕作期降水量，为保证数据的一致性计算2013～2017年耕作期的降水量代表2020年耕作期降水量。蒸发量数据采用中国陆地实际蒸散发数据集，数据来源于国家青藏高原科学数据中心（http：//data. tpdc. ac. cn），经过重采样和裁剪等操作对数据进行重新加工，使用数据的空间分辨率为0.003°；为消除单一年份可能产生的误差，计算1985～1989年耕作期（5～9月）的蒸散发量代表1985年耕作期蒸发量，为保证数据的一致性计算2013～2017年耕作期的蒸散发量代表2020年耕作期蒸发量。

地形坡度数据采用GTOPO30（https：//www. usgs. gov/centers/eros/science/usgs-eros-archive-digital-elevation-global-30-arc-second-elevation-gtopo30?

qt-science_center_objects = 0#qt-science_center_objects）和 ASTER GDEM V3 数据（https：//earthexplorer. usgs. gov/）进行计算。其中，GTOPO30 由 USGS EROS 完成于 1996 年，空间分辨率为 1km；ASTER GDEM V3 于 2019 年发布，空间分辨率为 30m。利用 GTOPO30 计算研究区 1985 年的地形坡度情况，利用 ASTER GDEM V3 计算研究区 2020 年的地形坡度情况。地形部位数据采用全国各省份 1：100 万 SOTER 地体库地形因子数据（1990 年），数据来源于国家地球系统科学数据中心——土壤分中心（http：//soil. geodata. cn/），进行 1985 年研究区地形部位情况的整理；利用 2013 ~ 2018 年研究区采样点数据，进行 2020 年研究区地形部位情况的整理。

有效土层厚度数据采用全国第二次土壤普查典型土种基本信息数据库（1980 ~ 1996 年），数据来源于国家地球系统科学数据中心——土壤分中心（http：//soil. geodata. cn/），运用普通克里格插值法进行 1985 年研究区有效土层厚度的提取；利用 2013 ~ 2018 年研究区采样点数据，基于普通克里格插值法进行 2020 年研究区有效土层厚度的提取。有机质含量数据采用中国 1 公里栅格土壤有机质含量图（1990 年），数据来源于国家地球系统科学数据中心——土壤分中心（http：//soil. geodata. cn/），经过裁剪获取研究区 1985 年有机质含量数据；利用 2013 ~ 2018 年研究区采样点数据，基于普通克里格插值法进行 2020 年研究区有机质的提取。耕层质地、土壤容重以及土壤 pH 数据采用基于世界土壤数据库（Harmonized World Soil Database，HWSD）的中国土壤数据集（v1. 1），中国境内数据源为第二次全国土地调查南京土壤所提供的 1：100 万土壤数据，数据来源于国家青藏高原科学数据中心（http：//data. tpdc. ac. cn），进行 1985 年研究区耕层质地、土壤容重以及土壤 pH 情况的整理；利用 2013 ~ 2018 年研究区采样点数据，进行 2020 年研究区耕层质地、土壤容重以及土壤 pH 的整理与插值计算。土壤氮磷钾含量数据采用中国 1 公里栅格土壤全氮含量图（1990 年）、中国 1 公里栅格土壤全磷含量图（1990 年）和中国 1 公里栅格土壤全钾含量图（1990 年），数据来源于国家地球系统科学数据中心——土壤分中心（http：//soil. geodata. cn/），经过裁剪获取研究区 1985 年土壤氮磷钾含量数据；利用 2013 ~ 2018

年研究区采样点数据，基于普通克里格插值法进行 2020 年研究区土壤全氮、有效磷和速效钾的提取。土壤含水量采用基于世界土壤数据库的中国土壤数据集（v1.1），数据来源于国家青藏高原科学数据中心（http：//data.tpdc.ac.cn），进行 1985 年研究区土壤含水量情况的整理；采用基于微波数据同化的中国土壤水分数据集，数据来源于国家青藏高原科学数据中心（http：//data.tpdc.ac.cn），进行 2020 年研究区土壤含水量情况的整理。

2020 年田间道路和居民点数据来自于 2017 年全国第二次土地调查成果的更新数据，1985 年的田间道路和居民点数据根据 2020 年的相关数据和 1985 年、2016 年（空间分辨率为 19.10m）的谷歌影像数据通过人工目视解译而得。2020 年农业机械化数据和氮磷钾化肥施用量数据来自于2013 ~ 2018 年研究区采样点数据，1985 年农业机械化数据和氮磷钾化肥施用量数据根据 2020 年的相关数据和 1986 年及 2018 年相关统计数据进行反推计算。

3.2.5　耕地产能数据来源

耕地产能数据是在 2013 ~ 2018 年研究区调查样点水稻、玉米和大豆实际产量数据的基础上，按照《农用地分等规程》中的相关方法，以玉米为基准作物进行标准粮产量的核算，并根据 1985 ~ 2020 年耕作期（5 ~ 9 月）NDVI 数据进行反演得到的。其中，作物实际产量数据来自采样点数据。1985 ~ 2004 年 NDVI 数据来自国家冰川冻土沙漠科学数据中心（http：//www.crensed.ac.cn/portal/）的中国地区长时间序列 GIMMS 植被指数数据集，经过裁剪、单位转换以及求取最大值等操作，最终得到研究区 1985 ~ 2004 年 5 ~ 9 月的 NDVI 数据（空间分辨率 8km），经过重采样和裁剪等操作对数据进行重新加工，使用数据的空间分辨率为 0.003°。2000 ~ 2020 年采用 MODIS 的 16 天合成 NDVI 数据，数据来源于 https：//search.earthdata.nasa.gov/search，涉及 21 年 5 ~ 9 月的 MOD13Q1 产品的 H27V04 和 H26V04，共下载影像 420 景，空间分辨率为 250m。利用两种数据重合的 2000 ~ 2004 年进行不同数据源的数据拟合计算，以减少不同数据源引起的数据误差。

3.2.6 土壤环境健康数据来源

1985 年土壤 C、N、P、K 数据来自中国 1 公里栅格土壤 C、N、P、K 含量图（1990），数据来源于国家地球系统科学数据中心——土壤分中心（http://soil.geodata.cn/）；2020 年土壤 C、N、P、K 数据来自研究区采样点数据。1985 年土壤侵蚀数据采用 1995 年中国土壤侵蚀空间分布数据，数据来源于中国科学院资源环境科学与数据中心（http://www.resdc.cn/），空间分辨率 1km；2020 年土壤侵蚀数据采用泛第三极 65 国 1km 分辨率土壤侵蚀强度数据集（2015），数据来源于国家青藏高原科学数据中心（http://data.tpdc.ac.cn）。

| 第 4 章 |

研究区耕地利用及耕地健康产能情况

4.1 数据处理

4.1.1 耕地分布数据提取

面向对象分类将遥感影像分割合并成若干个互不重叠且有意义的分类单元，打破传统以像元为分类单元的局限性。综合考虑分类单元的空间关系、几何以及纹理等特征，有效避免分类后结果的“椒盐”现象，同时提高分类速度减少对设备的损耗。众多研究表明，其分类精度高于传统基于像元分类的精度（谭衢霖等，2011；Kindu et al.，2018）。支持向量机（support vector machine，SVM）分类法在众多监督分类方法中的精度较高，研究发现其分类精度高于最大似然法、K 邻近法等方法的分类精度，在土地利用信息提取中应用广泛（Basukala et al.，2017；Xi et al.，2018）。

将 Landsat 系列影像进行辐射定标和几何校正，拼接后按照研究区矢量边界进行裁剪。按照耕地、林地、草地、水域、建设用地和未利用地 6 种土地利用类型进行分类。面向对象分类于传统像元分类的主要优势在于减少了分类结果的“椒盐”现象，而这主要依赖于影像分割的结果。影像分割作为面向对象分析、识别与分类的基础，将影像分成若干个有意义且互不重叠的区域。令影像在同一区域表现出特征一致性或相似性，在不同区域表现出特征差异性。因此，分割尺度的选取对后续影像分类至关重要。若分割尺度过大，则分割结果易过于粗糙，会造成错分现象；若分割尺度过小，则分割结果过于细致，会造成数据冗余、浪费数据处理时间、影响分类结果的整体性（董璐等，2016；马燕妮等，2017）。

在阅读相关研究成果以及分析研究区实际情况的基础上，采取最大面积对象数比法计算研究区的整体最优分割尺度（裴欢等，2018）。最终确定最优分割尺度为20，合并尺度为80。以DEM和NDVI作为辅助数据，基于ENVI平台通过面向对象结合支持向量机的分类方法提取研究区的耕地分布情况。在整体了解研究区土地利用状况的基础上选取训练样本和验证样本。其中，训练样本的选取遵循整体性、全面性和代表性等原则。即在研究区范围内选取有代表性的样本，若同一土地利用类型出现不同表征，则将同一土地利用类型各种表征的样本均选取出来，确保没有遗漏。每期选择的训练样本数量为2 000个。验证样本的选取是利用了ArcGIS在研究区范围内随机选取的1 000个样本点，最后计算解译的总体精度均大于85%，符合研究需求。

4.1.2 耕地质量评价

耕地质量评价流程是在评价指标选取的基础上，计算评价指标的隶属度和权重，最后根据评价指标的隶属度和权重进行区域耕地质量综合评价。因此，耕地质量数据处理主要从评价指标因子的选取、指标因子及隶属度计算、指标因子权重计算和耕地质量综合评价4部分进行总结。

4.1.2.1 评价指标因子选取

耕地合理开发、利用与保护是国家基础性的战略问题，重点从数量保护逐渐向质量保护转移，明晰耕地质量的内涵对耕地保护具有重要作用。不同部委根据实际需求和耕地开发与保护的具体实践对耕地质量的内涵进行了界定。2008年，农业部《耕地地力调查与质量评价技术规程》将耕地质量界定为满足作物生长和清洁生产的程度。2012 年，国土资源部《农用地分等质量规程》界定为以指定作物的光温（气候）生产潜力为基础，通过对耕地的自然质量、利用水平、经济水平逐级订正后综合评定耕地质量差异状况。2016 年，国土资源部《高标准农田建设评价规范》界定为耕地满足作物生长和安全生产的能力。2016 年，农业部《耕地质量调查监测与评价办法》界定为由耕地地力、土壤健康状况和田间基础设施构成的满足农产品持续产出和质量安全的能力。

从土壤属性角度，耕地质量是土壤肥力及耕地地力；从土地利用角度，耕地质量受区位、环境以及投入产出水平等的影响；从土地管理角度，耕地质量受人类活动的影响，包括对耕地的平整、水利设施的改善和机械投入等；从土地经济角度，耕地质量着重于评价耕地的产出和效率（范佳旭等，2019）。众多学者对耕地质量的内涵进行了界定，可为耕地质量评价指标的选取提供很好的参考。杜国明等（2016）认为耕地质量包含土壤质量、环境质量、管理质量和经济质量；陈百明等（2013）认为耕地质量是耕地维持农业生产、净化生产环境以及保障生物健康等能力的总和；张凤荣等（2001）认为耕地质量需考虑土壤、环境以及田间工程状况；沈仁芳等（2012）认为耕地质量是耕地自然、经济和环境的综合体，需考虑土壤、空间地理、管理和经济质量等方面。

在借鉴以上相关技术规程和学术论文的基础上，对耕地质量评价指标进行汇总统计（见表 4. 1）。

表 4. 1　　耕地质量评价相关指标汇总

一级指标	二级指标
气候条件	光合生产潜力、光温生产潜力、积温、降水量、气候生产潜力、日照、太阳辐射、温度、无霜期
地形特征	地形部位、田面高差、田面平整度、田面坡度
土壤性状	CEC、pH 值、成土母质、地表岩石露头度、腐殖层厚度、耕层质地、耕作层厚度、黑土层厚度、碱化度、孔隙度、砾石含量、剖面构型、适耕性、田间持水量、土壤含水率、土壤类型、土壤容重、土壤水分指数、土壤退化指数、土壤养分元素、土壤养分综合指数、土壤有益微量元素丰缺、土壤质地、土体构型、盐渍化程度、有机质含量、有效土层厚度、障碍层类型及距地表深度

续表

一级指标	二级指标
耕作条件	斑块形状复杂度、病虫害防治水平、单位面积农机拥有量、地下水位、耕作便利度、耕作距离、灌溉保证程度、化肥施用综合指数、化肥投入、机械化程度、劳动力投入、劳作半径、林网化程度、农机化水平、农田防洪标准、农田防护林比率、农艺管理、农作物耕种收综合机械化水平、排水条件、破碎度、田间道路通达度、田间灌溉水方式、田间输水方式、田块规模、田块规整度、田块连片度、田块形态、田块状况、灾害防治水平
健康状况	白色污染、灌溉水环境质量、农药污染指数、土壤重金属含量、有益微量元素
生物性状	栖息地异质性、土壤呼吸强度、土壤酶、土壤蚯蚓数量、土壤微生物活性、土壤微生物量碳、土壤有机碳、物种类型

资料来源：作者自行整理。

耕地是自然和社会综合作用的结果，耕地质量评价需要考虑气候条件、地形特征、土壤性状以及耕作条件等方面。根据作物生长动力学的相关理论，气候条件是作物生长的基础动力资源，气候条件的差异深刻影响着作物类型、分布、品质及耕地环境质量。地形要素通过影响地表物质和能量的再分配，对耕地空间分布格局和耕地空间地理质量产生影响。土壤理化性状通过直接影响作物生长所需的营养要素，进而对作物长势及耕地土壤质量等影响深远。耕作条件主要表现为人类活动对耕地质量的改造与利用，是耕地管理质量的重要体现。

根据研究区耕地资源的相关情况，综合考虑耕地质量因子的空间差异性和时间演变性，去除冗余和相近指标后。选取适合研究区实际情况的耕地质量评价因子（见表4.2），其中包括4个一级指标，16个二级指标。

表4.2　　研究区耕地质量评价指标体系

一级指标	二级指标
气候条件	光合生产潜力（X_1）、光温生产潜力（X_2）、气候生产潜力（X_3）
地形特征	地形坡度（X_4）、地形部位（X_5）
土壤性状	有效土层厚度（X_6）、有机质含量（X_7）、耕层质地（X_8）、土壤容重（X_9）、土壤养分元素指数（X_{10}）、pH值（X_{11}）、土壤含水率（X_{12}）
耕作条件	田间道路通达度（X_{13}）、耕作距离（X_{14}）、农机化水平（X_{15}）、化肥施用综合指数（X_{16}）

资料来源：作者自行整理。

4.1.2.2 指标因子及隶属度计算

相关指标及指标隶属度的具体计算过程如下：

（1）气候生产潜力计算。依据作物生长动力学的理论，根据作物生长所需的光、温、水等气候条件通过逐级修正的方式进行气候生产潜力的计算（石淑芹等，2011）。计算模型如下：

$$\begin{aligned} Y_W &= Q \times f(Q) \times f(T) \times f(W) \\ &= Y_Q \times f(T) \times f(W) \\ &= Y_T \times f(W) \end{aligned} \tag{4.1}$$

式中：Y_W为气候生产潜力（kg/hm^2）；Q 为太阳总辐射量（$\times 4.186J/cm^2$）；$f(Q)$ 为光合有效系数；Y_Q为光合生产潜力（kg/hm^2）；$f(T)$ 为温度有效系数；Y_T为光温生产潜力（kg/hm^2）；$f(W)$ 为水分有效系数。

光合生产潜力是不考虑温度和水分的前提下，由太阳辐射所决定的生产潜力（刘扬，2005）。计算模型如下：

$$\begin{aligned} Y_Q &= Q \times P(1-\alpha)(1-\beta)(1-\rho)(1-r)(1-d)(1-e)/H \\ &= Q \times f(Q) \end{aligned} \tag{4.2}$$

式中：Y_Q为光合生产潜力（kg/hm^2）；Q 为太阳总辐射量（$\times 4.186J/cm^2$）；P 为光合有效辐射率；α 为反射率；β 为透射率；ρ 为无效吸收率；r 为光饱和限制率；d 为光量子损失率；e 为呼吸消耗率；H 为干物质热转换率；$f(Q)$ 为光合有效系数，采用黄秉维系数 0.123。

光温生产潜力是在光合生产潜力的基础上，对温度条件进行修正后的生产潜力，其计算公式为：

$$Y_T = Y_Q \times f(T) \tag{4.3}$$

式中：Y_T为光温生产潜力（kg/hm^2）；$f(T)$ 为温度修正函数。

温度修正函数采用于沪宁（1982）的经验公式：

$$f(T) = 0.04301T - 0.0005771T^2 \tag{4.4}$$

式中：T 为作物生育期内平均温度（摄氏度）。

气候生产潜力是在光温生产潜力的基础上对水分条件进行修正后的生产潜力，其中，仅考虑自然条件下的水分供给，不考虑人为灌溉的水分补充。其计算公式为（孙晓丽等，2014）：

$$Y_W = Y_T \times f(W) \tag{4.5}$$

式中：Y_W为气候生产潜力（kg/hm^2）；$f(W)$ 为水分修正函数。

水分修正函数采用龙斯玉（1985）的经验公式：

$$f(W) = \begin{cases} \dfrac{R}{E_0}(R \leqslant E_0) \\ 1 - \dfrac{R - E_0}{3E_0}(E_0 < R \leqslant 4E_0) \\ 0(R > 4E_0) \end{cases} \tag{4.6}$$

式中：R 为降水量（毫米）；E_0为蒸发量（毫米）。

由于耕地的光合生产潜力、光温生产潜力和气候生产潜力是耕地产出的基础，生产潜力越高，则耕地质量越好。因此，将生产潜力进行标准化处理以反映其空间差异。

（2）部分指标隶属函数计算。耕地质量是自然和人为因素共同作用的结果，耕地质量评价指标的界定具有模糊性，很难准确判断“好”与“坏”的边界。因此可以利用模糊数学的理论与方法进行量化。

隶属度是指标 x 符合这个模糊性概念的程度。隶属度为“1”表示完全符合，为“0”表示完全不符合。隶属函数是指标 x_i与隶属度 y_i之间的函数关系。根据隶属函数，可以计算任意指标 x_i所对应的隶属度 y_i。以实现耕地质量评价指标定性向定量的转变。基于模糊数学的理论与方法，根据评价指标对耕地质量的作用方向，可将隶属函数分为戒上型、戒下型、峰值型以及概念型 4 种类型。

①戒上型函数模型。当评价指标对耕地质量有促进作用，且当指标数值达到某一临界值后，耕地质量的正向变化趋于稳定。此种类型的指标可以选

用戒上型函数进行计算，具体计算公式如下：

$$y_i = \begin{cases} 0, & x_i \leqslant x_t \\ 1/[1 + a(x_i - c)^2], & x_t < x_i < c, (i = 1,2,\cdots,m) \\ 1, & x_i \geqslant c \end{cases} \tag{4.7}$$

式中：y_i为第 i 个因素隶属度；x_i为第 i 个因素指标值；c 为标准指标值；a 为系数；x_t为指标下限值。

②戒下型函数模型。当评价指标对耕地质量有抑制作用，且当指标数值达到某一临界值后，耕地质量的负向变化趋于稳定。此种类型的指标可以选用戒下型函数进行计算，具体计算公式如下：

$$y_i = \begin{cases} 0, & x_t \leqslant x_i \\ 1/[1 + a(x_i - c)^2], & c < x_i < x_t, (i = 1,2,\cdots,m) \\ 1, & x_i \leqslant c \end{cases} \tag{4.8}$$

式中：y_i为第 i 个因素隶属度；x_i为第 i 个因素指标值；c 为标准指标值；a 为系数；x_t为指标上限值。

③峰值型函数模型。当评价指标越接近某一数值，耕地质量越大；无论正向或负向远离这一数值，耕地质量均随之减少。此种类型的指标可以选用峰值型函数进行计算，具体计算公式如下：

$$y_i = \begin{cases} 0, & x_i \leqslant x_{t1} \text{ 或 } x_i \geqslant x_{t2} \\ 1/[1 + a\,(x_i - c)^2], & x_{t1} < x_i < x_{t2} \quad ,(i = 1,2,\cdots,m) \\ 1, & x_i = c \end{cases} \tag{4.9}$$

式中：y_i为第 i 个因素隶属度；x_i为第 i 个因素指标值；c 为标准指标值；a 为系数；x_{t1}、x_{t2}分别为指标下、上限值。

④概念型指标。当评价指标是定性的，如地形部位、耕层质地等，则通过特尔菲法直接给出隶属度。

隶属函数的求取需要几组既定的隶属度，经验隶属度的获取除了通过田间试验的方法外，还可以通过特尔菲法对一组指标值评估出相应的一组隶属度。本书借鉴《耕地质量调查监测评价规范》《土地质量地球化学评价规范》《土壤墒情评价指标》《东北黑土区耕地地力》等相关规范、标准和专著，界定研究区耕地质量因子的经验隶属度（见表4.3）。

表4.3　　耕地质量因子经验隶属度

指标	指标分级标准及隶属度									
全氮/(g/kg)	2.25	1.75	1.25	0.875	0.5					
分值	100	90	70	50	30					
隶属度	1	0.9	0.7	0.5	0.3					
全磷/(g/kg)	1.1	0.9	0.7	0.5	0.3					
分值	100	90	70	50	30					
隶属度	1	0.9	0.7	0.5	0.3					
全钾/(g/kg)	27.5	22.5	17.5	12.5	7.5					
分值	100	90	70	50	30					
隶属度	1	0.9	0.7	0.5	0.3					
有效磷/(mg/kg)	40	35	30	25	20	15	10			
分值	100	90	80	65	50	40	20			
隶属度	1	0.9	0.8	0.65	0.5	0.4	0.2			
速效钾/(mg/kg)	225	175	125	75	25					
分值	100	90	70	50	30					
隶属度	1	0.9	0.7	0.5	0.3					
土壤养分综合指数	0.9	0.75	0.6	0.45	0.3					
分值	100	90	70	50	30					

续表

指标	指标分级标准及隶属度									
隶属度	1	0.9	0.7	0.5	0.3					
有机质/(k/kg)	45	35	25	15	8	4				
分值	100	90	80	70	60	50				
隶属度	1	0.9	0.8	0.7	0.6	0.5				
pH	9	8.5	8	7.5	7	6.5	6	5.5	5	4.5
分值	30	50	70	90	100	90	80	70	55	40
隶属度	0.3	0.5	0.7	0.9	1	0.9	0.8	0.7	0.55	0.4
土壤容重/(g/cm^3)	0.9	1.125	1.3	1.4	1.5	1.6				
分值	90	100	90	70	50	30				
隶属度	0.9	1	0.9	0.7	0.5	0.3				
耕层质地	壤土	黏土	砂土	砾质土						
分值	100	80	70	40						
隶属度	1	0.8	0.7	0.4						
田面坡度/°	1.8	6	12.5	20						
分值	100	90	70	40						
隶属度	1	0.9	0.7	0.4						
耕作距离/m	90	550	1500	2500						
分值	100	90	70	40						
隶属度	1	0.9	0.7	0.4						
有效土层厚度/cm	165	125	80	45	25					
分值	100	90	70	50	30					
隶属度	1	0.9	0.7	0.5	0.3					
地形部位	平原中阶	平原低阶	平原高阶	丘陵下部	丘陵中部	山地坡下	丘陵上部	河漫滩	山地坡中	山地坡上
分值	100	85	80	75	70	70	60	55	55	40
隶属度	1	0.85	0.8	0.75	0.7	0.7	0.6	0.55	0.55	0.4
农机化水平/%	85	65	35	15						

续表

指标	指标分级标准及隶属度									
分值	100	80	60	20						
隶属度	1	0.8	0.6	0.2						
土壤含水率/%	22	17	13.5	8	4					
分值	80	100	80	50	30					
隶属度	0.8	1	0.8	0.5	0.3					

资料来源：作者自行整理。

其中，土壤含水率的经验隶属度根据土壤墒情标准：饱墒（偏湿，含水量18.5%～20%）、适墒（适宜，含水量15.5%～18.5%）、黄墒（轻旱，含水量12%～15%）、灰墒（中旱，含水量在8%左右）和干土（重旱，含水量在5%以下）进行界定。

耕作距离通过各评价单元的质心到所属行政区内最近居民点的直线距离进行计算。

土壤养分综合指数的计算公式为：

$$C = K_n f_n + K_p f_p + K_k f_k \quad (4.10)$$

式中：C 为土壤养分综合指数；K_n 为土壤氮的单元素养分得分；f_n 为氮的权重系数，本书取0.4；K_p 为土壤磷的单元素养分得分；f_p 为磷的权重系数，本书取0.4；K_k 为土壤钾的单元素养分得分；f_k 为钾的权重系数，本书取0.2。

对耕层质地、地形部位等描述性的指标构建了概念型隶属函数，全氮、全磷、全钾、速效钾、有效磷、土壤养分综合指数、有机质、有效土层厚度、农机化水平等定量指标构建了戒上型隶属函数，坡度、耕作距离等定量指标构建了戒下型隶属函数，而对评价指标pH值、土壤容重、土壤含水率等构建了峰值型隶属函数。基于MATLAB平台绘制和计算了各定量指标的原始数据点和拟合曲线（见图4.1）。相关指标具体隶属函数和指标界限值如表4.4所示。

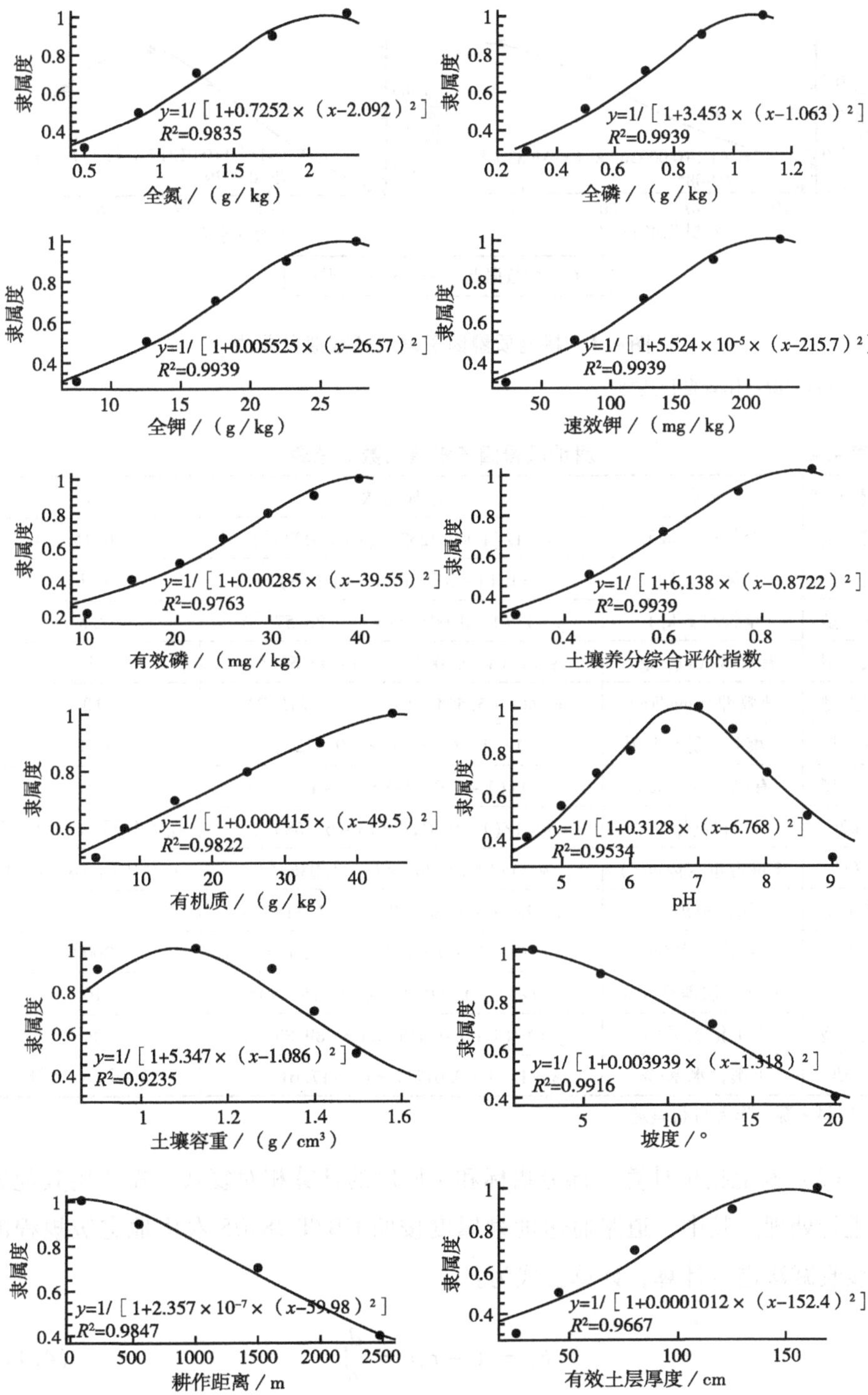
隶属度
y=1/［1+0.7252×（x−2.092）²］
R²=0.9835
全氮 /（g / kg）
隶属度
y=1/［1+3.453×（x−1.063）²］
R²=0.9939
全磷 /（g / kg）
隶属度
y=1/［1+0.005525×（x−26.57）²］
R²=0.9939
全钾 /（g / kg）
隶属度
y=1/［1+5.524×10⁻⁵×（x−215.7）²］
R²=0.9939
速效钾 /（mg / kg）
隶属度
y=1/［1+0.00285×（x−39.55）²］
R²=0.9763
有效磷 /（mg / kg）
隶属度
y=1/［1+6.138×（x−0.8722）²］
R²=0.9939
土壤养分综合评价指数
隶属度
y=1/［1+0.000415×（x−49.5）²］
R²=0.9822
有机质 /（g / kg）
隶属度
y=1/［1+0.3128×（x−6.768）²］
R²=0.9534
pH
隶属度
y=1/［1+5.347×（x−1.086）²］
R²=0.9235
土壤容重 /（g / cm³）
隶属度
y=1/［1+0.003939×（x−1.318）²］
R²=0.9916
坡度 / °
隶属度
y=1/［1+2.357×10⁻⁷×（x−59.98）²］
R²=0.9847
耕作距离 / m
隶属度
y=1/［1+0.0001012×（x−152.4）²］
R²=0.9667
有效土层厚度 / cm

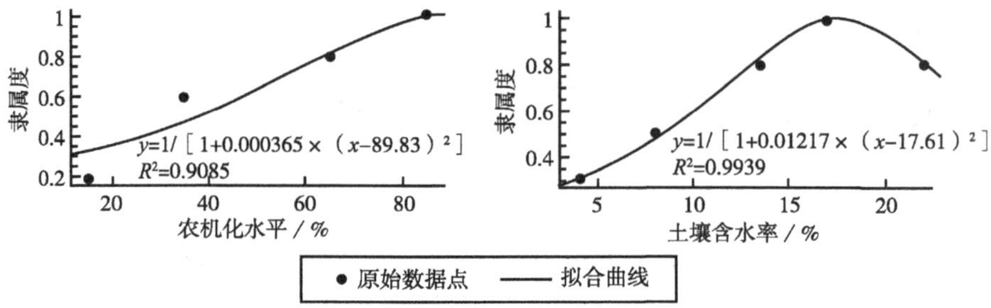

图 4.1　耕地质量因子隶属函数拟合曲线

资料来源：作者自行整理。

表 4.4　　耕地质量因子隶属函数汇总表

函数类型	指标	隶属函数	x_t
戒上型	全氮/(g/kg)	$y=1/(1+0.7252\times(x-2.092)^2)$	0.15
戒上型	全磷/(g/kg)	$y=1/(1+3.453\times(x-1.063)^2)$	0.1
戒上型	全钾/(g/kg)	$y=1/(1+0.005525\times(x-26.57)^2)$	2.5
戒上型	有效磷/(mg/kg)	$y=1/(1+0.00285\times(x-39.55)^2)$	5
戒上型	速效钾/(mg/kg)	$y=1/(1+5.524\times10^{-5}\times(x-215.7)^2)$	10
戒上型	土壤养分综合指数	$y=1/(1+6.138\times(x-0.8722)^2)$	0.1
戒上型	有机质/(g/kg)	$y=1/(1+0.000415\times(x-49.5)^2)$	0.1
峰型	pH 值	$y=1/(1+0.3128\times(x-6.768)^2)$	$x_{t1}=4.35$，$x_{t2}=9.69$
峰型	土壤容重/(g/cm³)	$y=1/(1+5.347\times(x-1.086)^2)$	$x_{t1}=0.8$，$x_{t2}=1.65$
戒下型	田面坡度/°	$y=1/(1+0.003939\times(x-1.318)^2)$	25
戒下型	耕作距离/m	$y=1/(1+2.357\times10^{-7}\times(x-59.98)^2)$	3000
戒上型	有效土层厚度/cm	$y=1/(1+0.0001012\times(x-152.4)^2)$	10
戒上型	农机化水平/%	$y=1/(1+0.000365\times(x-89.83)^2)$	5
峰值	土壤含水率/%	$y=1/(1+0.01217\times(x-17.61)^2)$	$x_{t1}=3$，$x_{t2}=28$

资料来源：作者自行整理。

（3）其他指标计算。部分指标和隶属度的计算相对复杂，需要用其他方法进行处理。其中，道路通达度隶属度按照 GB/T 28405 农用地定级规程的直线衰减法进行计算，计算公式为：

$$F_i = 1 - r, r = \frac{d_i}{d} \tag{4.11}$$

式中：F_i为第 i 个斑块的道路通达度隶属度；r 为耕地斑块与道路的相对距离；d_i为第 i 个斑块与道路的最近距离（m）；d 为道路的最大影响半径（m）。

道路的最大影响半径计算公式为：

$$d = \frac{S}{2L} \tag{4.12}$$

式中：d 为道路的最大影响半径（m）；S 为区域面积（m^2）；L 为道路总长度（m）。

运用直线法计算各类化肥施用量的隶属度，具体计算公式为：

$$F = \begin{cases} \frac{f_i}{f_c}, f_i < f_c \\ 2 - \frac{f_i}{f_c}, f_c \leqslant f_i \leqslant 2f_c \end{cases} \tag{4.13}$$

式中：F 为单因素化肥的隶属度；f_i为单因素化肥的实际施用量；f_c为单因素化肥的标准施用量。化肥标准施用量（kg/亩）按照黑龙江省测土配方施肥大数据应用系统（http：//www. hljctpf. cn/）进行计算。

化肥施用综合指数的计算公式为：

$$D = M_n f_n + M_p f_p + M_k f_k \tag{4.14}$$

式中：D 为化肥施用综合指数；M_n为氮肥得分；f_n为氮肥的权重系数，本书取 0.4；M_p为磷肥得分；f_p为磷肥的权重系数，本书取 0.4；M_k为钾肥得分；f_k为钾肥的权重系数，本书取 0.2。最后，计算得到的化肥综合施用指数的隶属度函数为 $y = 1/(1 + 6.138 \times (x - 0.8722)^2)$，$R^2 = 0.9939$。

4.1.2.3　指标因子权重计算

权重的计算分为主观赋权和客观赋权两种形式。其中，主观赋权的主观性较强，同时对赋权人的专业知识、经验要求较高。客观赋权根据数据之间的关系通过一定的数学方法来确定权重，结果不依赖人的主观判断，有较强的数理依据。常见的客观赋权方法包括主成分分析、因子分析、TOPSIS 法、秩和比法、灰色关联法、熵权法等。

主成分分析法作为客观赋权的常用方法，通过将 N 维因子进行正交变换，形成彼此之间相互独立的 k 维（$k<N$）数据，并在此基础上通过分析主成分确定影响因子权重。

根据主成分分析法计算 1985 年耕地质量因子的权重（见表 4.5），发现有效土层厚度、光温生产潜力以及地形坡度对区域耕地质量的影响较大；土壤含水率、耕层质地以及田间道路通达度对区域耕地质量的影响较小。影响程度排序为：$X_6>X_2>X_4>X_5>X_3>X_{10}>X_{15}>X_{16}>X_1>X_7>X_{14}>X_{11}>X_9>X_{13}>X_8>X_{12}$。

表 4.5　　1985 年耕地质量因子权重

因子	X_1	X_2	X_3	X_4	X_5	X_6	X_7	X_8
权重	0.063	0.078	0.072	0.077	0.077	0.084	0.060	0.042
因子	X_9	X_{10}	X_{11}	X_{12}	X_{13}	X_{14}	X_{15}	X_{16}
权重	0.048	0.070	0.059	0.032	0.045	0.060	0.067	0.067

资料来源：作者自行整理。

根据主成分分析法计算 2020 年耕地质量因子的权重（见表 4.6），发现光温生产潜力、耕层质地以及土壤容重对区域耕地质量的影响较大；地形坡度、耕作距离以及田间道路通达度对区域耕地质量的影响较小。影响程度排序为：$X_2>X_8>X_9>X_3>X_1>X_6>X_{11}>X_{15}>X_{16}>X_5>X_{10}>X_{12}>X_7>X_{13}>X_{14}>X_4$。

表 4.6　　2020 年耕地质量因子权重

因子	X_1	X_2	X_3	X_4	X_5	X_6	X_7	X_8
权重	0.068	0.076	0.070	0.046	0.058	0.067	0.054	0.075
因子	X_9	X_{10}	X_{11}	X_{12}	X_{13}	X_{14}	X_{15}	X_{16}
权重	0.072	0.058	0.067	0.057	0.053	0.049	0.067	0.064

资料来源：作者自行整理。

4.1.2.4 耕地质量评价

耕地质量的计算采用累加法，计算公式为：

$$Q = \sum F_i C_i \tag{4.15}$$

式中：Q 为研究区耕地质量；F_i 为指标 i 的隶属度；C_i 为指标 i 的权重。其中，本书评价指标共16个。

4.1.3 耕地产能反演

基于ArcGIS的python平台将NDVI数据进行批量格式转换、拼接镶嵌、重投影、裁剪、单位转换以及求取最大值等操作，最终得到研究区1985～2020年5～9月的NDVI数据。由于两种传感器的差异，所计算的NDVI数据存在一定的不同，直接进行时间序列变化分析会使结果产生较大误差。同时，由于两者的空间分辨率差异，需要将两种数据进行同化分析。MODIS NDVI数据较GIMMS AVHRR NDVI数据而言，无论在空间分辨率还是数据质量上均得到了较大提高，因此以MODIS NDVI数据为基础，将GIMMS AVHRR NDVI数据进行调整与修正，得到空间分辨率为250m的经MODIS NDVI数据修正的GIMMS AVHRR NDVI数据。

基于ArcGIS平台根据系统抽样的原理，选取MODIS NDVI和GIMMS AVHRR NDVI遥感影像上的样本进行分析。由于两种NDVI数据的分辨率差异，为尽量减少由于传感器差异造成的误差，令GIMMS AVHRR NDVI数据样本选取范围为一个像元（8km×8km），MODIS NDVI数据样本选取范围是半径为4km的圆形区域，取区域平均值作为样本数据。用该方法在MODIS NDVI和GIMMS AVHRR NDVI月最大值合成NDVI影像上抽样，每月可获取534对样本。

BP神经网络模型通过模拟生物神经系统的交互反应，对已有数据进行规律总结，对因果关系复杂的非确定性关系进行推理、判断、识别、拟合、预测和分类等处理，被广泛应用于线性与非线性关系的拟合预测研究中，结果较具可靠性。

利用2000～2003年5～9月的抽样数据，对按月划分的GIMMS AVHRR NDVI和MODIS NDVI数据关系进行BP神经网络拟合分析，并随机抽取部分数据进行精度验证。根据各月两种NDVI数据的拟合精度（见图4.2）可知，5月BP神经网络拟合精度 $R=0.84617$，6月BP神经网络拟合精度 $R=0.82641$，7月BP神经网络拟合精度 $R=0.8075$，8月BP神经网络拟合精度 $R=0.75662$，9月BP神经网络拟合精度 $R=0.79653$。可见GIMMS AVHRR NDVI和MODIS NDVI数据的各月BP神经网络拟合精度较高，可以进行数据拟合同化。

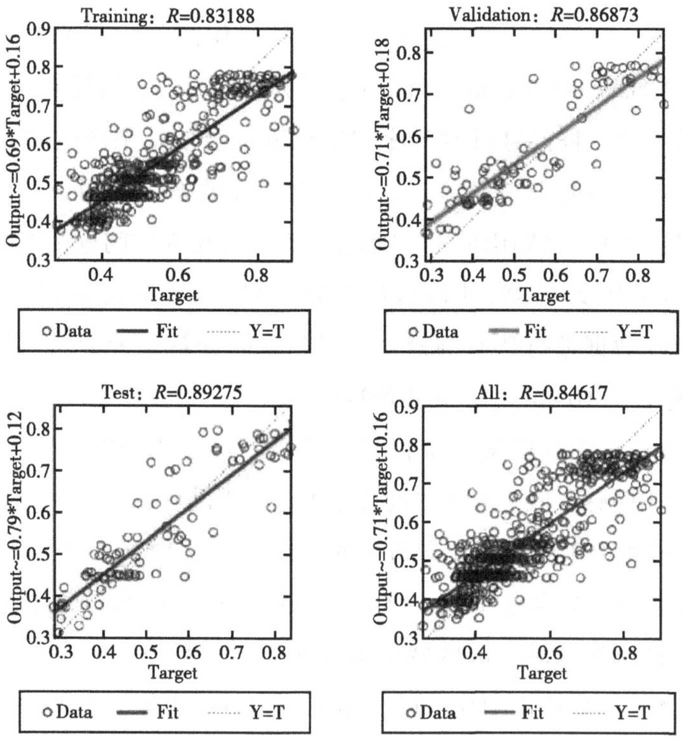

a.5月

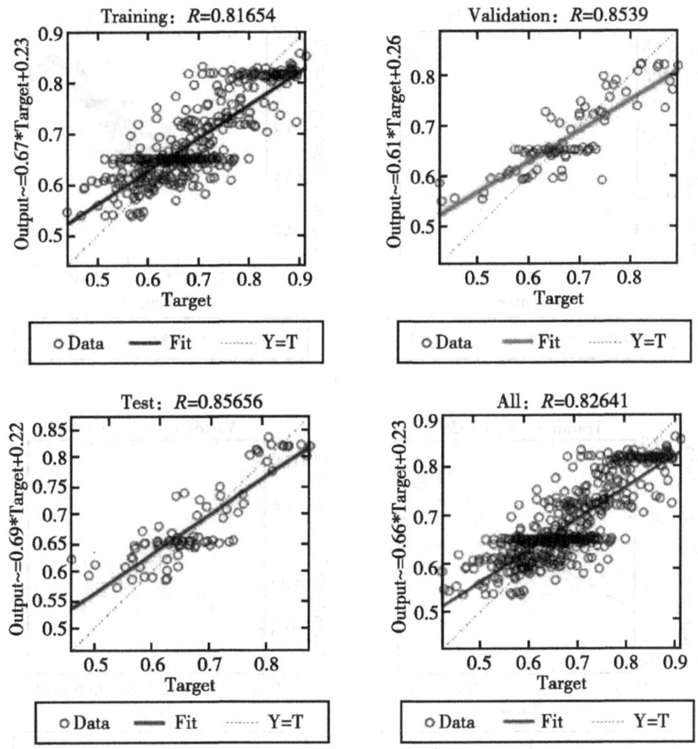
Training：R=0.81654
Output~=0.67*Target+0.23
Target
Validation：R=0.8539
Output~=0.61*Target+0.26
Target
Test：R=0.85656
Output~=0.69*Target+0.22
Target
All：R=0.82641
Output~=0.66*Target+0.23
Target
Data
Fit
Y=T

b.6月

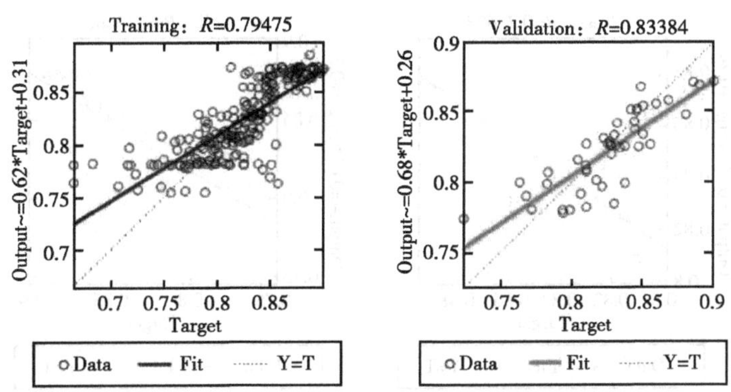
Training：R=0.79475
Output~=0.62*Target+0.31
Target
Validation：R=0.83384
Output~=0.68*Target+0.26
Target
Data
Fit
Y=T

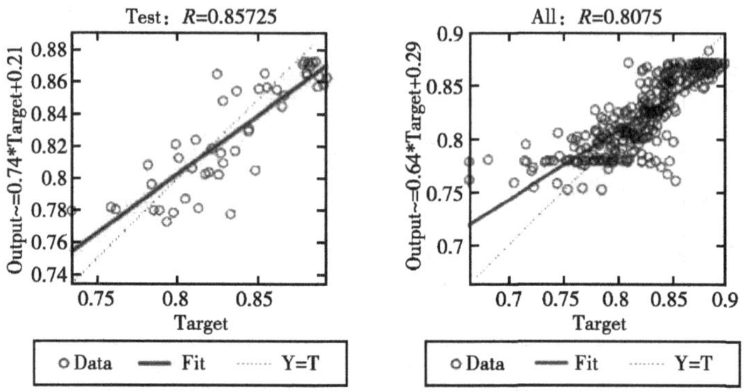
Test：R=0.85725
Output~=0.74*Target+0.21
Target
All：R=0.8075
Output~=0.64*Target+0.29
Target
Data
Fit
Y=T

c.7月

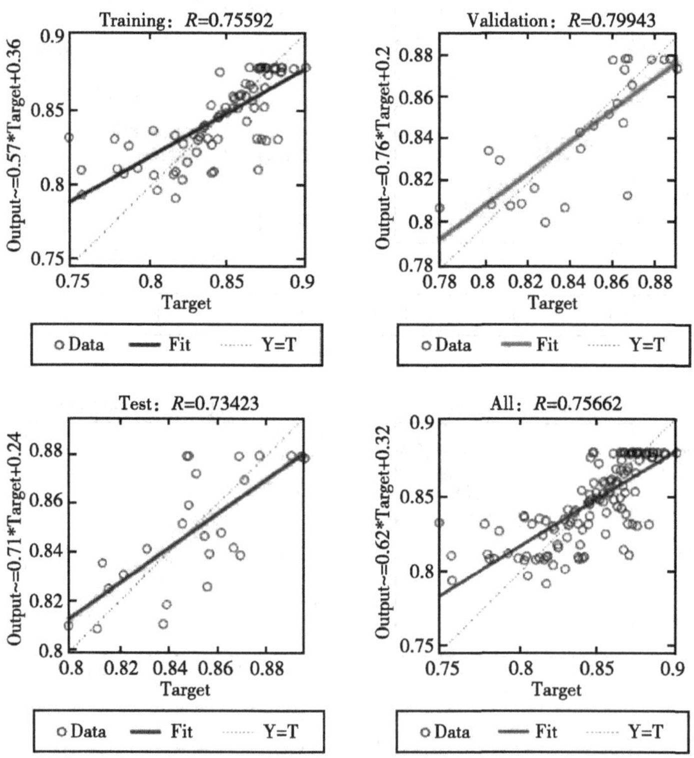
Training：R=0.75592
Output~=0.57*Target+0.36
Target
Validation：R=0.79943
Output~=0.76*Target+0.2
Target
Test：R=0.73423
Output~=0.71*Target+0.24
Target
All：R=0.75662
Output~=0.62*Target+0.32
Target
Data
Fit
Y=T

d.8月

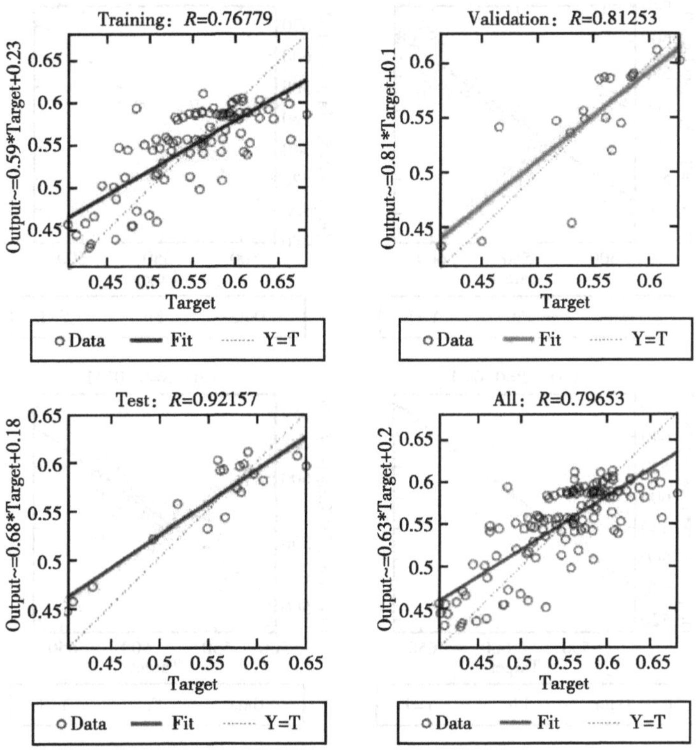

e.9月

图 4.2　GIMMS AVHRR NDVI 和 MODIS NDVI 数据的各月 BP 神经网络拟合精度

资料来源：作者自行整理。

由于研究区玉米的种植面积最大，因此以玉米作为区域的基准作物。根据实际调研样点的产量数据以及《农用地分等规程》中的相关方法，测算实际标准粮产量，将标准粮产量（Y）和对应年份耕作期（5～9 月）NDVI 数据（X_5、X_6、X_7、X_8、X_9）进行 BP 神经网络拟合并验证，总体精度为 0. 80331（见图 4. 3）。因此，可用 1985～2020 年 NDVI 数据和 BP 神经网络模型的拟合结果，反演研究区 1985～2020 年标准粮产量（实际产能）的空间分布，并进一步根据区域粮食产量的年际变化对反演结果进行修正。

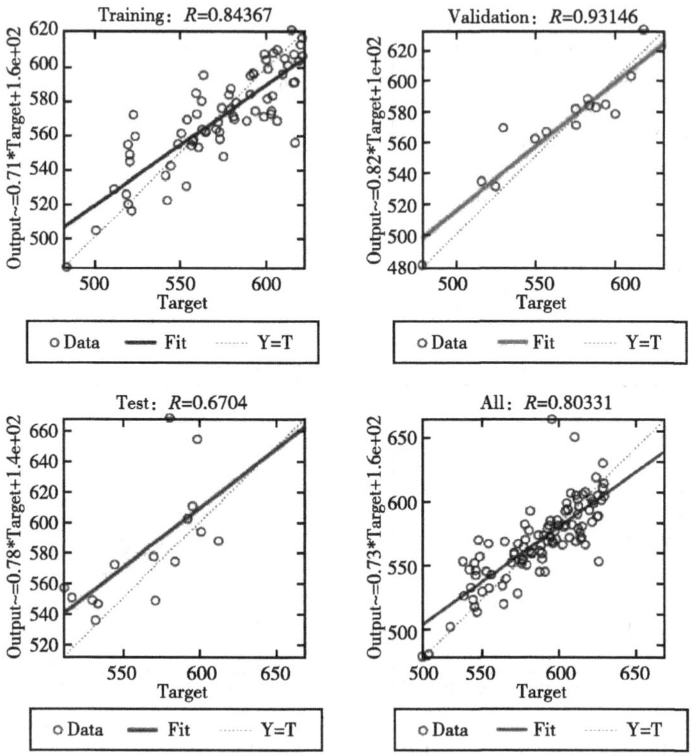

图 4.3　标准粮产量与 NDVI 数据的 BP 神经网络拟合精度

资料来源：作者自行整理。

4.1.4　土壤环境健康评价

国际上对于耕地健康、耕地质量健康、耕地生产力健康等方面的研究多集中在土壤健康方面。将土壤的动态质量作为土壤健康的主要研究内容（Janz et al.，2019；Das et al.，2021），将土壤健康界定为土壤在生态和土地利用系统中，维持生物生产力、环境质量，以及促进人类和动植物健康的能力（Lupwayi et al.，2010；Sjgersten et al.，2011）。将土壤健康与土壤功能、生态系统服务和人类福祉相结合（Robinson et al.，2012），综合评定土壤健康状况满足人类需求的程度（Lal et al.，2009）。根据康奈尔土壤健康评价的相关内容，土壤健康不仅要求土壤无污染，还要求土壤的理化及生物性质是健康、可持续的。因此，不仅需要考虑耕地的重金属污染状况，还应考虑耕地地力是否适中、土壤是否存在水土流失等情况。人类的合理利用会促进土壤健康发展，增强耕地缓冲过滤能力；不合理利用则会增加土壤负担，不利于耕地的可持续发展（温良友等，2019）。

依据《世界土壤资源状况》报告指出的土壤健康十大威胁和相关研究发现，研究区的土壤环境健康可能存在土壤侵蚀、养分不均衡以及土壤污染等方面的问题。根据 GB 15618—2018 土壤环境质量农用地土壤污染风险管控标准，以及研究区采样点的实际情况，采样点各种重金属含量低于农用地土壤污染风险筛选值，对农产品质量安全、农作物生长以及土壤生态环境的风险低，一般情况下可以忽略不计。但土壤养分状况以及土壤侵蚀情况存在一定问题，因此，研究区土壤环境健康主要从土壤养分均衡以及土壤侵蚀情况进行综合分析。

土壤养分均衡情况综合考虑土壤的 C、N、P、K 等元素的均衡情况，按照 DZT 0295—2016 土地质量地球化学评价规范中的土壤养分指标等级分级标准进行 C、N、P、K 等元素的等级划分，具体划分为丰富、较丰富、中等、较缺乏和缺乏 5 个等级。根据木桶原理，将 4 项土壤元素指标中等级最低的一项判别为土壤养分均衡等级。土壤侵蚀情况根据 SL 190—2007 土壤侵蚀分类分级标准进行分级，具体划分为微度、轻度、中度、强烈、极强烈和剧烈 5 个等级。同时依据 DZT 0295—2016 土地质量地球化学评价规范中土壤质量地球化学综合等级表达图示与含义的方法，综合分析土壤养分均衡和土壤侵蚀程度情况以分析研究区土壤环境健康状况（见表 4.7）。

表 4.7　　土壤环境健康综合等级的图示与含义

土壤环境健康		土壤侵蚀情况					
		微度	轻度	中度	强烈	极强烈	剧烈
土壤养分均衡情况	丰富	1 等优质	2 等良好	3 等中等	4 等差等	5 等劣等	6 等极劣
	较丰富	1 等优质	2 等良好	3 等中等	4 等差等	5 等劣等	6 等极劣
	中等	2 等良好	2 等良好	3 等中等	4 等差等	5 等劣等	6 等极劣
	较缺乏	4 等差等	4 等差等	4 等差等	5 等劣等	5 等劣等	6 等极劣
	缺乏	5 等劣等	5 等劣等	5 等劣等	5 等劣等	5 等劣等	6 等极劣

资料来源：作者自行整理。

4.2 耕地利用情况

4.2.1 耕地数量情况

1985～2020年研究区耕地利用分布主要呈现逐步扩张的态势，耕地扩张区主要分布在研究区中部和东北部。土地利用变化主要呈现湿地向耕地的转变。

1985～2020年研究区垦殖率主要呈现逐步增加的趋势（见图4.4），由1985年的39.93%增至2020年的62.32%。其中，1985～2000年垦殖率增加幅度大、速度快；2000～2020年垦殖率增加幅度相对平稳、增加速度逐渐放缓。年份（x）和垦殖率（y）的拟合方程为：$y=-0.0003x^2+1.2981x-1\ 304.9$（$R^2=0.9826$）。

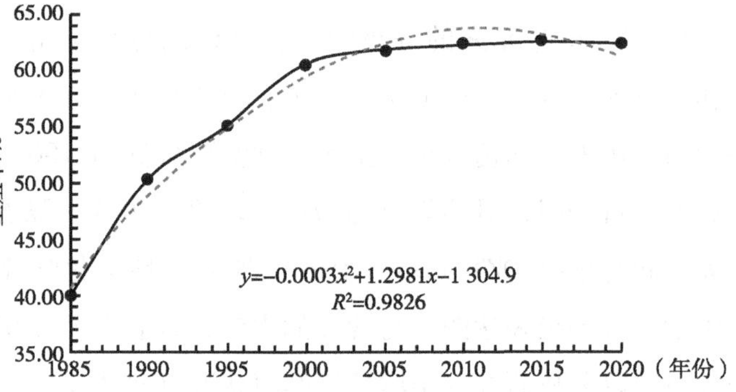

图4.4 1985～2020年研究区垦殖率变化

资料来源：作者自行整理。

4.2.2 耕地质量情况

1985年，研究区耕地质量空间分布主要呈现“北高南低”态势。2020年，耕地质量空间分布主要呈现“东北、南部低，西部、中部高”的态势。

根据1985和2020年研究区耕地质量相关统计（见表4.8）可知，1985年，研究区耕地质量最小值为0.445，最大值为0.832，平均值为0.722，标准差为 0.042；2020 年，研究区耕地质量最小值为 0.597，最大值为 0.874，平均值为 0.758，标准差为 0.043；1985～2020 年，研究区耕地质量变化的最小值为 -0.131，最大值为 0.272，平均值为 0.041，标准差为 0.043。2020 年与 1985 年相比，耕地质量的最小值、最大值及平均值均得到提升，正向的耕地质量变化幅度大于负向的耕地质量变化幅度。

表 4.8　　1985 和 2020 年研究区耕地质量相关统计

时间	最小值	最大值	平均值	标准差
1985 年	0.445	0.832	0.722	0.042
2020 年	0.597	0.874	0.758	0.043
1985～2020 年变化	-0.131	0.272	0.041	0.043

资料来源：作者自行整理。

研究区耕地质量变化介于 -0.131～0.272 之间，平均值为 0.041；空间分布主要呈现西部升高且变化大、东部降低且变化小的态势。其中，耕地质量退化程度较高的区域主要分布在研究区的东北侧，研究区西南侧耕地质量提升相对较高。

根据 1985～2020 年研究区耕地质量变化各区间比例情况（见图 4.5），

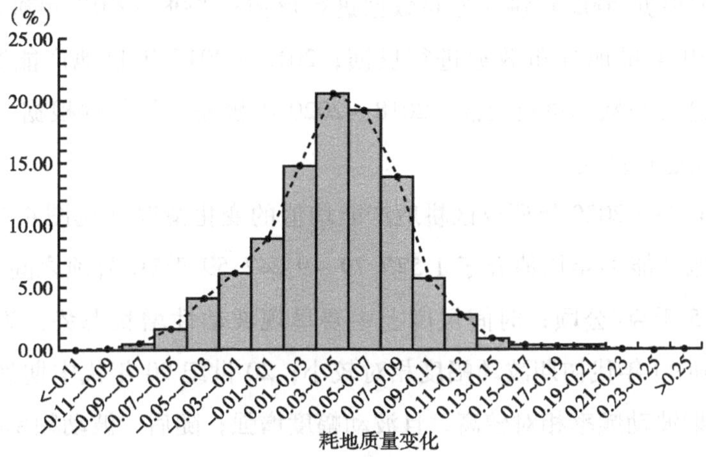

图 4.5　1985～2020 年研究区耕地质量变化的各区间比例情况

资料来源：作者自行整理。

可知研究区耕地质量变化各区间分布呈现正态分布。其中，耕地质量变化介于0.03～0.05的比例最高，约占20%；耕地质量提升相对于耕地质量退化，占比更高。

4.3 耕地健康产能情况

4.3.1 耕地产能情况

由于NDVI数据源空间分辨率的差异，导致2000年前后的耕地产能数据存在一定的尺度差异，这是由于遥感科学进步引起的必然结果，是目前无法克服的技术瓶颈。书中已做了适当同化和修正，尽可能减少了由于数据源导致的数据误差。其中，1985～1987年耕地产能数据根据1985年耕地分布数据进行反演；1988～1992年耕地产能数据根据1990年耕地分布数据进行反演；1993～1997年耕地产能数据根据1995年耕地分布数据进行反演；1998～2002年耕地产能数据根据2000年耕地分布数据进行反演；2003～2007年耕地产能数据根据2005年耕地分布数据进行反演；2008～2012年耕地产能数据根据2010年耕地分布数据进行反演；2013～2017年耕地产能数据根据2015年耕地分布数据进行反演；2018～2020年耕地产能数据根据2020年耕地分布数据进行反演。

根据1985～2020年研究区耕地产能均值的变化情况（见图4.6），可知研究区耕地产能多年均值介于1 575.79～9 247.59千克/公顷之间，平均值为5 681.15千克/公顷；时间尺度上主要呈现波动性增长态势，20世纪80年代中期到90年代初期波动幅度相对较小；20世纪90年代中期到21世纪10年代初期波动频率相对较高，且波动幅度增强；随后，波动频率降低，逐渐趋于平稳增长趋势。年份（x）和耕地产能均值（y）的拟合方程为：$y=244.21x-483\ 353$（$R^2=0.9686$）。

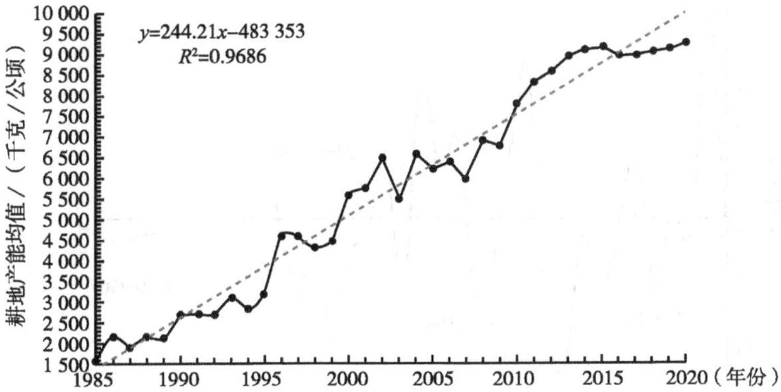

图 4.6 1985 ~ 2020 年研究区耕地产能均值的变化情况

资料来源：作者自行整理。

4.3.2 耕地产能稳定性情况

通过 Hodrick-Prescott（H – P）滤波将多年耕地产能进行趋势部分和波动部分的分解（李昊儒等，2018），根据波动部分较趋势部分的偏离情况，计算波动指数表征产能的稳定性情况（林燕等，2006）。

$$I_p = \frac{Y_t - \hat{Y}_t}{\hat{Y}_t} \times 100\% \tag{4.16}$$

式中：Y_t表示 t 年耕地实际产能；$\hat{Y}_t$表示 t 年耕地趋势产能；$Y_t - \hat{Y}_t$表示 t 年耕地实际产能的绝对波动量；I_p表示产能的波动指数，可以反映产能的稳定程度。波动指数的绝对值越大说明耕地产能的稳定性越差；反之，则说明稳定性越好。

根据 1985 ~2020 年挠力河流域产能波动指数变化情况（见图 4.7），可知产能波动指数逐渐趋于平缓，1985 ~2005 年产能波动频率和幅度相对较大，2005 ~2020 年产能波动频率和幅度相对较小。1985 ~2020 年产能波动指数的绝对值介于 0.11% ~21.15% 之间，平均值为 6.14%。36 年间有 19 个年份的产能波动指数的绝对值超过 5%，说明区域产能稳定性较弱。

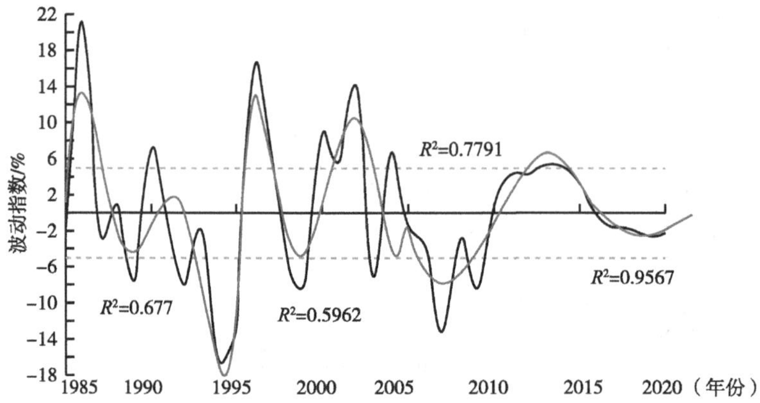

图 4.7　1985～2020 年研究区产能波动指数的变化情况

资料来源：作者自行整理。

为分析研究区耕地产能多年波动指数的空间分布，通过平均波动指数将研究区产能多年波动的空间差异进行计算与展示。具体公式如下：

$$I_i = \frac{1}{n}\sum_{j=1}^{n} |I_{ij}| \tag{4.17}$$

式中：I_i为 i 点产能多年平均波动指数；I_{ij}为 i 点 j 年的产能波动指数；n 为总年数。

根据研究区产能的平均波动指数判别区域产能的稳定情况：当平均波动指数小于 10% 时，区域产能表现为稳定；当平均波动指数介于 10% ～30% 之间，区域产能表现为较稳定；当平均波动指数介于 30% ～50% 之间，区域产能表现为较不稳定；当平均波动指数介于 50% ～70% 之间，区域产能表现为不稳定；当平均波动指数大于 70% 时，区域产能表现为极不稳定。

分析研究区产能平均波动指数的空间分布和产能不同稳定性水平的面积占比情况（见图 4.8），可知产能稳定区面积占比最大，为 46.74%，主要分布在研究区中部和北部部分区域；产能较稳定区面积占比 20.43%，主要分布在研究区中部、东北部和南部部分区域；产能较不稳定区面积占比 16.33%，主要分布在研究区中部、东北部部分区域；产能不稳定区面积占比 6.87%，主要分布在研究区中部的湿地附近；产能极不稳定区面积占比

9.63%，主要分布在研究区东北部的湿地附近和南部的林地附近。

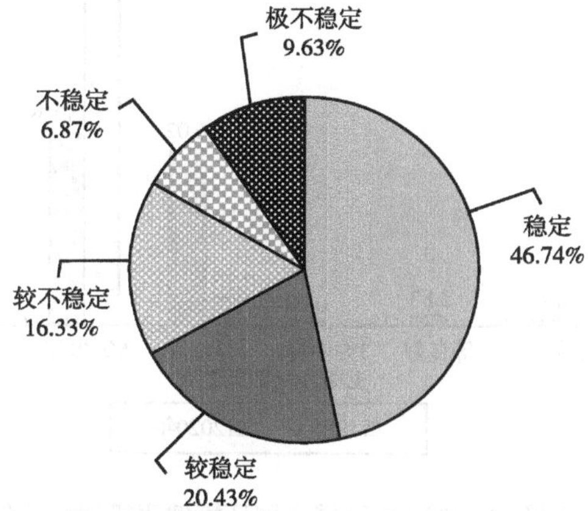

图 4.8　研究区产能不同稳定性水平的面积占比情况

资料来源：作者自行整理。

4.3.3　土壤环境健康情况

1985 年研究区土壤环境健康等级以 5 等劣等为主，东北部和南部部分区域零星分布 4 等差等。2020 年研究区土壤环境健康等级以 4 等差等和 5 等劣等为主，研究区中部和北部部分区域呈现中等及以上水平，南部部分区域零星存在 6 等极劣的地方。

根据 1985 和 2020 年不同土壤环境健康等级的比例情况（见图 4.9）可知，1985 年区域土壤环境健康等级为 5 等劣等的面积占比为 92.80%，4 等差等的面积占比为 7.20%，1985 年研究区土壤环境健康劣势显著。2020 年区域土壤环境健康等级为 5 等劣等的面积占比为 50.39%，4 等差等的面积占比为 46.02%，2 等良好的面积占比为 2.83%，1 等优质的面积占比为 0.56%，6 等极劣的面积占比为 0.13%，3 等中等的面积占比为 0.08%，与 1985 年相比，2020 年区域土壤环境健康得到一定的改善，但劣势仍然明显。

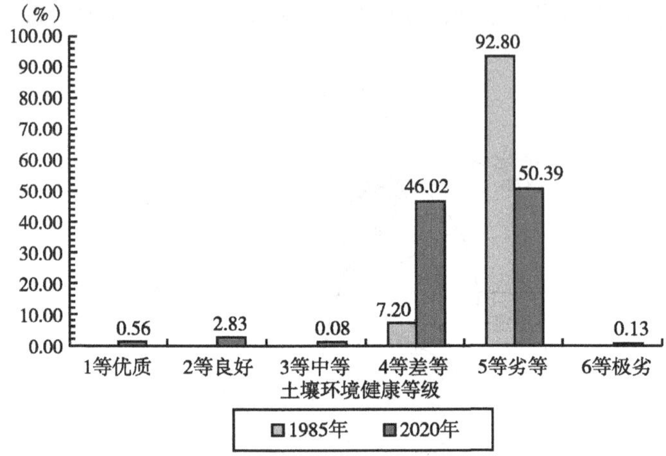

图 4.9　1985 和 2020 年不同土壤环境健康等级的比例情况

资料来源：作者自行整理。

1985～2020 年研究区土壤环境健康得到改善的区域主要分布在研究区西侧，分布相对集中；出现恶化的区域主要分布在研究区南侧和东北侧，分布相对分散；未发生变化的区域主要分布在研究区南侧和东北侧，位于土壤环境健康恶化区附近。根据 1985～2020 年土壤环境健康变化的比例分布情况（见图 4.10），可知研究区土壤环境健康得到改善的面积占比为 48.13%，出现恶化的面积占比为 5.35%，未发生改变的面积占比为 46.53%。

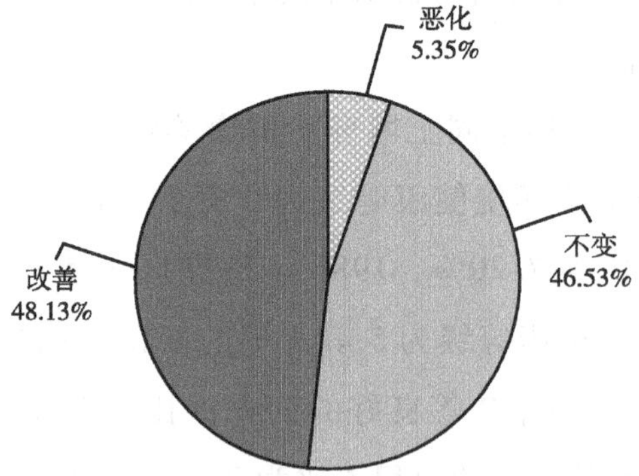

图 4.10　1985～2020 年土壤环境健康变化的比例分布情况

资料来源：作者自行整理。

4.3.4 综合情况

综合分析研究区耕地产能、产能稳定性以及土壤环境健康的情况，以分析耕地健康产能的空间分异。将 1985 ~ 2020 年土壤环境健康发生恶化的区域提取出来作为土壤环境健康恶化区，将 1985 ~ 2020 年耕地产能平均波动指数大于 10% 的区域提取出来作为产能不稳定区，将 1985 ~ 2020 年产能均值小于 5 500 千克/公顷的区域提取出来作为低产区。

区域恶化不稳定低产区面积占比为 2. 23%，恶化不稳定高产区面积占比为 0. 31%，恶化稳定低产区面积占比为 0. 10%，恶化稳定高产区面积占比为 3. 48%；未恶化不稳定低产区面积占比为 42. 60%，未恶化不稳定高产区面积占比为 8. 12%，未恶化稳定低产区面积占比为 2. 87%，未恶化稳定高产区面积占比为 40. 29%。综合来看，恶化区域面积占比为 6. 13%，不稳定区域面积占比为 53. 26%，低产区域面积占比为 47. 79%。由此可见，产能不稳定和产能水平较低是区域耕地产能健康面临的主要挑战。

综合分析耕地产能的稳定性和土壤环境健康情况，依据木桶原理若其中一个指标为恶化或不稳定，则区域表现为不健康；当土壤环境未恶化且产能表现出稳定时，区域表现为健康。进一步分析耕地产能高低和健康情况，最后识别不健康低产区、不健康高产区、健康低产区、健康高产区。

不健康低产区面积占比为 44. 93%，不健康高产区面积占比为 11. 92%；健康低产区面积占比为 2. 87%，健康高产区面积占比为 40. 29%。综合来看，不健康区域面积占比为 56. 85%，低产区域面积占比为 47. 79%。由此可见，产能健康情况是提升区域耕地健康产能的关键。

4.4 本章小结

本章在耕地利用分布数据提取、耕地质量评价、耕地产能反演以及土壤环境健康评价的基础上，分析了耕地数量和质量的时间演变规律和空间分布特征，在分析耕地产能、产能稳定性、土壤环境健康时空分布特征的基础上分析区域耕地健康产能的基本情况。主要研究结果如下。

（1）明晰了研究区耕地利用分布变化。1985～2020 年研究区耕地利用分布主要呈现逐步扩张的态势，垦殖率由 1985 年的 39.93% 增至 2020 年的 62.32%，耕地扩张区主要分布在研究区中部和东北部。1985～2000 年垦殖率增加幅度大、速度快，2000～2020 年垦殖率增加幅度相对平稳、增加速度逐渐放缓。

（2）明晰了研究区耕地质量变化。1985 年耕地质量空间分布呈现“北高南低”态势，2020 年呈现“东北、南部低，西、中部高”的态势。研究区耕地质量变化介于 -0.131～0.272 之间，平均值为 0.041；空间分布主要呈现西部升高且变化大、东部降低且变化小的态势。其中，耕地质量退化程度较高的区域主要分布在研究区的东北侧，研究区西南侧耕地质量提升相对较高。

（3）阐述了研究区耕地产能变化。1985～2020 年研究区耕地产能均值介于 1 575.79～9 247.59 千克/公顷之间，平均值为 5 681.15 千克/公顷。时间尺度上呈现波动性增长态势，20 世纪 80 年代中期到 90 年代初期波动幅度相对较小；20 世纪 90 年代中期到 21 世纪 10 年代初期波动频率相对较高，且波动幅度增强；随后波动频率降低，逐渐趋于平稳增长趋势。

（4）阐述了研究区耕地产能稳定性变化。从时间演变上，挠力河流域整体产能波动指数逐渐趋于平缓，1985～2005 年产能波动频率和幅度相对较大，2005～2020 年则相对较小。1985～2020 年产能波动指数的绝对值介于 0.11%～21.15%之间，平均值为 6.14%。36 年间有 19 个年份的产能波动指数的绝对值超过 5%，说明区域产能稳定性较弱。从空间分布上，不存在产能平均波动指数绝对值小于 5% 的区域；以 10% 为界限，则产能不够稳定的区域面积占比为 53.26%，主要分布在湿地和林地附近。

（5）阐述了研究区土壤环境健康变化。1985 年研究区土壤环境健康等级以 5 等劣等为主，东北部和南部部分区域零星分布 4 等差等；2020 年以 4

等差等和5等劣等为主，研究区中部和北部部分区域呈现中等及以上水平。较1985年相比，2020年区域土壤环境健康得到一定的改善，但劣势仍然明显。土壤环境健康得到改善的面积占比为48.13%，主要分布在研究区西侧；出现恶化的面积占比为5.35%，主要分布在研究区南侧和东北侧。

（6）揭示了研究区耕地健康产能情况。根据耕地健康产能的内涵，将研究区分为不健康低产区、不健康高产区、健康低产区和健康高产区。不健康区域面积占比为56.85%，低产区域面积占比为47.79%，产能健康情况是提升区域耕地健康产能的关键。土壤环境健康恶化区域面积占比6.13%，产能不稳定区域面积占比53.26%，产能不稳定和产能水平较低是区域耕地产能健康面临的主要挑战。

| 第 5 章 |

耕地数量变化对耕地健康产能的影响

5.1　研究思路

基于耕地健康产能的内涵，以可持续发展理论为指导，耕地健康产能主要表现在产能高低、产能稳定以及土壤环境健康 3 个方面。其中，为提高分析的针对性和分析结果的可操作性，选用实际产能（产量）表征区域产能情况。耕地作为粮食生产的直接载体，耕地面积的净变化会直接影响区域产能高低；土地利用变化导致的耕地破碎化会影响耕地产能的稳定性；不同土地及耕地利用方式对土壤侵蚀、肥力、养分等产生影响，致使耕地数量变化对土壤环境健康产生影响。以土地资源优化配置理论为指导，通过耕地数量变化对耕地健康产能的影响，为保障区域耕地产能健康进行区域适宜垦殖率计算并提出耕地调整建议。

耕地利用分布变化主要包括耕地利用分布的外部变化，即耕地与其他土地利用类型之间的相互转换，以及耕地利用分布的内部变化，即旱地和水田之间的转换。由于文章主要探讨耕地利用数量和质量的整体变化对耕地健康产能的影响，因此所研究的耕地利用分布变化指的是耕地利用分布的外部变化，即不考虑耕地利用分布的内部变化，只考虑其他土地利用类型与耕地之间的变化。提取挠力河流域 1985 ~ 2020 年耕地发生变化的图斑作为研究区对象，分析耕地数量变化对耕地健康产能的影响。

耕地数量变化对耕地产能的影响研究主要包括耕地数量变化下耕地产能

的空间转移及敏感性分析、耕地数量变化引起的耕地产能变化分析、耕地面积比例变化与耕地产能变化的关系分析、耕地数量变化与产能变化的路径分析等内容。耕地数量变化对产能稳定性的影响研究主要包括耕地数量变化区产能稳定性计算、耕地网格面积比例与产能变异系数的相关分析、不同耕地利用变化模式图谱类型的产能稳定性分析等内容。耕地数量变化对土壤环境健康的影响研究主要包括不同耕地利用变化模式图谱与土壤环境健康分值变化的相关分析、耕地网格面积比例与土壤环境健康分值变化的相关分析等内容。最后，基于耕地数量变化对产能、产能稳定性和土壤环境健康的影响，进行耕地数量变化对耕地健康产能的综合影响研究，主要包括耕地变化区耕地健康产能情况分析、耕地数量变化与耕地健康产能的拟合关系分析、基于耕地产能稳定的适宜垦殖率计算等内容。具体研究框架（见图 5.1）。

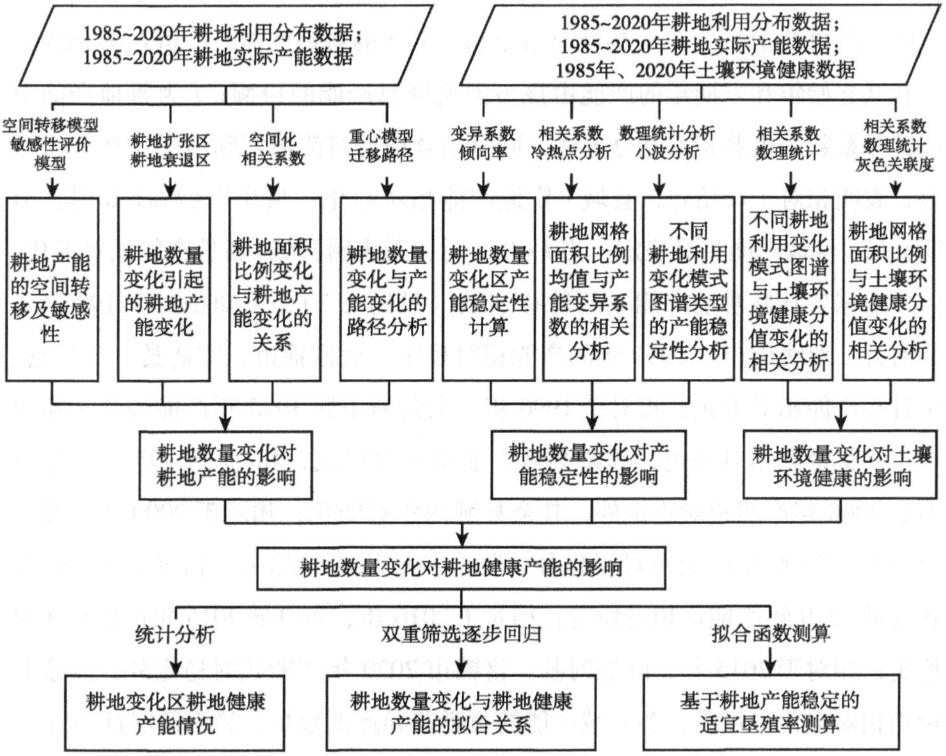

图 5.1　研究框架

资料来源：作者自行整理。

5.2 耕地数量变化对耕地产能的影响

5.2.1 耕地数量变化下耕地产能的空间转移及敏感性

耕地产能空间转移模型通过定量分析内部各区域耕地生产能力的强弱分化来直观诠释整体耕地产能格局变化，主要包括耕地产能的总量转移和份额转移，其公式（金涛，2014）为：

$$I = \frac{P_i/P_o + F_i/F_o}{2} \tag{5.1}$$

式中：P_i和P_o分别为某一县域起始年和末期年的耕地产能；F_i和F_o分别为某一县域起始年和末期年的产能占挠力河流域总产能的份额；I为耕地产能空间转移系数。借鉴相关划分方法，同时结合挠力河流域实际情况：当$I>1.0$时，表明相对于起始年，县域i耕地产能相对强化；当$0.8 \leqslant I \leqslant 1.0$时，表明县域$i$耕地产能相对稳定；当$I<0.8$时，则表明县域$i$耕地产能相对退化。

根据各县域耕地产能空间转移系数（见图5.2），可知相对于1985年，饶河县、双鸭山市区1990年的产能相对稳定，而富锦市、宝清县、友谊县、集贤县产能相对退化；相对于1990年，七台河市区1995年产能表现为相对退化，集贤县相对强化，其余县域产能均相对稳定；相对于1995年，除友谊县2000年产能相对稳定外，其余县域均相对弱化；相对于2000年，除七台河市区2005年产能相对强化外，其余县域均相对稳定；相对于2005年，各县域2010年产能均相对稳定；相对于2010年，各县域2015年产能均相对稳定；相对于2015年，除饶河县、富锦市2020年产能相对稳定外，其余县域均相对强化。可见，各县域产能的贡献差异逐渐减少，趋于稳定且一致。

为了度量耕地产能变化对耕地面积变化的响应，构建产能对耕地面积变化的敏感度评价模型：

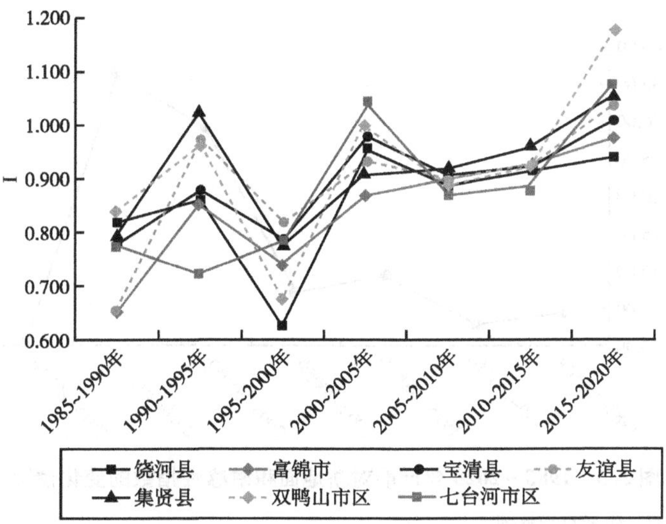

图5.2 1985~2020年各县域耕地产能空间转移系数

资料来源：作者自行整理。

$$\beta = \frac{(G_{t+1} - G_t)/G_t}{(L_{t+1} - L_t)/L_t} \tag{5.2}$$

式中：G_t、G_{t+1}分别为基期和末期的耕地产能；L_t、L_{t+1}分别为基期和末期的耕地面积。若$\beta<0$，表明产能与耕地面积呈反向变化，产能对耕地面积变化不敏感；若$\beta>0$，说明产能与耕地面积同向变化，产能变化受耕地面积增减变化的影响。β值越大，说明产能对耕地变化的敏感度越高，即耕地面积的较小变动会造成产能的较大波动（邹健等，2009）。

观察产能对耕地面积变化的敏感性指数（见图5.3），可知1985~2020年研究区产能与耕地面积同向变化，产能变化受耕地面积增减变化的影响。产能对耕地变化的敏感度总体呈现“减少—增加—减少—增加—减少”的波动态势。其中，2010~2015年β值最大，为36.31；2015~2020年β值最小，为0.94。

5.2.2 耕地数量变化引起的耕地产能变化

耕地利用数量变化主要包括耕地的扩张以及耕地的衰退，通过统计研究

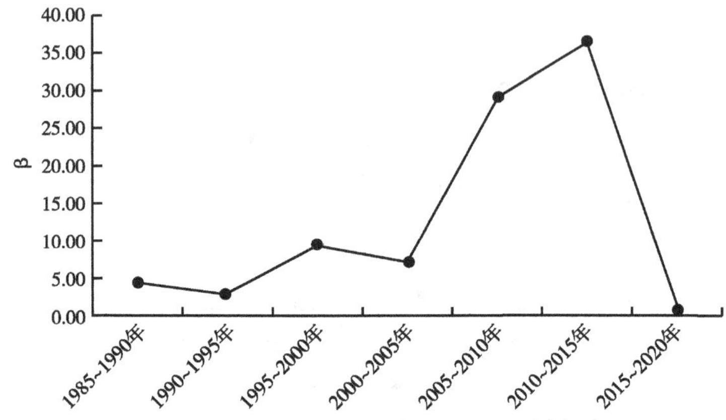

图 5.3　1985～2020 年产能对耕地面积敏感性指数的变化情况

资料来源：作者自行整理。

区多年耕地扩张区和耕地衰退区的耕地单位面积产能情况可以了解研究区耕地数量变化引起的耕地产能变化。

统计 1985～2020 年研究区耕地扩张区单位面积产能变化情况（见图 5.4），发现 1985～2020 年耕地扩张区单位面积产能最小值的变化主要呈现“增加—减少—增加—减少”的波动态势，多年变化差异相对较小；1995～2000 年耕地扩张区单位面积产能最小值最小，为 2 378.41 千克/公顷；2010～2015 年耕地扩张区单位面积产能最小值最大，为 4 653.90 千克/公顷。

1985～2020 年耕地扩张区单位面积产能最大值的变化主要呈现“增加—减少”的波动态势，多年变化差异相对较大；1985～1990 年耕地扩张区单位面积产能最大值最小，为 2 977.04 千克/公顷；2010～2015 年耕地扩张区单位面积产能最大值最大，为 11 960.40 千克/公顷。

1985～2020 年耕地扩张区单位面积产能均值主要呈现“增加—减少”的变化态势，多年变化差异相对较大；1985～1990 年耕地扩张区单位面积产能均值最小，为 2 669.52 千克/公顷；2010～2015 年耕地扩张区单位面积产能均值最大，为 9 272.50 千克/公顷。

1985～2020 年耕地扩张区单位面积产能标准差主要呈现“增加—减少—增加—减少”的变化态势，多年变化差异相对较大；1985～1990 年耕地扩张区单位面积产能标准差最小，为 88.07 千克/公顷；2010 ~ 2015 年耕地扩张区单位面积产能标准差最大，为 959.09 千克/公顷。

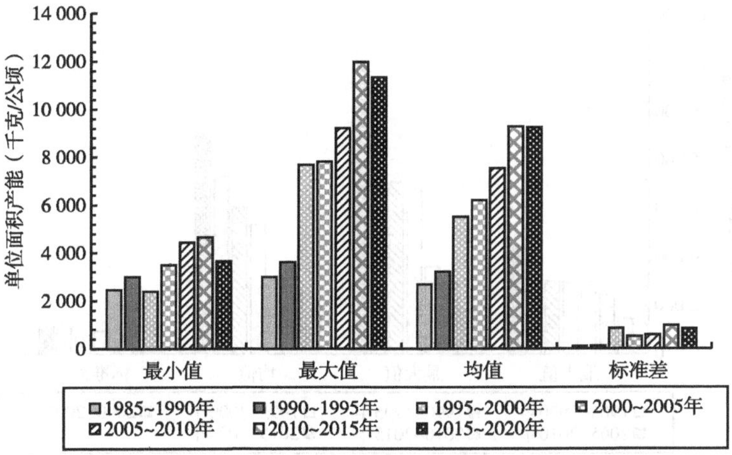

图 5.4　耕地扩张区单位面积产能相关指标的变化情况

资料来源：作者自行整理。

综合分析耕地扩张区多年单位面积产能相关指标的变化情况发现，研究区耕地扩张区单位面积产能主要呈现增加的趋势，1995 ~ 2000 年以及 2010 ~ 2015 年耕地扩张区单位面积产能的空间差异相对较大。

统计 1985 ~ 2020 年研究区耕地衰退区单位面积产能变化情况（见图 5.5），发现 1985 ~ 2020 年耕地衰退区单位面积产能最小值的变化主要呈现"增加—减少—增加"的波动态势，多年变化差异相对较小；1985 ~ 1990 年耕地衰退区单位面积产能最小值最小，为 1 446.18 千克/公顷；2015 ~ 2020 年耕地衰退区单位面积产能最小值最大，为 4 497.92 千克/公顷。

1985 ~ 2020 年耕地衰退区单位面积产能最大值的变化主要呈现增加的趋势，多年变化差异相对较大；1985 ~ 1990 年耕地衰退区单位面积产能最大值最小，为 1 729.89 千克/公顷；2015 ~ 2020 年耕地衰退区单位面积产能最大值最大，为 12 147.61 千克/公顷。

1985 ~ 2020 年耕地衰退区单位面积产能均值主要呈现增加的趋势，多年变化差异相对较大；1985 ~ 1990 年耕地衰退区单位面积产能均值最小，为

1 587. 19 千克/公顷；2015 ~ 2020 年耕地衰退区单位面积产能均值最大，为 9 179. 99 千克/公顷。

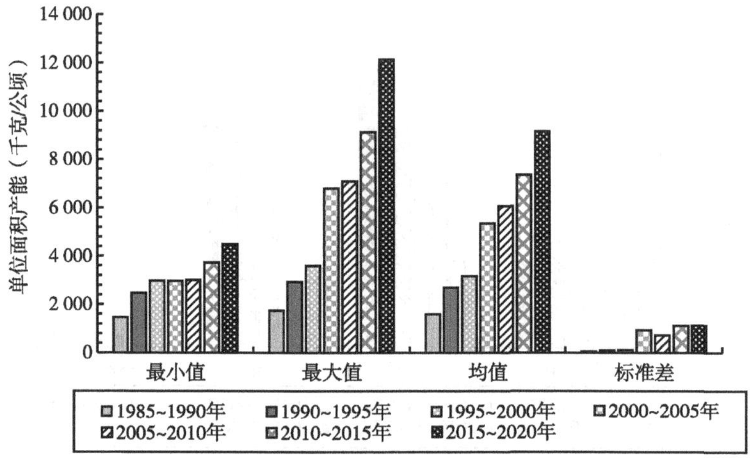

图 5.5　耕地衰退区单位面积产能相关指标的变化情况

资料来源：作者自行整理。

1985 ~ 2020 年耕地衰退区单位面积产能标准差主要呈现“增加—减少—增加”的变化态势，多年变化差异相对较大；1985 ~ 1990 年耕地衰退区单位面积产能标准差最小，为 58. 87 千克/公顷；2015 ~ 2020 年耕地衰退区单位面积产能标准差最大，为 1 125. 48 千克/公顷。

综合分析耕地衰退区多年单位面积产能相关指标的变化情况发现，研究区耕地衰退区单位面积产能主要呈现增加的趋势，1985 ~ 2000 年耕地衰退区单位面积产能的空间差异相对较小，而 2000 ~ 2020 年耕地衰退区单位面积产能的空间差异相对较大。

综合分析耕地扩张区和耕地衰退区的单位面积产能情况发现，除 1995 ~ 2000 年以及 2015 ~ 2020 年外，耕地扩张区单位面积产能最小值均大于相同变化年份耕地衰退区单位面积产能最小值；除 2015 ~ 2020 年外，耕地扩张区单位面积产能最大值均大于相同变化年份耕地衰退区单位面积产能最大值；1985 ~ 2020 年所有变化年份耕地扩张区单位面积产能均值均大于相同年份耕地衰退区单位面积产能均值；除 1995 ~ 2000 年外，耕地扩张区单位面积积产能的变异系数均小于相同变化年份耕地衰退区单位面积产能的变异系数。说明研究区多年耕地扩张区的单位面积产能相对耕地衰退区的单位面积产能而言，相对较高且空间差异相对较小。

进一步分析研究区多年耕地数量变化（见图 5.6）以及由于耕地数量变化导致的研究区耕地产能的净变化（见图 5.7），发现研究区多年耕地数量变化引起的产能净变化主要分为两个阶段：一是 1985 ~2000 年的显著增加

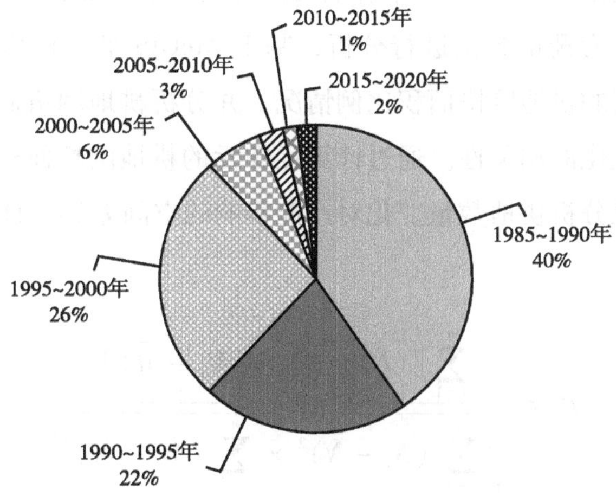

图 5.6　1985 ~2020 年研究区耕地数量变化的差异

资料来源：作者自行整理。

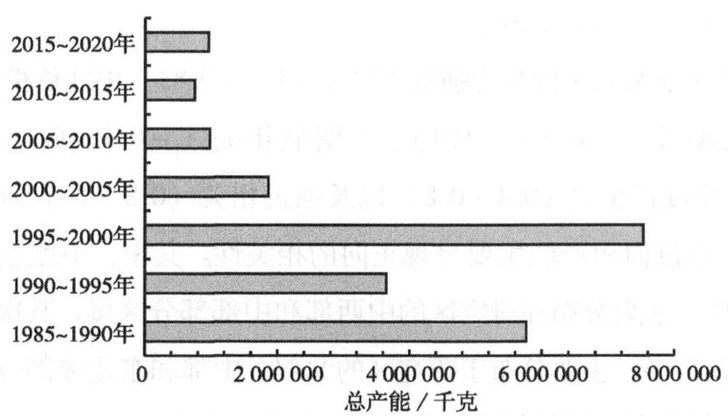

图 5.7　1985 ~2020 年研究区耕地数量变化引起的耕地产能净变化

资料来源：作者自行整理。

时期，此阶段耕地数量变化较大，由耕地数量变化导致的产能净增长较大；二是2000～2020年的增加减缓时期，此阶段耕地数量变化相对较小，由耕地数量变化导致的产能净增长相对较小。

5.2.3 耕地网格面积比例与耕地产能的关系

为分析研究区1985～2020年耕地面积变化对单位面积产能变化的影响，将耕地数据转化为栅格数据进行分析，基于ArcGIS平台计算与单位面积产能栅格大小相同的耕地网格面积比例情况，并分析耕地网格面积比例变化与单位面积产能变化的相关性。通过计算逐像元的耕地网格面积比例与单位面积产能的相关性分析耕地数量变化对产能影响的空间差异。计算公式（周伟等，2017）如下：

$$R = \frac{\sum_{i=1}^{n}[(N_i - \overline{N}) \times (M_i - \overline{M})]}{\sqrt{\sum_{i=1}^{n}(N_i - \overline{N})^2 \times \sum_{i=1}^{n}(M_i - \overline{M})^2}} \tag{5.3}$$

式中：R为相关系数；N_i为第i年的单位面积产能值；$\overline{N}$为单位面积产能多年平均值；M_i为第i年耕地网格面积比例；$\overline{M}$为耕地网格面积比例多年平均值。其中，$i=1, 2, \cdots, n$，$n=8$。

根据R值大小将相关性分为强负相关（-1～-0.8）、中度负相关（-0.8～-0.4）、弱负相关（-0.4～-0.1）、不明显相关（-0.1～0.1）、弱正相关（0.1～0.4）、中度正相关（0.4～0.8）以及强正相关（0.8～1）。研究区耕地网格面积比例与单位面积产能主要呈现正向的相关性。其中，中度正相关占比最高，为39.56%，主要分布在研究区的中西部和中部部分区域。其次，为强正相关，占比为33.51%，主要分布于研究区的北部、中部和东北部部分区域。占比较低的为强负相关和不明显相关，分别为2.03%和2.64%。中度正相关和强正相关分布相对集中且优势显著；而负相关和不明显相关分布相对分散，大多分布在零星耕地区，稍显弱势。

进一步分析耕地扩张区多年耕地网格面积比例与单位面积产能的相关系数（见图5.8），发现耕地扩张区多年耕地网格面积比例与单位面积产能相关系数的最小值差异较小，相关系数的最大值均为1。多年相关系数的平均值主要呈现“增加—减少”的变化态势，除2005～2010年呈现强正相关外，其余年份均呈现中度正相关。1985～1995年、2010～2020年相关系数的空间差异较大，变异系数均超过50%。

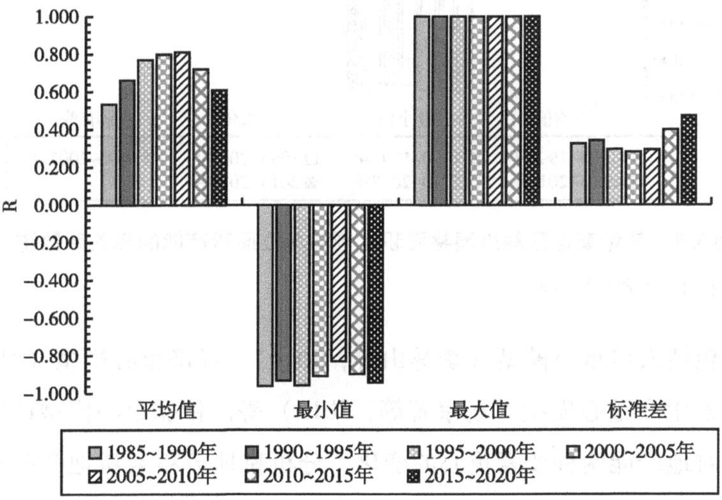

图5.8　耕地扩张区耕地网格面积比例与单位面积产能的相关系数统计

资料来源：作者自行整理。

分析耕地衰退区多年耕地网格面积比例与单位面积产能的相关系数（见图5.9），发现耕地衰退区多年耕地网格面积比例与单位面积产能相关系数的最小值差异较小，相关系数的最大值均为1。多年相关系数的平均值主要呈现“增加—减少—增加—减少—增加”的变化态势，除1985～1995年、2015～2020年呈现弱正相关外，其余年份均不明显相关。多年相关系数的空间差异均较大，变异系数的绝对值均超过100%。

5.2.4　耕地分布与耕地产能的重心迁移路径

重心模型通过测算要素重心位置的变化，反映要素的集聚和扩散特征。

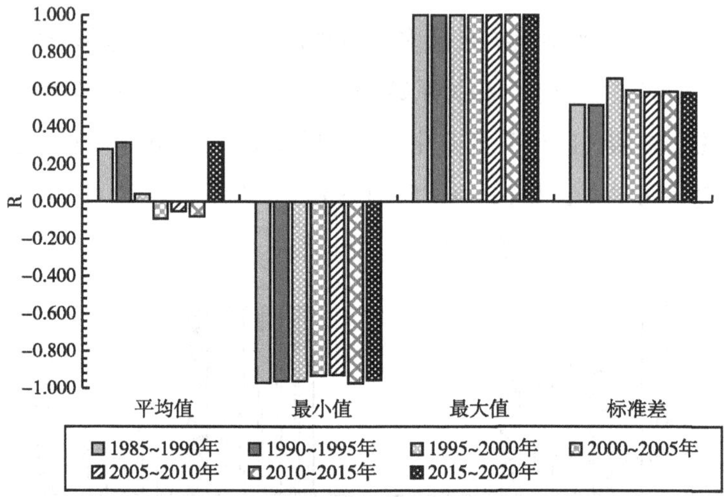

图 5.9　耕地衰退区耕地网格面积比例与单位面积产能的相关系数统计

资料来源：作者自行整理。

常见模型包括人口重心模型（李林山等，2014）、经济重心模型（马丽君等，2020）以及生产重心模型（杨宗辉等，2019）等。依据重心模型计算区域耕地分布与耕地产能两种要素重心的变化，分析耕地分布与耕地产能路径的变化差异，基本模型如下：

$$x_j = \frac{\sum_{i=1}^{n}(T_{ij} \times x_i)}{\sum_{i=1}^{n} T_{ij}};y_j = \frac{\sum_{i=1}^{n}(T_{ij} \times y_i)}{\sum_{i=1}^{n} T_{ij}} \tag{5.4}$$

式中：$T_{ij}(i=1, 2, 3, \cdots, n)$ 为第 i 评价单元第 j 年某要素的总量；$P_i(x_i, y_i)$ 为第 i 评价单元的地理中心坐标；$P_j(x_j, y_j)$ 为该要素第 j 年的重心坐标。

设第 k、$k+m$ 年某要素重心坐标分别为 $P_k(x_k, y_k)$、$P_{k+m}(x_{k+m}, y_{k+m})$，那么，重心 P_k 向 P_{k+m} 移动方向模型为：

$$\theta_m = \arctan\left(\frac{y_{k+m} - y_k}{x_{k+m} - x_k}\right) \tag{5.5}$$

重心移动距离模型为：

$$d_m = \sqrt{(x_{k+m} - x_k)^2 + (y_{k+m} - y_k)^2} \tag{5.6}$$

耕地分布重心迁移路径和产能重心迁移路径具有较强的一致性，1985～2020年期间重心均主要呈现向东北迁移趋势，耕地分布重心迁移路径较耕地产能更为平缓。

其中，耕地分布重心1985～1990年向北偏西29.83°，迁移2 084.93m；1990～1995年向东偏南45.12°，迁移1 729.04m；1995～2000年向东偏北64.11°，迁移3 241.80m；2000～2005年向东偏北63.00°，迁移1 819.61m；2005～2010年向东偏北80.06°，迁移522.07m；2010～2015年向东偏北37.82°，迁移280.38m；2015～2020年向东偏北34.81°，迁移1 651.52m。

耕地产能重心1985～1990年向北偏西37.72°，迁移1 841.25m；1990～1995年向东偏南31.18°，迁移3 108.76m；1995～2000年向东偏北50.85°，迁移3 108.76m；2000～2005年向北偏西12.57°，迁移1 006.67m；2005～2010年向东偏北34.20°，迁移251.36m；2010～2015年向南偏东17.20°，迁移166.09m；2015～2020年向东偏北49.13°，迁移1 569.53m。综合来看，耕地分布和耕地产能重心变化主要呈现“北上—南下—北上”的演变过程。

5.3　耕地数量变化对耕地产能稳定性的影响

5.3.1　耕地网格面积比例与产能变异系数的关系

变异系数是标准差与平均数的比值，可以表征数据的离散程度。变异系数越大，数据越离散，从时间尺度上表现为越不稳定；变异系数越小，数据越聚集，从时间尺度上表现为越稳定。

用x_i表示样本量为n的某一变量，用t_i表示x_i所对应的时间，建立x_i和t_i

之间的一元线性回归：

$$\hat{x}_i = a + bt_i (i = 1,2,\cdots,n) \tag{5.7}$$

式中：a 为回归常数；b 为回归系数。a 和 b 用最小二乘法进行估计。

对数据 x_i 及相应的时间 t_i，回归系数 b 和常数 a 的最小二乘法估计为：

$$b = \frac{\sum_{i=1}^{n} x_i t_i - \frac{1}{n}\left(\sum_{i=1}^{n} x_i\right)\left(\sum_{i=1}^{n} t_i\right)}{\sum_{i=1}^{n} t_i^{\ 2} - \frac{1}{n}\left(\sum_{i=1}^{n} t_i\right)^2} \tag{5.8}$$

$$a = \bar{x} - b\bar{t} \tag{5.9}$$

$$\bar{x} = \frac{1}{n}\sum_{i=1}^{n} x_i , \bar{t} = \frac{1}{n}\sum_{i=1}^{n} t_i \tag{5.10}$$

式中：$b \times 10$ 即产能倾向率，单位为千克/公顷/10a。b 的符号表示产能的趋势倾向，即当 $b > 0$ 时，表示随时间 t 的增加产能呈上升趋势；当 $b < 0$ 时，表示随时间 t 的增加产能呈下降趋势。b 值的大小反映了上升或下降的速率，即表示上升或下降的倾向程度（邢丽珠等，2020）。

由于耕地数量变化区的耕地产能往往是“从无到有”或“从有到无”的变化，因此通过变异系数计算耕地产能的稳定情况，变异系数越大证明越不稳定。耕地产能的变化可以从 3 个角度进行分析，平均值表示多年产能的高低情况，变异系数表示多年产能的稳定性，倾向率表示多年产能的变化趋势。

研究区 1985～2020 年耕地变化区耕地产能多年均值介于 148.78～6 420.34 千克/公顷之间，区域平均值为 4 241.22 千克/公顷，标准差为 1 714.76 千克/公顷。空间差异相对较大，高值区主要分布在研究区的中部和东北部，斑块相对聚集。低值区主要分布在中部和南部的湿地和林地附近，斑块相对分散。

耕地变化区耕地产能多年变异系数介于 0.263～4.132 之间，区域平均值为 1.003，标准差为 0.813。空间差异相对较大，稳定区主要分布在研究区的中部和东北部，斑块相对聚集。不稳定区主要分布在中部和南部的湿地和林地附近，斑块相对分散。

耕地变化区耕地产能多年倾向率介于 -115.772 ~ 411.587 千克/公顷/10a 之间，区域平均值为 231.653 千克/公顷/10a，标准差为 120.673 千克/公顷/10a。空间差异相对较大，产能呈上升趋势的区域主要分布在研究区的中部和东北部，斑块相对聚集。产能呈下降趋势的区域主要分布在东北部和南部的林地附近，斑块相对分散。

综合来看，“高值—稳定—增加趋势”区域主要分布在研究区中部，斑块集中连片；“低值—不稳定—减少趋势”区域主要分布在研究区南部林地附近，斑块分散且相对较少。

耕地网格面积比例均值和产能变异系数的 Pearson 相关系数为 -0.575 [在 0.01 水平（双侧）上显著相关]，表明耕地网格面积比例均值和产能的变异系数呈现中度负相关，耕地网格面积比例均值较大的区域耕地产能相对稳定。

为分析耕地数量和耕地产能的空间集聚特征和差异，采用热点分析进行空间量化。热点分析通过 Z 得分和 P 值识别具有统计学显著性的聚类信息。Z 得分是标准差的倍数，P 值是概率。当 Z 得分的绝对值较大且 P 值较小时，说明区域表现出显著集聚（见表 5.1）。

表 5.1　热点分析置信度判断

Z 得分（标准差）	P 值（概率）	置信度
< -1.65 或 > +1.65	<0.1	90%
< -1.96 或 > +1.96	<0.05	95%
< -2.58 或 > +2.58	<0.01	99%

资料来源：作者自行整理。

研究区耕地网格面积比例均值的冷热点分布主要以不显著为主，面积占比 47.63%。冷热点的显著空间聚集以热点为主，热点面积占比总计为 27.94%，主要分布于研究区中部以及东北部部分区域。其中，99% 置信度的热点面积占比最大，为 11.58%；95% 置信度的热点面积占比为 11.06%；90% 置信度的热点面积占比为 5.30%。冷点面积占比总计为 24.43%，主要分布在研究区的东北部和南部部分区域。其中，99%置信度的冷点面积占比最大，为14.66%；95%置信度的冷点面积占比为6.54%；90%置信度的冷点面积占比为3.24%。

研究区耕地产能变异系数的冷热点分布主要以不显著为主，面积占比75.62%。冷热点的显著空间聚集以热点为主，热点面积占比总计为15.21%，主要分布在研究区东北部和南部部分区域。其中，99%置信度的热点面积占比最大，为9.35%；95%置信度的热点面积占比为3.55%；90%置信度的热点面积占比为2.32%。冷点面积占比总计为9.16%，主要分布在研究区中部部分区域。其中，90%置信度的冷点面积占比最大，为9.16%；95%置信度的冷点面积占比为0.00%；不存在99%置信度的冷点。

5.3.2 耕地利用变化模式图谱的产能变异系数情况

地学图谱通过对地学时空和属性信息的图解，反映地学信息的时间演变规律和空间分异特征。“图”是对空间分布格局的直观表达，“谱”是对时间演变信息的直观表达（张洪岩等，2020）。

提取研究区1985～2020年耕地存在转换的图斑创建耕地利用变化模式图谱（见表5.2），以期通过简洁的方式表达研究区多年耕地利用的时空演变情况，对不同耕地利用变化模式进行总结与统计，进一步分析不同耕地利用变化模式的产能稳定性情况。

表5.2　　1985～2020年耕地利用变化模式图谱类型

耕地利用变化模式图谱类型	耕地图谱单元时空演变模式
基本稳定型	8个时间节点中有7个都是耕地
前期稳定型	前期是耕地，前4个时间节点中至少3个连续为耕地
后期稳定型	后期是耕地，后4个时间节点中至少3个连续为耕地
间歇变化型	8个时间节点至多有3次变化
持续变化型	8个时间节点至少有4次变化
劣势耕地型	8个时间节点至多有2个为耕地

资料来源：作者自行整理。

分析研究区1985～2020年耕地利用变化模式图谱的面积占比情况（见图5.10），可知耕地利用变化模式图谱以后期稳定型为主，主要分布在研究区中部，斑块相对聚集，面积占比为47.80%；基本稳定型主要分布在研究区中西部和部分东北部，斑块西密东疏，面积占比为32.68%；劣势耕地型主要沿研究区的湿地以及林地分布，湿地附近较为聚集，林地附近相对分散，面积占比为15.24%；前期稳定型主要零散分布在研究区南部和北部，面积占比2.25%；间歇变化型主要零散分布在林地附近，面积占比1.72%；持续变化型分布相对分散，面积占比0.31%。

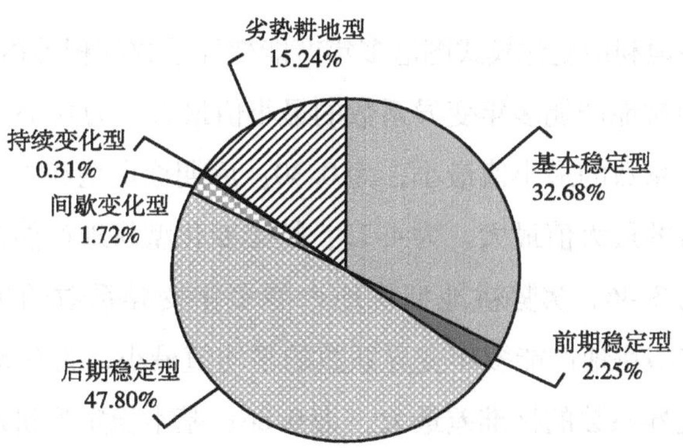

图5.10　1985～2020年耕地利用变化模式图谱的面积占比

资料来源：作者自行整理。

分析不同耕地利用变化模式图谱多年产能均值的相关指标（见表5.3），发现间歇变化型耕地产能多年均值的最小值最大，为498.58千克/公顷；劣势耕地型耕地产能多年均值的最小值最小，为148.78千克/公顷；基本稳定型耕地产能多年均值的最大值最大，为6 370.23千克/公顷；持续变化型耕地产能多年均值的最大值最小，为5 678.34千克/公顷；基本稳定型耕地产能多年均值的平均值最大，为5 352.65千克/公顷；劣势耕地型耕地产能多年均值的平均值最小，为1 305.46千克/公顷；劣势耕地型耕地产能多年均值的标准差最大，为1 309.39千克/公顷；基本稳定型耕地产能多年均值的标准差最小，为496.34千克/公顷。基本稳定型耕地产能相对较高且空间差异相对较小，劣势耕地型耕地产能相对较低且空间差异相对较大。

表 5.3　　不同耕地利用变化模式图谱多年产能均值相关指标统计

单位：千克/公顷

耕地利用变化模式图谱类型	最小值	最大值	平均值	标准差
基本稳定型	157.08	6 370.23	5 352.65	496.34
前期稳定型	154.80	6 237.42	1 886.02	1 107.26
后期稳定型	153.27	6 346.93	4 667.46	679.18
间歇变化型	498.58	6 324.68	2 145.88	1 275.77
持续变化型	466.14	5 678.34	2 521.27	1 010.35
劣势耕地型	148.78	6 272.07	1 305.46	1 309.39

资料来源：作者自行整理。

分析不同耕地利用变化模式图谱多年产能变异系数的相关指标（见表5.4），发现持续变化型耕地产能多年变异系数的最小值最大，为0.58；基本稳定型耕地产能多年变异系数的最小值最小，为0.30；后期稳定型和劣势耕地型耕地产能多年变异系数的最大值最大，为4.13；持续变化型耕地产能多年变异系数的最大值最小，为3.46；劣势耕地型耕地产能多年变异系数的平均值最大，为2.41；基本稳定型耕地产能多年变异系数的平均值最小，为0.56；劣势耕地型耕地产能多年变异系数的标准差最大，为0.86；基本稳定型耕地产能多年变异系数的标准差最小，为0.12。基本稳定型耕地产能稳定性相对较高且空间差异相对较小，劣势耕地型耕地产能稳定性相对较低且空间差异相对较大。

表 5.4　　不同耕地利用变化模式图谱多年产能变异系数相关指标统计

单位：千克/公顷

耕地利用变化模式图谱类型	最小值	最大值	平均值	标准差
基本稳定型	0.30	4.12	0.56	0.12
前期稳定型	0.37	3.56	1.37	0.46
后期稳定型	0.40	4.13	0.80	0.27
间歇变化型	0.42	3.48	1.61	0.60
持续变化型	0.58	3.46	1.43	0.44
劣势耕地型	0.39	4.13	2.41	0.86

资料来源：作者自行整理。

分析不同耕地利用变化模式图谱多年产能倾向率的相关指标（见表5.5），

发现持续变化型耕地产能多年倾向率的最小值最大，为 -57.47 千克/公顷/10a；前期变化型耕地产能多年倾向率的最小值最小，为 -115.77 千克/公顷/10a；后期稳定型耕地产能多年倾向率的最大值最大，为 411.59 千克/公顷/10a；持续变化型耕地产能多年倾向率的最大值最小，为 360.77 千克/公顷/10a；后期稳定型耕地产能多年倾向率的平均值最大，为 305.03 千克/公顷/10a；前期稳定型耕地产能多年倾向率的平均值最小，为 -20.23 千克/公顷/10a；劣势耕地型耕地产能多年倾向率的标准差最大，为 120.18 千克/公顷/10a；基本稳定型耕地产能多年倾向率的标准差最小，为 54.79 千克/公顷/10a。后期稳定型的产能增加趋势最大，前期稳定型的产能减少趋势最大；劣势耕地型产能变化趋势的空间差异较大，基本稳定型产能变化趋势的空间差异较小。

表 5.5　不同耕地利用变化模式图谱多年产能倾向率相关指标统计

单位：千克/公顷/10a

耕地利用变化模式图谱类型	最小值	最大值	均值	标准差
基本稳定型	-111.54	402.63	252.72	54.79
前期稳定型	-115.77	370.90	-20.23	95.43
后期稳定型	-107.12	411.59	305.03	56.29
间歇变化型	-102.65	384.24	93.81	93.14
持续变化型	-57.47	360.77	133.34	79.30
劣势耕地型	-115.74	405.38	81.52	120.18

资料来源：作者自行整理。

5.3.3　耕地利用变化模式图谱的产能小波分析情况

小波分析通过提取时间序列在时间和频率两个方向的信息，显现时间序列的时频变化特征，被广泛应用于气候预测、产量分析等研究中。

基于 Sufer 平台计算不同耕地利用变化模式图谱多年产能均值的小波系数，分析不同耕地利用变化模式图谱产能均值的时间和频率信息。小波系数大于 0，说明耕地产能大于常年，表现为产能偏高时期；小波系数小于 0，说明产能小于常年，表现为产能偏低时期。正（或负）等值线中心值反映了不同尺度振荡的振幅最大值（刘昌等，2020）。

分析基本稳定型耕地产能均值的小波分析图（见图 5. 11），可知研究区基本稳定型耕地产能在不同时期的时间尺度周期变化有所差异，在整个时间尺度上呈现 2 个偏高中心：20 世纪 80 年代末期呈现 8 年左右周期的显著振动；21 世纪初期呈现 13 年左右周期的显著振动。4 个偏低中心：20 世纪 90 年代中期呈现 10 年左右周期的显著振动；20 世纪 90 年代末期呈现 5 年左右周期的显著振动；21 世纪初期呈现 3 年左右周期的显著振动；2010 年后呈现 10 年左右周期的显著振动。对应 18 ~22 年尺度时间，研究区基本稳定型耕地产能主要呈现“偏低—偏高”的波动；对应 12 ~18 年尺度时间，主要呈现“偏低—偏高—偏低—偏高—偏低”的波动；对应 7 ~12 年尺度时间，主要呈现“偏低—偏高—偏低—偏高—偏低—偏高—偏低”的波动；对应 3 ~7 年尺度时间，主要呈现“偏低—偏高—偏低—偏高—偏低—偏高—偏低—偏高—偏低”的波动；对应 1 ~3 年尺度时间，主要呈现“偏高—偏低—偏高”的波动。

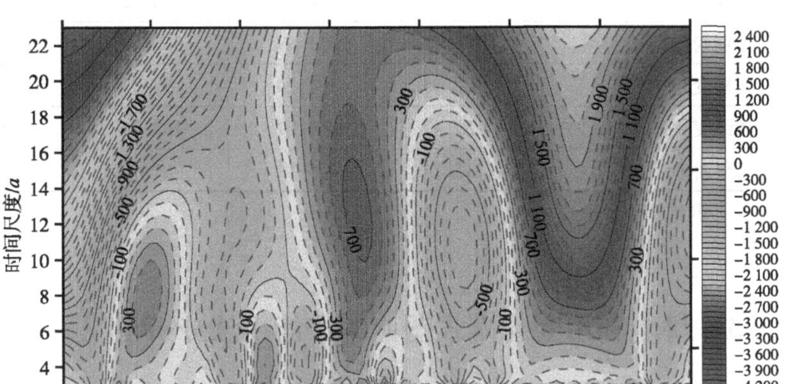

图 5. 11　基本稳定型耕地产能均值的小波分析图

资料来源：作者自行整理。

分析前期稳定型耕地产能均值的小波分析图（见图 5. 12），可知研究区前期稳定型耕地产能在不同时期的时间尺度周期变化有所差异。在整个时间尺度上呈现 1 个偏高中心：20 世纪 90 年代中期呈现 24 年左右周期的显著振动。研究区前期稳定型耕地产能主要呈现“偏低—偏高—偏低—偏高”的波动。

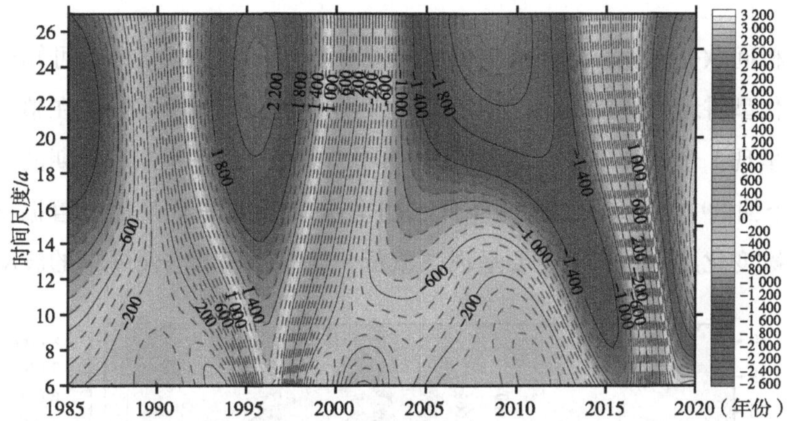

图 5.12　前期稳定型耕地产能均值的小波分析图

资料来源：作者自行整理。

分析后期稳定型耕地产能均值的小波分析图（见图 5.13），可知研究区后期稳定型耕地产能在不同时期的时间尺度周期变化有所差异。在整个时间尺度上呈现 1 个偏高中心：21 世纪初呈现 14 年左右周期的显著振动。1 个

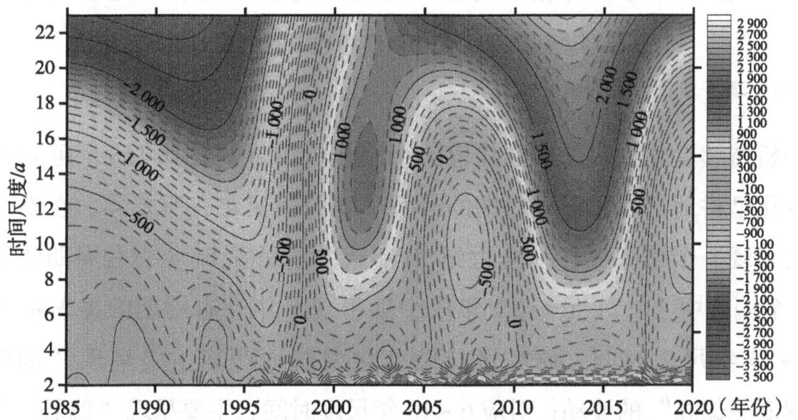

图 5.13　后期稳定型耕地产能均值的小波分析图

资料来源：作者自行整理。

偏低中心：21 世纪 00 年代末期呈现 10 年左右周期的显著振动。对应 16 ~ 23 年尺度时间，研究区后期稳定型耕地产能主要呈现“偏低—偏高”的波动；对应 3 ~ 16 年尺度时间，主要呈现“偏低—偏高—偏低—偏高—偏低”的波动。

分析间歇变化型耕地产能均值的小波分析图（见图 5. 14），可知研究区间歇变化型耕地产能在不同时期的时间尺度周期变化有所差异。在整个时间尺度上呈现 1 个偏高中心：20 世纪 90 年代中期呈现 20 年左右周期的显著振动。1 个偏低中心：21 世纪 00 年代末期呈现 28 年左右周期的显著振动。研究区间歇变化型耕地产能主要呈现“偏低—偏高—偏低—偏高”的波动。

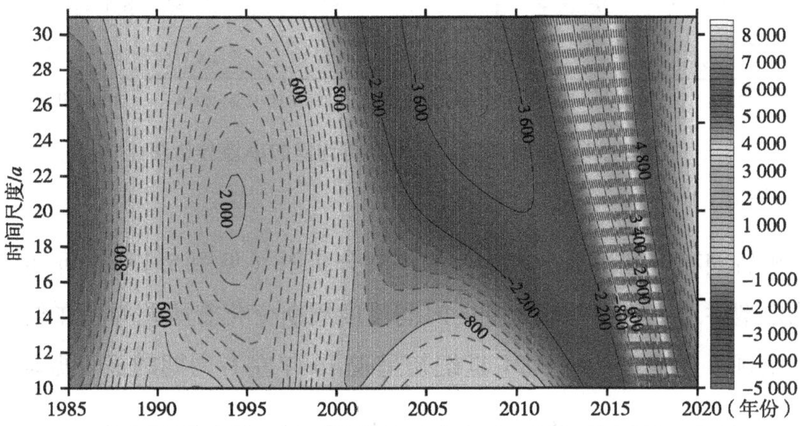

图 5. 14　间歇变化型耕地产能均值的小波分析图

资料来源：作者自行整理。

分析持续变化型耕地产能均值的小波分析图（见图 5. 15），可知研究区持续变化型耕地产能在不同时期的时间尺度周期变化有所差异。在整个时间尺度上呈现 1 个偏高中心：20 世纪 90 年代中期呈现 14 年左右周期的显著振动。1 个偏低中心：21 世纪 10 年代中期呈现 5 年左右周期的显著振动。对应 10 ~ 23 年尺度时间，研究区持续变化型耕地产能主要呈现“偏低—偏高—偏低—偏高”的波动；对应 6 ~ 10 年尺度时间，主要呈现“偏低—偏高—偏低—偏高—偏低—偏高”的波动；对应 3 ~ 6 年尺度时间，主要呈现“偏低—偏高—偏低—偏高—偏低—偏高—偏低—偏高—偏低—偏高”的波动。

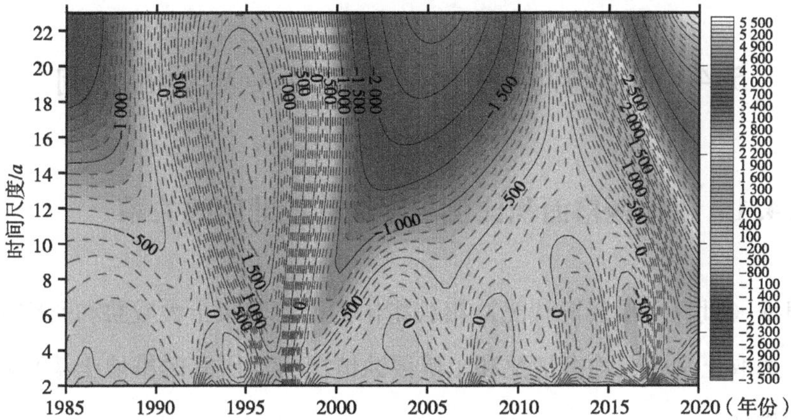

图 5.15　持续变化型耕地产能均值的小波分析图

资料来源：作者自行整理。

分析劣势耕地型耕地产能均值的小波分析图（见图 5.16），可知研究区劣势耕地型耕地产能在不同时期的时间尺度周期变化有所差异。在整个时间尺度上呈现 1 个偏高中心：20 世纪 90 年代中期呈现 18 年左右周期的显著振动。1 个偏低中心：21 世纪 00 年代末期呈现 28 年左右周期的显著振动。研究区劣势耕地型耕地产能主要呈现“偏低—偏高—偏低—偏高”的波动。

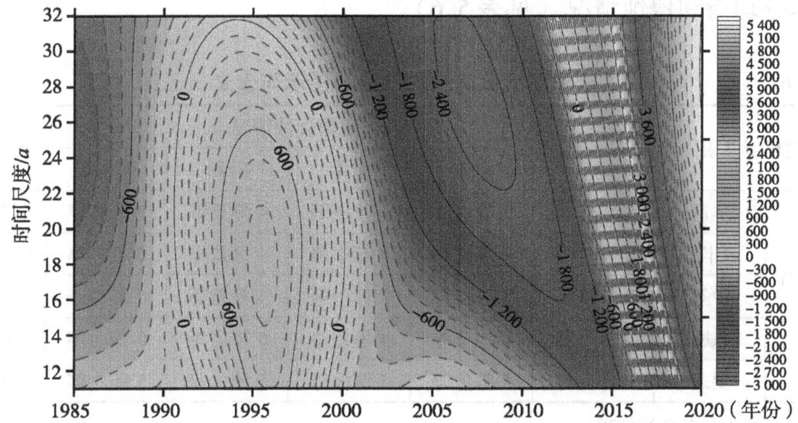

图 5.16　劣势耕地型耕地产能均值的小波分析图

资料来源：作者自行整理。

5.4 耕地数量变化对土壤环境健康的影响

5.4.1 耕地网格面积比例与土壤环境健康的关系

根据《世界土壤资源状况》报告指出的土壤健康十大威胁和研究区现实情况，选取土壤养分均衡情况和土壤侵蚀情况作为研究区耕地土壤环境健康的评价指标。

土壤养分均衡情况综合考虑土壤的C、N、P、K等元素的均衡情况，按照DZT 0295—2016土地质量地球化学评价规范中的土壤养分指标等级分级标准进行C、N、P、K等元素的等级划分：丰富、较丰富、中等、较缺乏和缺乏。根据木桶原理，将4项指标中最低的一项判别为土壤养分均衡等级。土壤侵蚀情况根据SL 190—2007土壤侵蚀分类分级标准进行分级：微度、轻度、中度、强烈、极强烈和剧烈。同时，依据DZT 0295—2016土地质量地球化学评价中土壤质量地球化学综合等级表达图示与含义的方法，综合分析土壤养分均衡和侵蚀情况（见表5.6）。

表5.6　土壤环境健康综合等级的图示与含义

<table>
<tr><th colspan="2" rowspan="2">土壤环境健康</th><th colspan="6">土壤侵蚀情况</th></tr>
<tr><th>微度</th><th>轻度</th><th>中度</th><th>强烈</th><th>极强烈</th><th>剧烈</th></tr>
<tr><td rowspan="5">土壤养分均衡情况</td><td>丰富</td><td>1等优质</td><td>2等良好</td><td>3等中等</td><td>4等差等</td><td>5等劣等</td><td>6等极劣</td></tr>
<tr><td>较丰富</td><td>1等优质</td><td>2等良好</td><td>3等中等</td><td>4等差等</td><td>5等劣等</td><td>6等极劣</td></tr>
<tr><td>中等</td><td>2等良好</td><td>2等良好</td><td>3等中等</td><td>4等差等</td><td>5等劣等</td><td>6等极劣</td></tr>
<tr><td>较缺乏</td><td>4等差等</td><td>4等差等</td><td>4等差等</td><td>5等劣等</td><td>5等劣等</td><td>6等极劣</td></tr>
<tr><td>缺乏</td><td>5等劣等</td><td>5等劣等</td><td>5等劣等</td><td>5等劣等</td><td>5等劣等</td><td>6等极劣</td></tr>
</table>

资料来源：作者自行整理。

将1等优质打分6分、2等良好打分5分、3等中等打分4分、4等差等打分3分、5等劣等打分2分、6等极劣打分1分。肯德尔（Kendall's tau-b）

等级相关系数是反映分类变量相关性的指标，适用于两个变量均为有序分类变量的情况。耕地网格面积比例与土壤环境健康分值变化的 Kendall tau-b 相关系数为 0.148 [在置信度（双侧）为 0.01 时，相关性是显著的]。灰色系统理论是一种系统科学理论，灰色关联分析通过数据的曲线描绘形状来反映各因子之间的联系程度。灰色关联分析法可以弥补数理统计分析例如回归分析、方差分析等的不足，且其定量与定性分析结果基本无差异。一般认为，灰色关联度与 1 越接近，则证明该因素与目标因素的关联程度越大，影响越深。耕地网格面积比例与土壤环境健康分值变化的灰色关联度（分辨系数取值 0.5）为 0.7896。

分析不同土壤环境健康分值变化的耕地网格面积比例相关指标统计情况（见表 5.7），可知土壤环境健康分值增加 2 分的耕地网格面积比例均值平均值最大，为 68.83%；土壤环境健康分值减少 2 分的耕地网格面积比例均值平均值最小，为 42.62%。土壤环境健康分值增加 1 分的耕地网格面积比例均值最大值最大，为 96.70%；土壤环境健康分值减少 2 分的耕地网格面积比例均值最大值最小，为 75.81%。土壤环境健康分值增加 4 分的耕地网格面积比例均值最小值最大，为 7.63%；土壤环境健康分值减少 1 分、不变、增加 1 分、增加 3 分的耕地网格面积比例均值最小值最小，为 0.00%。土壤环境健康分值增加 4 分的耕地网格面积比例均值标准差最大，为 26.85%；土壤环境健康分值增加 1 分的耕地网格面积比例均值标准差最小，为 22.20%。

表 5.7　不同土壤环境健康分值变化的耕地网格面积比例相关指标统计　单位：%

土壤环境健康分值变化	平均值	最大值	最小值	标准差
-2 分	42.62	75.81	4.76	22.69
-1 分	61.24	96.00	0.00	23.96
0 分	56.23	96.44	0.00	24.55
1 分	66.07	96.70	0.00	22.20
2 分	68.83	92.80	0.50	24.92
3 分	62.19	96.63	0.00	26.45
4 分	63.36	93.97	7.63	26.85

资料来源：作者自行整理。

5.4.2 耕地利用变化模式图谱的土壤环境健康情况

将基本稳定型用“5”表示，前期稳定型和后期稳定型用“4”表示，间歇变化型用“3”表示，持续变化型用“2”表示，劣势耕地型用“1”表示。不同耕地利用变化模式图谱类型与土壤环境健康分值变化的 Kendall tau-b 相关系数为0.142［在置信度（双侧）为0.01时，相关性是显著的］。

将不同耕地利用变化模式图谱的土壤环境健康分值变化情况进行统计（见表5.8），发现后期稳定型的土壤环境健康分值变化最小值最小，为 -2 分；其余耕地利用变化模式图谱类型的土壤环境健康分值变化最小值均为 -1 分。基本稳定型、前期稳定型、后期稳定型以及劣势耕地型的土壤环境健康分值变化最大值最大，为4分；持续变化型的土壤环境健康分值变化最大值最小，为1分。基本稳定型的土壤环境健康分值变化平均值最大，为0.63分；持续变化型的土壤环境健康分值变化平均值最小，为0.31分。前期稳定型的土壤环境健康分值变化标准差最大，为0.95分；后期稳定型的土壤环境健康分值变化标准差最小，为0.61分。基本稳定型和后期稳定型的土壤环境健康分值变化主要为1分，其余耕地利用变化模式图谱类型的土壤环境健康分值主要未发生变化。基本稳定型土壤环境健康的改善程度较大，持续变化型土壤环境健康的改善程度较小，后期稳定型土壤环境健康的恶化程度较大；前期稳定型土壤环境健康变化的空间差异较大，后期稳定型土壤环境健康变化的空间差异较小。

表5.8 不同耕地利用变化模式图谱的土壤环境健康分值变化情况统计 单位：分

耕地利用变化模式图谱类型	最小值	最大值	平均值	标准差	众数	少数水平	中位数
基本稳定型	-1	4	0.63	0.72	1	4	1
前期稳定型	-1	4	0.47	0.95	0	2	0
后期稳定型	-2	4	0.48	0.61	1	-2	0
间歇变化型	-1	3	0.48	0.67	0	2	0
持续变化型	-1	1	0.31	0.62	0	-1	0
劣势耕地型	-1	4	0.41	0.74	0	2	0

资料来源：作者自行整理。

5.5　综合影响

5.5.1　耕地变化区耕地健康产能情况

综合分析研究区耕地发生变化区域的耕地产能、产能稳定性以及土壤环境健康情况，以分析耕地变化区耕地健康产能的空间分异特征。将 1985 ~ 2020 年土壤环境健康发生恶化的区域提取出来作为土壤环境健康恶化区；由于耕地变化区耕地的变化是“从无到有”与“从有到无”，因此耕地变化区的产能变化相对较大，对产能波动的允许范围可以相对大一些，根据相关研究经验和研究区实际情况，将 1985 ~ 2020 年耕地产能变异系数大于 60% 的区域提取出来作为产能不稳定区；将 1985 ~ 2020 年产能均值小于 5 500 千克/公顷的区域提取出来作为低产区。综合分析耕地产能的稳定性和土壤环境健康情况，若其中一个指标为恶化或不稳定，则区域表现为不健康；当土壤环境未恶化且产能表现出稳定时，区域表现为健康。进一步分析耕地产能高低和健康情况，识别不健康低产区，不健康高产区，健康低产区和健康高产区。

耕地变化区中不健康低产区面积占比最高，为 64. 72%；健康高产区面积占比 21. 84%；健康低产区面积占比 11. 26%；不健康高产区面积占比 2. 19%。可见，耕地变化区耕地产能主要表现为不健康。其中，恶化区域占区域总面积的比例为 4. 9%，不稳定区域占比 64. 98%，不健康区域占比 66. 91%。同时，耕地变化区耕地产能相对较低，低产区面积占比 75. 98%。可见，产能不稳定是耕地变化区产能不健康的主要体现，同时耕地变化区产能水平有待加强。

5.5.2　耕地数量变化与耕地健康产能的拟合关系

当自变量指标和因变量指标均为多个，即多对多的回归分析时可采用双重筛选逐步回归分析方法，它是在由多个因变量组成的数据矩阵中，把多个因变量 y 分组，找出哪些自变量对哪一组因变量有影响，并根据各个自变量方差贡献的显著性检验结果，精选出一些对某一组因变量的方差贡献较大的自变量，分别按组建立回归模型。

将耕地网格面积比例均值（$X1$）和耕地网格面积比例极差（$X2$）与多年产能均值（$Y1$），多年产能变异系数（$Y2$），土壤环境健康分值变化（$Y3$）进行双重筛选逐步回归。其中，耕地网格面积比例均值表示 1985 ~ 2020 年单一网格中耕地面积的多年平均情况，耕地网格面积比例极差表示 1985 ~ 2020 年单一网格中耕地的多年最大变化情况。多年产能均值表示 1985 ~ 2020 年单一网格产能的多年平均情况，多年产能变异系数表示 1985 ~ 2020 年单一网格产能的多年稳定性情况，土壤环境健康分值变化表示 1985 ~ 2020 年单一网格土壤环境健康的变化情况。

根据表 5.9 和表 5.10 可知，不健康低产区域的耕地网格面积比例均值和耕地网格面积比例极差对产能、产能稳定性以及土壤环境健康有显著影响，相关系数分别为 0.486、0.499、0.063。即区域耕地数量占比和变化对耕地健康产能影响显著。

表 5.9　　不健康低产区双重筛选逐步回归第一方程组

因变量	自变量		常数项 a	相关系数 R	p 值	剩余标准差 S
	X_1	X_2				
Y_1	30.607	4.601	1 625.030	0.486	0.000	1 547.585
Y_2	-0.017	0.000	2.154	0.499	0.000	0.767

资料来源：作者自行整理。

表 5.10　　不健康低产区双重筛选逐步回归第二方程组

因变量	自变量		常数项 a	相关系数 R	p 值	剩余标准差 S
	X_1	X_2				
Y_3	0.001	0.001	0.331	0.063	0.000	0.679

资料来源：作者自行整理。

根据表 5.11 和表 5.12 可知，不健康高产区域的耕地网格面积比例均值和耕地网格面积比例极差对产能、产能稳定性以及土壤环境健康有显著影响，相关系数分别为 0. 273、0. 708、0. 606，即区域耕地数量占比和变化对耕地健康产能影响显著。

表 5.11　　不健康高产区双重筛选逐步回归第一方程组

因变量	自变量		常数项 a	相关系数 R	p 值	剩余标准差 S
	X_1	X_2				
Y_1	0. 634	-1. 030	5697. 183	0. 273	0. 001	160. 298
Y_2	-0. 002	0. 001	0. 622	0. 708	0. 000	0. 058

资料来源：作者自行整理。

表 5.12　　不健康高产区双重筛选逐步回归第二方程组

因变量	自变量		常数项 a	相关系数 R	p 值	剩余标准差 S
	X_1	X_2				
Y_3	-0. 015	0. 003	0. 450	0. 606	0. 000	0. 611

资料来源：作者自行整理。

根据表 5. 13 和表 5. 14 可知，健康低产区域的耕地网格面积比例均值和耕地网格面积比例极差对产能、产能稳定性有显著影响，相关系数分别为 0. 264、0. 157；耕地网格面积比例均值对土壤环境健康有显著影响，相关系数为 0. 085，即区域耕地数量占比对耕地健康产能影响显著。

表 5.13　　健康低产区双重筛选逐步回归第一方程组

因变量	自变量		常数项 a	相关系数 R	p 值	剩余标准差 S
	X_1	X_2				
Y_1	3. 291	1. 909	4855. 744	0. 264	0. 000	299. 370
Y_2	0. 000	0. 000	0. 541	0. 157	0. 000	0. 037

资料来源：作者自行整理。

表 5.14　　健康低产区双重筛选逐步回归第二方程组

因变量	自变量 X1	常数项 a	相关系数 R	p 值	剩余标准差 S
Y3	0. 004	0. 448	0. 085	0. 007	0. 684

资料来源：作者自行整理。

根据表 5. 15 和表 5. 16 可知，健康高产区域的耕地网格面积比例均值和耕地网格面积比例极差对产能、产能稳定性以及土壤环境健康有显著影响，相关系数分别为0.531、0.644、0.099，即区域耕地数量占比和变化对耕地健康产能影响显著。

表5.15　　健康高产区双重筛选逐步回归第一方程组

因变量	自变量		常数项 a	相关系数 R	p 值	剩余标准差 S
	X_1	X_2				
Y_1	-2.678	-1.357	5965.170	0.531	0.000	121.433
Y_2	0.000	0.001	0.474	0.644	0.000	0.026

资料来源：作者自行整理。

表5.16　　健康高产区双重筛选逐步回归第二方程组

因变量	自变量		常数项 a	相关系数 R	p 值	剩余标准差 S
	X_1	X_2				
Y_3	0.002	0.001	0.433	0.099	0.000	0.631

资料来源：作者自行整理。

综合而看，耕地数量变化对高产区耕地健康产能的解释力更强。对于不健康低产区和健康高产区而言，耕地数量变化对耕地健康产能3个指标的解释力排序为耕地产能稳定性 > 耕地产能 > 土壤环境健康；对于不健康高产区而言，耕地数量变化对耕地健康产能3个指标的解释力排序为耕地产能稳定性 > 土壤环境健康 > 耕地产能；对于健康低产区而言，耕地数量变化对耕地健康产能3个指标的解释力排序为耕地产能 > 耕地产能稳定性 > 土壤环境健康。

5.5.3　基于耕地产能稳定的适宜垦殖率测算

研究区耕地扩张对区域产能健康带来威胁，同时由于耕地数量变化导致的产能不健康主要表现为产能波动，即产能不稳定性。因此，分析1985～2020年研究区垦殖率和区域单位面积产能均值、单位面积产能波动指数均值，以及垦殖率和区域总产能、总产能波动指数的拟合函数关系（见

图 5. 17）。发现垦殖率与单位产能和总产能的拟合函数关系相似，即随着区域垦殖率的增加，单位面积产能和总产能表现出增加的态势。而单位面积产能波动指数和总产能波动指数表现出“减少—增加—减少”的态势；产能稳定性表现出“相对稳定—逐渐不稳定—相对稳定”的态势；当波动指数小于 0 并趋于负无穷时，产能又表现出不稳定的态势。

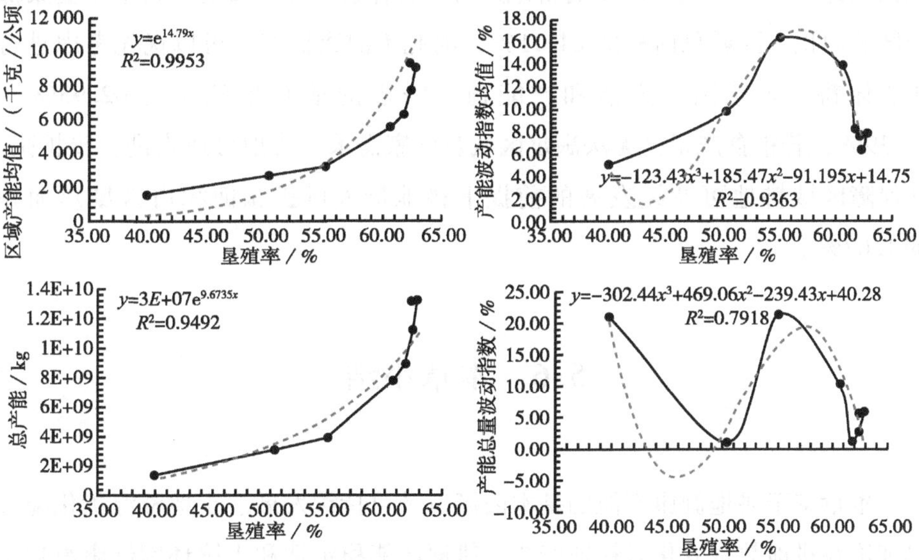

图 5. 17　1985 ~ 2020 年区域垦殖率与耕地产能、产能波动指数的拟合关系

资料来源：作者自行整理。

综合考虑单位面积产能需求和单位面积产能的稳定性，当波动指数介于 0 ~ 5% 之间时，产能表现为相对稳定，则解算函数得出：当垦殖率介于 39. 89% ~ 47. 44% 时，耕地单位面积产能稳定性较佳；当垦殖率介于 62. 93% ~ 63. 95% 时，耕地单位面积产能稳定性较佳且单位面积产能较高；当垦殖率大于 63. 95% 时，耕地单位面积产能较高但单位面积产能稳定性逐渐减弱，不利于耕地的健康发展。综合考虑总产能需求和总产能的稳定性，当波动指数介于 −5% ~ 5% 之间时，产能表现为相对稳定，则解算函数得出：当垦殖率介于 42. 08% ~ 50. 86% 时，耕地总产能稳定性较佳；当垦殖率介于 62. 15% ~ 63. 39% 时，耕地总产能稳定性较佳且总产能较高；当垦殖率大于63.39%时，耕地总产能较高但总产能稳定性逐渐减弱，不利于耕地的健康发展。

当前研究区垦殖率为62.32%，以区域耕地单位面积产能及总产能的可持续发展为目标，区域满足产能稳定需求的垦殖率为42.08%～47.44%，若粮食产量已满足区域及国家需求，为保障区域耕地健康，可选取占区域总面积比例为14.88%～20.24%的耕地进行生态休耕轮作。目前，耕地不健康低产区的面积占区域总面积的24.11%，因此不健康低产区可以优先考虑进行生态休耕。区域满足产能和产能稳定需求的适宜垦殖率为62.93%～63.39%，若粮食产量已无法满足区域及国家需求，耕地可适当进一步扩张，在保障区域耕地可持续发展的前提下耕地最大可扩张面积占区域总面积的1.07%。

5.6 本章小结

本章基于耕地健康产能的基本内涵以及可持续发展、土地资源优化配置等理论在耕地数量变化对耕地产能、耕地产能稳定性和土壤环境健康影响的基础上分析耕地数量变化对耕地健康产能的影响。主要结果如下。

（1）阐述了耕地数量变化对耕地产能的影响。1985～2020年研究区产能与耕地面积同向变化，产能变化受耕地面积增减变化的影响。产能对耕地变化的敏感度总体呈现“减少—增加—减少—增加—减少”的波动态势。其中，2010～2015年β值最大，为36.31；2015～2020年β值最小，为0.94。

研究区多年耕地扩张区的单位面积产能与耕地衰退区的单位面积产能相比，相对较高且空间差异相对较小。1985～2000年由耕地数量变化导致的产能净增长较大，2000～2020年由耕地数量变化导致的产能净增长相对较小。

研究区耕地网格面积比例与单位面积产能主要呈现正向的相关性。其中，中度正相关占比最高，为39.56%。中度正相关和强正相关分布相对集中且优势显著，而负相关和不明显相关分布相对分散，大多分布在零星耕地区，稍显弱势。

耕地分布重心迁移路径和产能重心迁移路径具有较强的一致性，1985～2020 年两者重心均主要呈现向东北方向迁移的趋势，耕地重心迁移路径较产能更为平缓。综合来看，耕地分布和产能重心变化主要呈现“北上—南下—北上”的演变过程。

（2）明晰了耕地数量变化对耕地产能稳定性的影响。耕地变化区耕地产能多年均值介于 148.78～6 420.34 千克/公顷之间，区域平均值为 4 241.22 千克/公顷，标准差为 1 714.76 千克/公顷。“高值—稳定—增加趋势”区域主要分布在研究区中部，斑块集中连片；“低值—不稳定—减少趋势”区域主要分布在研究区南部林地附近，斑块分散且相对较少。

耕地网格面积比例均值和产能的变异系数呈现中度负相关，耕地网格面积比例均值较大的区域耕地产能相对稳定，耕地网格面积比例均值和产能变异系数的 Pearson 相关系数为 -0.575［在 0.01 水平（双侧）上显著相关］。

根据区域耕地利用的多年变化情况，创建耕地利用变化模式图谱，并分为基本稳定型、前期稳定型、后期稳定型、间歇变化型、持续变化型、劣势耕地型 6 种类型。其中，劣势耕地型耕地产能多年变异系数的平均值最大，为 2.41；基本稳定型耕地产能多年变异系数的平均值最小，为 0.56。基本稳定型耕地产能稳定性相对较高且空间差异相对较小，劣势耕地型耕地产能稳定性相对较低且空间差异相对较大。

（3）阐述了耕地数量变化对土壤环境健康的影响。耕地利用变化模式图谱类型与土壤环境健康分值变化的 Kendall tau-b 相关系数为 0.142［在置信度（双侧）为 0.01 时，相关性是显著的］。耕地网格面积比例与土壤环境健康分值变化的 Kendall tau-b 相关系数为 0.148［在置信度（双侧）为 0.01 时，相关性是显著的］。

（4）揭示了耕地数量变化对耕地健康产能的综合影响。耕地数量变化对区域耕地健康产能产生显著影响。综合来看，耕地数量变化对高产区耕地健康产能的解释力更强。对于不健康低产区和健康高产区而言，耕地数量变化对耕地健康产能 3 个指标的解释力排序为耕地产能稳定性 > 耕地产能 > 土壤环境健康；对不健康高产区的解释力排序为耕地产能稳定性 > 土壤环境健康 > 耕地产能；对健康低产区的解释力排序为耕地产能 > 耕地产能稳定性 > 土壤环境健康。

当前研究区垦殖率为 62.32%，以区域耕地单位面积产能以及总产能的可持续发展为目标，区域满足产能稳定需求的垦殖率为 42.08% ~47.44%，若粮食产量已满足区域及国家需求，为保障区域耕地健康，可选取占区域总面积比例为 14.88% ~20.24% 的耕地进行生态休耕轮作。目前，耕地不健康低产区的面积占区域总面积的 24.11%，因此不健康低产区可以优先考虑进行生态休耕。区域满足产能和产能稳定需求的适宜垦殖率为 62.93% ~63.39%，若粮食产量已无法满足区域及国家需求，耕地可适当进一步扩张，在保障区域耕地可持续发展的前提下耕地最大可扩张面积占区域总面积的 1.07%。

| 第 6 章 |

耕地质量变化对耕地健康产能的影响

6.1 研究思路

基于耕地健康产能的内涵，以可持续发展理论为指导，耕地健康产能主要表现在产能高低、产能稳定以及土壤环境健康 3 个方面。其中，为提高分析的针对性和分析结果的可操作性，选用实际产能（产量）表征区域产能情况。耕地质量变化会对耕地单位面积生产能力产生影响。长期集约化造成的土壤肥力下降会影响耕地产能的稳定性，以波动周期理论为指导分析耕地产能较长期趋势的波动情况，并在此基础上分析耕地质量变化对耕地产能稳定性的影响。耕地质量变化对综合生产能力的影响可能来源于过量的农业投入，短时间尺度内表现为生产能力提高，但是长期则易造成土地退化和农业污染，最终导致生产能力降低，不利于生产能力的稳定与可持续，进而影响耕地产能的健康发展。为消除耕地数量变化对耕地产能的影响，探寻耕地质量变化对耕地产能的影响，选取挠力河流域 1985 ~2020 年耕地不变区作为本章的研究区对象。

耕地质量变化对耕地产能的影响研究主要包括耕地质量变化及影响质量因子对其的影响分析、耕地质量变化与产能变化的关系分析、耕地质量因子变化与产能变化的关系分析等内容。耕地质量变化对产能稳定性的影响研究主要包括耕地数量不变区产能稳定性计算、耕地质量变化与产能波动指数变化的相关分析、耕地质量因子变化与产能波动指数变化的相关分析等内容。耕地质量变化对土壤环境健康的影响研究主要包括不同土壤环境健康分值变化的耕地质量统计分析、耕地质量变化与土壤环境健康变化的相关分析、耕地质量因子变化与土壤环境健康变化的相关分析等内容。基于耕地质量变化对产能、产能稳定性和土壤环境健康的影响，进行耕地质量变化对耕地健康产能的综合影响研究，主要包括耕地不变区耕地健康产能情况分析、耕地质量变化与耕地健康产能的拟合关系分析、耕地质量因子变化与耕地健康产能的拟合关系分析等内容，具体研究框架见图 6.1。

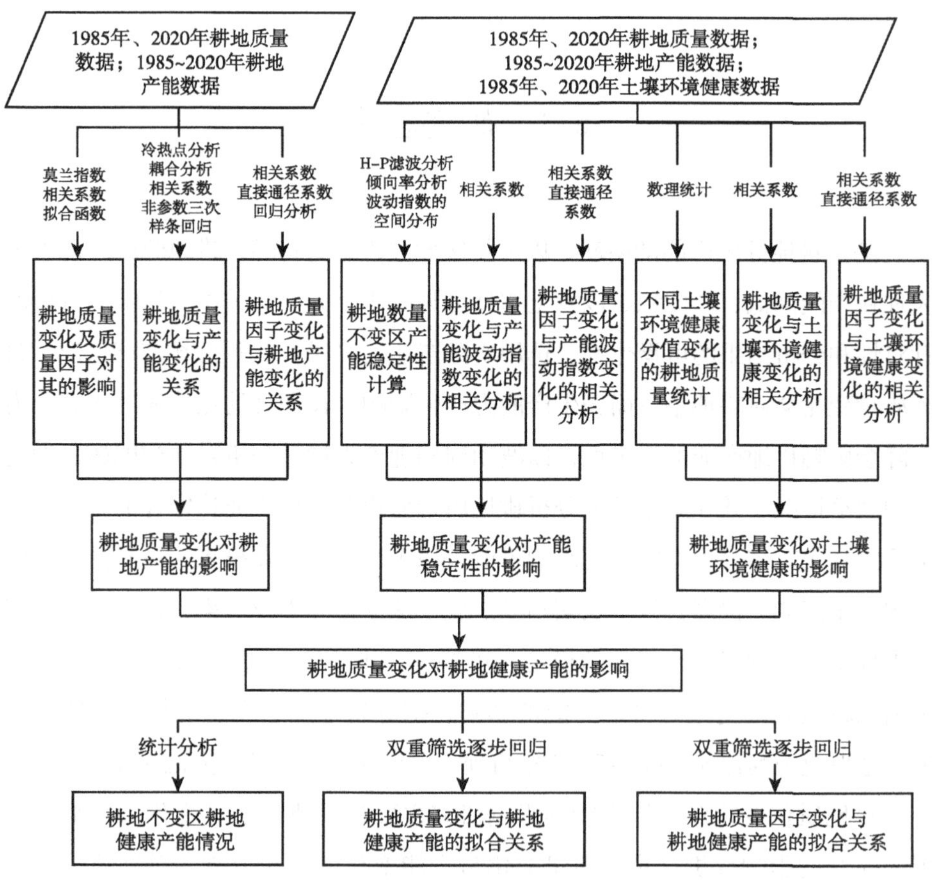

图 6.1 研究框架

资料来源：作者自行整理。

6.2　耕地质量变化对耕地产能的影响

为消除耕地数量变化对耕地产能的影响，探寻耕地质量变化对耕地产能的影响，选取挠力河流域1985～2020年耕地不变区作为研究区对象，尝试分析研究区耕地质量与耕地质量因子的空间分异和时间演变对耕地产能的影响。为了解1985年、2020年耕地质量和质量因子以及质量变化对产能的影响差异，首先分析空间分布层面的耕地质量及质量因子对产能的影响；其次分析时间尺度上质量变化对产能的可能影响，以探讨耕地质量变化对耕地产能的影响机理。其中，选取16个耕地质量因子进行分析（见表6.1）。计算1985～1989年研究区产能平均值作为1985年的产能情况，2016～2020年研究区产能平均值作为2020年的产能情况。

表6.1　　耕地质量因子

一级指标	二级指标
气候条件	光合生产潜力（X_1）、光温生产潜力（X_2）、气候生产潜力（X_3）
地形特征	地形坡度（X_4）、地形部位（X_5）
土壤性状	有效土层厚度（X_6）、有机质含量（X_7）、耕层质地（X_8）、土壤容重（X_9）、土壤养分元素指数（X_{10}）、pH值（X_{11}）、土壤含水率（X_{12}）
耕作条件	田间道路通达度（X_{13}）、耕作距离（X_{14}）、农机化水平（X_{15}）、化肥施用综合指数（X_{16}）

资料来源：作者自行整理。

6.2.1　耕地质量变化及耕地质量因子对其的影响

1985～2020年研究区耕地质量主要呈现提升的趋势，耕地质量变化小于－0.05的面积占比为2.22%，介于－0.05～0之间的面积占比为14.15%，介于0～0.05之间的面积占比为40.74%，介于0.05～0.1之间的面积占比为36.60%，大于0.1的面积占比为6.29%。其中，耕地质量降低的区域主要分布在研究区的东部和西南部部分区域，耕地质量显著提升的区域主要分布在南部和西部部分区域，中部区域主要表现为轻微的质量提升趋势。

莫兰指数（Moran's I）通过计算空间数据的相关性，来分析空间分布的差异。指数大于0表示空间正相关，值越大代表空间相关性越明显；指数小于0表示空间负相关，值越小代表空间差异越大；指数等于0表示空间呈随机性。空间的正相关指随着空间分布位置（距离）的聚集，相关性也就越发显著。空间的负相关表示随着空间分布位置的离散，相关性反而越发显著。

空间自相关的Moran's I统计可以表示为：

$$I = \frac{n}{S_0} \times \frac{\sum_{i=1}^{n}\sum_{j=1}^{n} w_{i,j} z_i z_j}{\sum_{i=1}^{n} z_i^2} \tag{6.1}$$

式中：z_i为要素i的属性与其平均值的偏差（$x_i - \bar{x}$）；$w_{i,j}$为要素i和j之间的空间权重；n为要素总数；S_0为所有空间权重的集合，存在

$$S_0 = \sum_{i=1}^{n}\sum_{j=1}^{n} w_{i,j} \tag{6.2}$$

统计的z_I得分按以下形式计算：

$$z_I = \frac{I - E[I]}{\sqrt{V[I]}}, E[I] = -1/(n-1), V[I] = E[I^2] - E[I]^2 \tag{6.3}$$

分析耕地质量变化的空间集聚特征，发现研究区耕地质量变化的Moran's Index为0.761（p - value为0.000），即耕地质量变化的空间正相关性显著，随着耕地质量变化空间分布的聚集，相关性越发显著。进一步分析耕地质量变化的局部集聚特征，发现耕地质量变化的空间集聚性表现出较明显的空间分异特征：H - H聚集的区域主要集中在研究区的北部、西部和南部；L - L聚集的区域主要集中在研究区的东部和部分中部区域；集聚特征不显著的区域主要集中在研究区的中部和部分西部区域；H - L和L - H

的异常值相对较少。

分析耕地质量因子隶属度变化和耕地质量变化的 Pearson 相关系数（见表6.2），发现除 ΔX_{13}外其余15个耕地质量因子隶属度变化与耕地质量变化均表现出显著的相关性，其中，仅 ΔX_3 表现出负向相关性，相关系数为 -0.160；ΔX_{16}和 ΔX_{15}的正向相关性较大，相关系数分别为0.579和0.525；ΔX_9 和 ΔX_2 的正向相关性较小，相关系数分别为0.027和0.059。

表6.2　　　　耕地质量因子隶属度变化与耕地质量变化的相关系数

因子	ΔX_1	ΔX_2	ΔX_3	ΔX_4	ΔX_5	ΔX_6	ΔX_7	ΔX_8
相关性	0.328 **	0.059 **	-0.160 **	0.319 **	0.230 **	0.394 **	0.283 **	0.199 **
因子	ΔX_9	ΔX_{10}	ΔX_{11}	ΔX_{12}	ΔX_{13}	ΔX_{14}	ΔX_{15}	ΔX_{16}
相关性	0.027 *	0.164 **	0.379 **	0.243 **	0.026	0.209 **	0.525 **	0.579 **

注：** 表示在0.01水平（双侧）上显著相关，* 表示在0.05水平（双侧）上显著相关。
资料来源：作者自行整理。

进一步进行耕地质量因子隶属度变化和耕地质量变化的多元线性回归，得到回归函数为（调整 R^2 为0.879，F 检验显著性为0.000）：

$$\begin{aligned}\Delta Y=&0.001+0.052\times\Delta X_1+0.086\times\Delta X_2+0.057\times\Delta X_3+0.056\times\Delta X_4\\&+0.057\times\Delta X_5+0.089\times\Delta X_6+0.069\times\Delta X_7+0.063\times\Delta X_8+0.038\\&\times\Delta X_9+0.052\times\Delta X_{10}+0.055\times\Delta X_{11}+0.035\times\Delta X_{12}+0.006\times\Delta X_{13}\\&+0.049\times\Delta X_{14}+0.068\times\Delta X_{15}+0.068\times\Delta X_{16}\end{aligned}$$

分析由多元线性回归的标准化系数计算得到的各耕地质量因子隶属度变化对耕地质量变化的影响程度（见表6.3），可知耕地质量因子隶属度变化对耕地质量变化影响程度的排序为：$\Delta X_{16}>\Delta X_1>\Delta X_{14}>\Delta X_3>\Delta X_{15}>\Delta X_{11}>\Delta X_2>\Delta X_6>\Delta X_5>\Delta X_7>\Delta X_8>\Delta X_{12}>\Delta X_9>\Delta X_{10}>\Delta X_4>\Delta X_{13}$。即，化肥施用综合指数隶属度变化、光合生产潜力隶属度变化、耕作距离隶属度变化对区域耕地质量变化的影响较大，而田间道路通达度隶属度变化、地形坡度隶属度变化、土壤养分元素指数隶属度变化对耕地质量变化的影响相对较小。

表 6.3 耕地质量因子隶属度变化对耕地质量变化的影响程度

因子	ΔX_1	ΔX_2	ΔX_3	ΔX_4	ΔX_5	ΔX_6	ΔX_7	ΔX_8
影响程度	0.096	0.063	0.089	0.025	0.057	0.061	0.048	0.047
因子	ΔX_9	ΔX_{10}	ΔX_{11}	ΔX_{12}	ΔX_{13}	ΔX_{14}	ΔX_{15}	ΔX_{16}
影响程度	0.031	0.031	0.073	0.034	0.002	0.095	0.077	0.171

资料来源：作者自行整理。

6.2.2 耕地质量变化与耕地产能的关系

将统一栅格大小的耕地质量数据和耕地产能数据进行统计分析，分别进行 1985 年、2020 年以及 1985 ~2020 年变化期间的耕地质量与耕地产能的热点分析、相关性、耦合协调性以及非参数样条回归分析，探寻耕地质量与产能的相关关系以解释耕地质量对耕地产能的影响。

6.2.2.1 1985 年耕地质量与产能的相关关系

1985 年研究区耕地质量的冷热点分布主要以不显著为主，面积占比 66.98%。冷热点的显著空间聚集以热点为主。热点面积占比总计为 18.88%，主要分布于研究区西部、中部以及东部部分区域。其中，99% 置信度的热点面积占比最大，为 7.57%；95% 置信度的热点面积占比为 6.16%；90% 置信度的热点面积占比为 5.15%。冷点面积占比总计为 14.14%，主要分布在研究区的北部和南部部分区域。其中，99% 置信度的冷点面积占比最大，为 6.87%；95% 置信度的冷点面积占比为 4.43%；90% 置信度的冷点面积占比为 2.84%。

研究区耕地产能的冷热点分布主要以不显著为主，面积占比 51.41%。冷热点的显著空间聚集以冷点为主。冷点面积占比总计为 24.66%，零散分布于研究区各个区域。其中，99% 置信度的冷点面积占比最大，为 13.99%；95% 置信度的冷点面积占比为 6.52%；90% 置信度的冷点面积占比为 4.15%。热点面积占比总计为 23.94%，零散分布于研究区各个区域。其中，

99% 置信度的热点面积占比最大，为 15.11%；95% 置信度的热点面积占比为 5.56%；90% 置信度的热点面积占比为 3.27%。

为分析耕地质量和耕地产能相互作用关系的定量表现及其演化规律，运用耦合协调度模型（郭爽等，2021）测度耕地质量与产能之间的相互作用程度及其相互协调情况。

耦合度指双方相互作用程度的强弱，不分利弊。计算公式为：

$$C = 2\sqrt{\frac{U_1 U_2}{(U_1 + U_2)^2}} \tag{6.4}$$

式中：C 为质量与产能的耦合度；U_1 和 U_2 分别为质量与产能。C 值的大小反映了质量与产能之间发展的关联程度。一般 C 的取值范围为 [0, 1]，C 值越接近 1 说明质量与产能间耦合程度越好，C 值越接近 0 说明质量与产能间耦合程度越差。

耦合协调度是指相互作用中良性耦合程度的大小，体现了协调状况好坏，可以表征各功能之间是在高水平上相互促进还是低水平上相互制约。耦合协调度模型公式为：

$$D = \sqrt{T \times C} \tag{6.5}$$

$$T = \alpha U_1 + \beta U_2 \tag{6.6}$$

式中：D 为质量与产能的耦合协调度；T 为系统中的综合评价指数；α 和 β 为系数。借鉴相关学者的研究，将 α 和 β 均取值 0.5。一般 D 的取值范围是 [0, 1]，D 值越接近 1 说明质量与产能的协调度越高，D 值越接近 0 说明质量与产能的协调度越差。

分析 1985 年研究区耕地质量和耕地产能耦合协调度的频数统计（见图 6.2）发现，耕地质量和耕地产能的耦合协调类型以中度协调为主，主要分布在宝清县、富锦市、友谊县、饶河县的部分区域，面积占比 70.88%；高度协调类型主要分布在宝清县、友谊县、富锦市、饶河县、集贤县的部分区域，面积占比 24.01%；基本协调类型主要分布在富锦市、宝清县、七台河市区的部分区域，面积占比 4.92%；中度失调类型主要分布在富锦市、宝清县、七台河市区的部分区域，面积占比0.15%；严重失调类型主要分布在富锦市、宝清县的部分区域，面积占比0.04%。

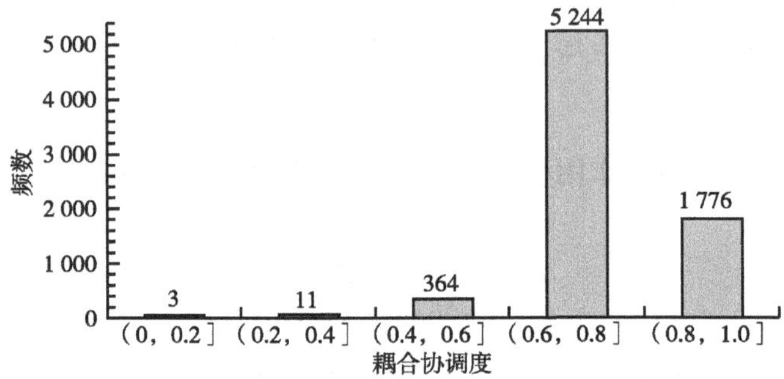

图6.2　1985年耕地质量和耕地产能耦合协调度的频数统计

资料来源：作者自行整理。

计算1985年研究区及各县域耕地质量与耕地产能的Pearson相关系数（见表6.4），发现耕地质量与耕地产能的线性相关性呈正向显著弱相关，相关系数为0.023。不同县域耕地质量与产能的相关性有所差异，其中，宝清县、富锦市以及饶河县耕地质量与县域耕地产能之间的线性相关性不显著；七台河市区、双鸭山市区以及集贤县的耕地质量与县域耕地产能之间呈现负向的显著线性相关性，且相关程度依次递减；友谊县耕地质量与耕地产能呈现正向的显著线性相关性。

表6.4　　1985年研究区及各县域耕地质量与耕地产能的相关系数

区域	整体	七台河市区	友谊县	双鸭山市区	宝清县	富锦市	集贤县	饶河县
相关系数	0.023*	-0.386**	0.120**	-0.265**	0.022	-0.011	-0.134**	-0.048

注：**表示在0.01水平（双侧）上显著相关，*表示在0.05水平（双侧）上显著相关。
资料来源：作者自行整理。

研究区耕地质量与耕地产能之间的线性相关性较弱，说明耕地质量与耕地产能之间的关系较为复杂。用简单的线性回归难以准确识别两者的关系，因此通过绘制非参数三次样条回归曲线，分析耕地质量不同阶段对耕地产能的影响程度和方向。基于Python平台计算非参数三次样条回归曲线，具体代码如下：

```
# 导入模块
import pandas as pd
import numpy as np
import statsmodels.api as sm
import matplotlib.pyplot as plt
%matplotlib inline
# 读取 data_set
data = pd.read_csv("E:\ZLY\data\data85.csv")
data.head()
data_x = data['X']
data_y = data['Y']
# 将数据分为训练集和测试集
from sklearn.model_selection import train_test_split
train_x,valid_x,train_y,valid_y = train_test_split(data_x,data_y,test_size =
0.33,random_state = 1)
# 质量和产能关系 b/w 的可视化
import matplotlib.pyplot as plt
plt.scatter(train_x,train_y,facecolor='None',edgecolor='k',alpha=0.3)
plt.show()
from patsy import dmatrix
from sklearn.metrics import mean_squared_error
import statsmodels.api as sm
import statsmodels.formula.api as smf
import math
# 在0.63、0.68和0.75三个节点生成三次样条
transformed_x = dmatrix("bs(train,knots=(0.63,0.68,0.75),degree=3,
include_intercept=False)",{"train": train_x},return_type='dataframe')
```

```
# 在分区的数据集上拟合广义线性模型
fit = sm.GLM(train_y,transformed_x).fit()
# 样条预测
pred = fit.predict(dmatrix("bs(valid,knots=(0.63,0.68,0.75),include_intercept=False)",{"valid":valid_x},return_type='dataframe'))
# 计算 RMSE
rms = math.sqrt(mean_squared_error(valid_y,pred))
print(rms)
# 用 5000 个观察值画图
xp = np.linspace(valid_x.min(),valid_x.max(),5000)
# 预测
pred = fit.predict(dmatrix("bs(xp,knots=(0.63,0.68,0.75),include_intercept=False)",{"xp":xp},return_type='dataframe'))
# 绘制样条曲线
plt.scatter(data.X,data.Y,facecolor='None',edgecolor='k',alpha=0.1)
plt.plot(xp,pred,label='specifying degree =3 with 3 knots')
plt.legend()
plt.xlim(0.42,0.85)
plt.ylim(1850,2150)
plt.xlabel('X')
plt.ylabel('Y')
plt.show()
```

分析研究区 1985 年耕地质量与耕地产能的非参数三次样条回归曲线（RSME = 40.01）（见图 6.3），发现耕地质量不同阶段的变化致使耕地产能表现出不同的特征：随着耕地质量的增加，耕地产能主要表现出“增加—减少—增加—减少”的波动性变化特征。当耕地质量小于 0.65 时，随着耕地质量的变化，耕地产能的变化幅度较大，即耕地质量对耕地产能的影响相对较大；当耕地质量大于 0.65 时，随着耕地质量的变化，耕地产能的变化幅度较小，即耕地质量对耕地产能的影响相对较弱。当耕地质量较高或者耕地质量较低时，由于其他条件的限制，耕地质量的提升与耕地产能的提升并没有表现出一致性。

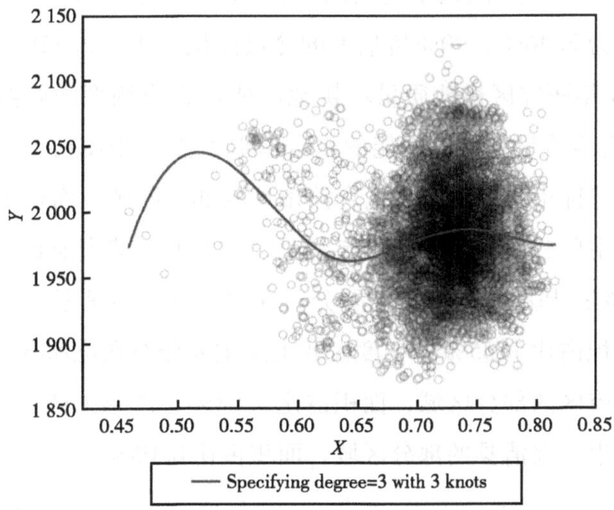

图 6.3　1985 年耕地质量与耕地产能的非参数三次样条回归曲线

资料来源：作者自行整理。

6.2.2.2　2020 年耕地质量与产能的相关关系

2020 年研究区耕地质量的冷热点分布主要以不显著为主，面积占比 55.70%。冷热点的显著空间聚集以热点为主。热点面积占比总计为 22.38%，主要分布于研究区西部及中部部分区域。其中，99% 置信度的热点面积占比最大，为 14.11%；95% 置信度的热点面积占比为 5.38%；90% 置信度的热点面积占比为 2.89%。冷点面积占比总计为 21.91%，主要分布在研究区的东部和南部部分区域。其中，99% 置信度的冷点面积占比最大，为 11.46%；95% 置信度的冷点面积占比为 6.68%；90% 置信度的冷点面积占比为 3.77%。

研究区耕地产能的冷热点分布主要以不显著为主，面积占比 80.74%。冷热点的显著空间聚集以热点为主。热点面积占比总计为 9.64%，主要分布于研究区西部和中部部分区域。其中，99%置信度的热点面积占比最大，为3.64%；95%置信度的热点面积占比为3.20%；90%置信度的热点面积占比为2.80%。冷点面积占比总计为9.62%，主要分布于研究区东部和南部部分区域。其中，99%置信度的冷点面积占比最大，为4.84%；95%置信度的冷点面积占比为2.46%；90%置信度的冷点面积占比为2.32%。

分析2020年研究区耕地质量和耕地产能耦合协调度的频数统计（见图6.4）发现，耕地质量和耕地产能的耦合协调类型以中度协调为主，主要分布在宝清县、富锦市、饶河县、七台河市区的部分区域，面积占比52.49%；高度协调类型主要分布在富锦市、宝清县、友谊县、集贤县的部分区域，面积占比46.03%；基本协调类型主要分布在饶河县、宝清县、七台河市区的部分区域，面积占比1.35%；中度失调类型主要分布在饶河县、宝清县、富锦市、七台河市区的部分区域，面积占比0.08%；严重失调类型主要分布在饶河县、富锦市、宝清县的部分区域，面积占比0.05%。

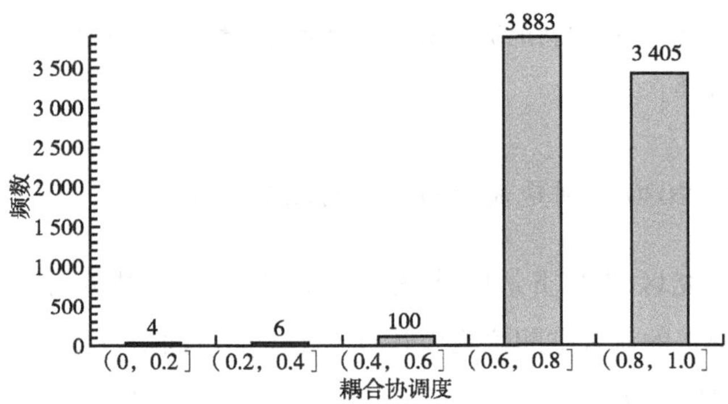

图6.4 2020年耕地质量和耕地产能耦合协调度的频数统计

资料来源：作者自行整理。

计算2020年研究区及各县域耕地质量与耕地产能的Pearson相关系数（见表6.5）发现，耕地质量与耕地产能的线性相关性呈现负向显著弱相关，相关系数为－0.173。不同县域耕地质量与产能的相关性有所差异，其中，饶河县耕地质量与县域耕地产能之间的线性相关性不显著；双鸭山市区、集贤县、七台河市区、友谊县以及富锦市的耕地质量与县域耕地产能之间呈现负向的显著线性相关性，且相关程度依次递减；宝清县耕地质量与耕地产能呈现正向的显著线性相关性。

表 6.5　　2020 年研究区及各县域耕地质量与耕地产能的相关系数

区域	整体	七台河市区	友谊县	双鸭山市区	宝清县	富锦市	集贤县	饶河县
相关系数	-0.173**	-0.228**	-0.180**	-0.522**	0.061**	-0.092**	-0.255**	-0.045

注：** 表示在 0.01 水平（双侧）上显著相关。

资料来源：作者自行整理。

基于 Python 平台计算研究区 2020 年耕地质量与耕地产能的非参数三次样条回归曲线（RSME = 301.52）（见图 6.5），发现耕地质量不同阶段的变化致使耕地产能表现出不同的特征：随着耕地质量的增加，耕地产能主要表现出“增加—减少—增加—减少”的波动性变化特征。当耕地质量小于 0.72 时，随着耕地质量变化，耕地产能的变化幅度较大，即耕地质量对耕地产能的影响相对较大；当耕地质量大于 0.72 时，随着耕地质量变化，耕地产能的变化幅度较小，即耕地质量对耕地产能的影响相对较弱。当耕地质量较高或者耕地质量较低时，由于其他条件的限制，耕地质量的提升与耕地产能的提升并没有表现出一致性。

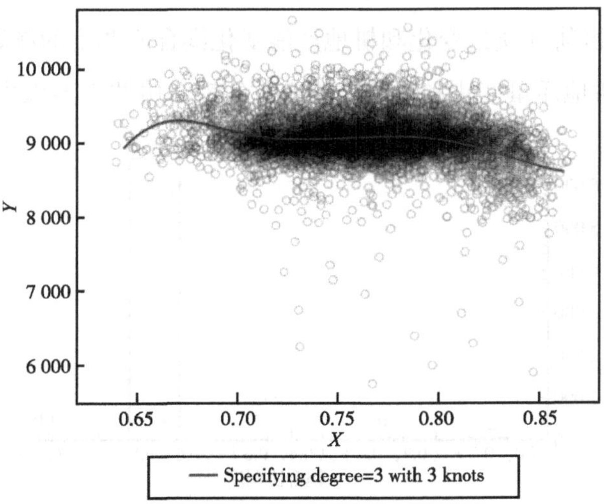

图 6.5　2020 年耕地质量与耕地产能的非参数三次样条回归曲线

资料来源：作者自行整理。

6.2.2.3　耕地质量变化与产能变化的相关关系

研究区耕地质量变化的冷热点分布主要以不显著为主，面积占比 56.43%。冷热点的显著空间聚集以热点为主。热点面积占比总计为 22.55%，主要分布于研究区西部、南部以及中部部分区域。其中，99% 置信度的热点面积占比最大，为 9.29%；95% 置信度的热点面积占比为 8.22%；90% 置信度的热点面积占比为 5.04%。冷点面积占比总计为 21.02%，主要分布在研究区的东部部分区域。其中，99% 置信度的冷点面积占比最大，为 14.34%；95% 置信度的冷点面积占比为 4.19%；90% 置信度的冷点面积占比为 2.49%。

研究区耕地产能变化的冷热点分布主要以不显著为主，面积占比 79.63%。冷热点的显著空间聚集以热点为主。热点面积占比总计为 10.29%，主要分布于研究区西部和中部部分区域。其中，95% 置信度的热点面积占比最大，为 3.77%；99% 置信度的热点面积占比为 3.53%；90% 置信度的热点面积占比为 2.99%。冷点面积占比总计为 10.08%，主要分布于研究区中部和南部部分区域。其中，99% 置信度的冷点面积占比最大，为 4.85%；95% 置信度的冷点面积占比为 2.64%；90% 置信度的冷点面积占比为 2.60%。

分析研究区耕地质量变化和耕地产能变化耦合协调度的频数统计（见图 6.6）可知，耕地质量变化和耕地产能变化的耦合协调类型以中度协调为主，

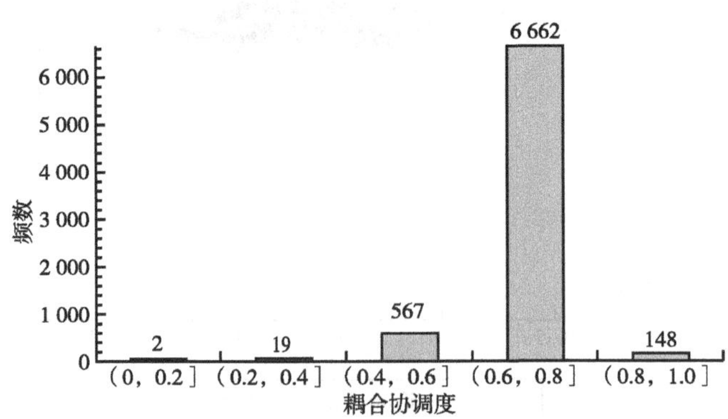

图 6.6　耕地质量变化和耕地产能变化耦合协调度的频数统计

资料来源：作者自行整理。

主要分布在宝清县、富锦市、友谊县、集贤县的部分区域，面积占比 90.05%；基本协调类型主要分布在饶河县、宝清县的部分区域，面积占比 7.66%；高度协调类型主要分布在七台河市区、富锦市、友谊县、宝清县、双鸭山市区的部分区域，面积占比 2.00%；中度失调类型主要分布在饶河县、宝清县的部分区域，面积占比 0.26%；严重失调类型主要分布在饶河县、富锦市的部分区域，面积占比 0.03%。

计算研究区及各县域耕地质量变化与耕地产能变化的 Pearson 相关系数（见表 6.6）发现，耕地质量变化与耕地产能变化的线性相关性不显著。不同县域耕地质量变化与产能变化的相关性有所差异，其中，七台河市区、富锦市以及饶河县耕地质量变化与县域耕地产能变化之间的线性相关性不显著；双鸭山市区、集贤县以及宝清县的耕地质量变化与县域耕地产能变化之间呈现正向的显著线性相关性，且相关程度依次递减；友谊县耕地质量变化与耕地产能变化呈现负向的显著线性相关性。

表 6.6　　　　　　耕地质量变化与耕地产能变化的相关系数

区域	整体	七台河市区	友谊县	双鸭山市区	宝清县	富锦市	集贤县	饶河县
相关系数	-0.020	-0.083	-0.148 **	0.388 **	0.074 **	-0.049	0.138 *	-0.054

注：** 表示在 0.01 水平（双侧）上显著相关，* 表示在 0.05 水平（双侧）上显著相关。
资料来源：作者自行整理。

基于 Python 平台计算研究区耕地质量变化与耕地产能变化的非参数三次样条回归曲线（RSME = 312.23）（见图 6.7），发现耕地质量变化不同阶段的改变致使耕地产能表现出不同的特征：随着耕地质量变化的增加，耕地产能变化主要表现出“增加—减少—增加—减少—增加—减少”的波动性变化特征。当耕地质量变化大于 0.1 时，随着耕地质量变化的改变，耕地产能变化的改变幅度较大，即耕地质量变化对耕地产能变化的影响相对较大；当耕地质量变化小于 0.1 时，随着耕地质量变化的改变，耕地产能变化的改变幅度较小，即耕地质量变化对耕地产能变化的影响相对较弱。当耕地质量变化较高时，由于其他条件的限制，耕地质量变化的增加与耕地产能变化的增加并没有表现出一致性。

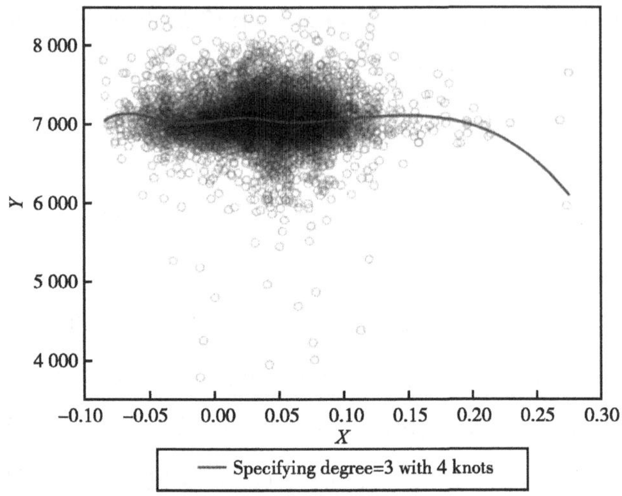

图 6.7　耕地质量变化与耕地产能变化的非参数三次样条回归曲线

资料来源：作者自行整理。

6.2.3　耕地质量因子变化对耕地产能的影响

在耕地质量因子与耕地产能的相关性、直接通径系数、拟合函数等分析的基础上，明晰耕地质量因子与产能的相关关系，解释耕地质量因子对耕地产能的影响程度与差异。

6.2.3.1　1985 年耕地质量因子与产能的相关关系

分析 1985 年研究区耕地质量因子与耕地产能的 Pearson 相关系数（见表 6.7），发现耕地质量因子与耕地产能的线性相关性均不显著。

表 6.7　　1985 年耕地质量因子与耕地产能的相关系数

因子	X_1	X_2	X_3	X_4	X_5	X_6	X_7	X_8	X_9	X_{10}	X_{11}	X_{12}	X_{13}	X_{14}	X_{15}	X_{16}
相关系数	0.047	0.018	0.013	-0.088	-0.094	-0.032	0.046	0.045	0.051	0.039	-0.065	0.003	0.03	-0.016	0.092	-0.069

资料来源：作者自行整理。

在多个变量的影响系统中，两个变量之间的简单相关关系无法准确说明两者的真实关系，任意两个变量的相关关系会受其他变量的影响，此时需要进行通径分析来识别两个变量之间直接的影响关系。通径图（见图6.8）中直接通径线由原因指向结果的单箭头线表示直接因果关系，相关线以双箭头的方式表示互为因果的关系。通径分析在简单相关分析和多元回归分析的基础上分解相关系数，通过直接通径、间接通径及总通径系数表示某一变量对因变量的直接影响、通过其他变量对因变量的间接影响和综合影响。

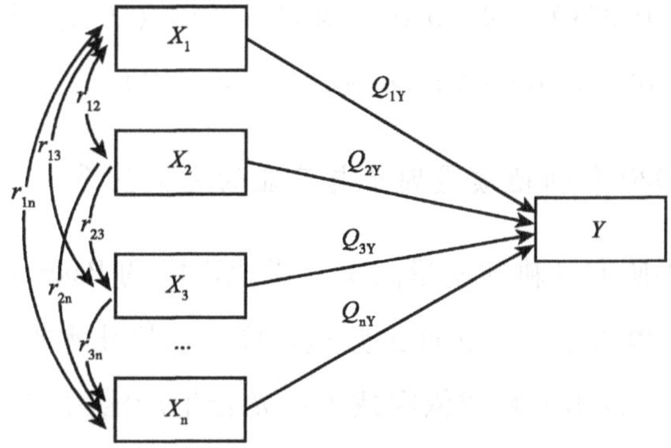

图6.8　通径图

资料来源：作者自行整理。

分析1985年耕地质量因子与耕地产能的直接通径系数（见表6.8），可知耕地质量因子对耕地产能的直接正向影响排序为 $X_1 > X_3 > X_9 > X_{15} > X_8 > X_{13} > X_7$，直接负向影响排序为 $X_2 > X_4 > X_6 > X_{11} > X_5 > X_{16} > X_{10} > X_{12} > X_{14}$。即，光合生产潜力、气候生产潜力、土壤容重对区域耕地产能的直接正向影响较大；光温生产潜力、地形坡度、有效土层厚度对区域耕地产能的直接负向影响较大，这可能是因为相关质量因子报酬递减导致的。

表6.8　　1985年耕地质量因子与耕地产能的直接通径系数

因子	X_1	X_2	X_3	X_4	X_5	X_6	X_7	X_8
通径系数	0.3718	-0.3741	0.2403	-0.2556	-0.1492	-0.2287	0.0227	0.0683
因子	X_9	X_{10}	X_{11}	X_{12}	X_{13}	X_{14}	X_{15}	X_{16}
通径系数	0.1802	-0.063	-0.2227	-0.0194	0.0468	-0.0146	0.0949	-0.1201

资料来源：作者自行整理。

将耕地质量因子与耕地产能的直接通径系数较大的几个因子 $X_1(x1)$、$X_2(x2)$、$X_3(x3)$、$X_4(x4)$、$X_5(x5)$、$X_6(x6)$、$X_9(x7)$、$X_{11}(x8)$、$X_{16}(x9)$ 与耕地产能（Y）进行回归分析，选取 200 个样本点基于 DPS 软件进行二次多项式逐步回归，拟合方程如下：

$Y=568\ 534.87-29.15x1+28.62x2-4.40x3-3\ 743.15x4-641\ 881.57x5-330.05x6+0.00x1\times x1-0.00x3\times x3+53.50x4\times x4+63\ 951.61x5\times x5+3\ 629.33x7\times x7-0.33x9\times x9-0.00x1\times x2-0.10$（方差分析 F 值的显著水平 $p=0.0001<0.05$；Durbin-Watson 统计量 $d=2.12$）

6.2.3.2 2020 年耕地质量因子与产能的相关关系

分析 2020 年研究区耕地质量因子与耕地产能的 Pearson 相关系数（见表 6.9），发现土壤含水率、田间道路通达度、农机化水平与耕地产能呈现正向显著相关性，且相关系数依次减小；光合生产潜力与耕地产能呈现负向显著相关性；其余耕地质量因子与耕地产能的线性相关性均不显著。

表 6.9　2020 年耕地质量因子与耕地产能的相关系数

因子	X_1	X_2	X_3	X_4	X_5	X_6	X_7	X_8
相关系数	-0.211**	-0.073	0.055	0.028	0.066	-0.028	0.08	0.063
因子	X_9	X_{10}	X_{11}	X_{12}	X_{13}	X_{14}	X_{15}	X_{16}
相关系数	0.094	-0.098	0.029	0.171*	0.143*	0.121	0.141*	-0.069

注：** 表示在 0.01 水平（双侧）上显著相关，* 表示在 0.05 水平（双侧）上显著相关。
资料来源：作者自行整理。

分析 2020 年耕地质量因子与耕地产能的直接通径系数（见表 6.10），可知耕地质量因子对耕地产能的直接正向影响排序为 $X_2>X_{12}>X_{15}>X_{13}>X_7>X_8>X_{14}>X_{11}$，直接负向影响排序为 $X_1>X_3>X_{10}>X_6>X_9>X_4>X_{16}>X_5$。即，光温生产潜力、土壤含水率、农机化水平对耕地产能的直接正向影响较大；光合生产潜力、气候生产潜力、土壤养分元素指数对耕地产能的直接负向影响较大，这可能是因为相关质量因子报酬递减导致的。

表 6.10　　2020 年耕地质量因子与耕地产能的直接通径系数

因子	X_1	X_2	X_3	X_4	X_5	X_6	X_7	X_8
通径系数	-0.465	0.311	-0.2118	-0.0219	-0.005	-0.0276	0.0637	0.0606
因子	X_9	X_{10}	X_{11}	X_{12}	X_{13}	X_{14}	X_{15}	X_{16}
通径系数	-0.0269	-0.0312	0.0274	0.1377	0.0738	0.0458	0.131	-0.02

资料来源：作者自行整理。

将耕地质量因子与耕地产能的直接通径系数较大的几个因子 $X_1(x1)$、$X_2(x2)$、$X_3(x3)$、$X_{12}(x4)$、$X_{13}(x5)$、$X_{15}(x6)$ 与耕地产能（Y）进行回归分析，选取 200 个样本点基于 DPS 软件进行二次多项式逐步回归，拟合方程如下：

$Y = 13\ 026\ 992.47 - 970.66x1 + 369.32x2 - 192.64x3 - 4\ 392.97x6 + 0.02x1 \times x1 + 19.84x4 \times x4 + 0.00x5 \times x5 + 1.16x6 \times x6 - 0.01x1 \times x2 + 0.01x1 \times x3 + 0.15x1 \times x6 - 8.28x4 \times x6$（方差分析 F 值的显著水平 $p = 0.0001 < 0.05$；Durbin-Watson 统计量 $d = 2.14$）

6.2.3.3　耕地质量因子变化与产能变化的相关关系

分析研究区耕地质量因子变化与耕地产能变化的 Pearson 相关系数（见表 6.11），发现气候生产潜力变化与耕地产能变化呈现正向显著相关性，光合生产潜力变化与耕地产能变化呈现负向显著相关性，其余耕地质量因子变化与耕地产能变化的线性相关性均不显著。

表 6.11　　耕地质量因子变化与耕地产能变化的相关系数

因子	ΔX_1	ΔX_2	ΔX_3	ΔX_4	ΔX_5	ΔX_6	ΔX_7	ΔX_8
相关系数	-0.151*	-0.116	0.283**	0.034	0.062	-0.011	-0.02	0.034
因子	ΔX_9	ΔX_{10}	ΔX_{11}	ΔX_{12}	ΔX_{13}	ΔX_{14}	ΔX_{15}	ΔX_{16}
相关系数	0.076	0.001	0.04	0.114	0.025	-0.116	-0.052	-0.041

注：** 表示在 0.01 水平（双侧）上显著相关，* 表示在 0.05 水平（双侧）上显著相关。
资料来源：作者自行整理。

分析耕地质量因子变化与耕地产能变化的直接通径系数（见表 6.12），可知耕地质量因子变化对耕地产能变化的直接正向影响排序为 $\Delta X_3 > \Delta X_1 >$

$\Delta X_{16} > \Delta X_9 > \Delta X_{13} > \Delta X_7 > \Delta X_6 > \Delta X_8 > \Delta X_5$，直接负向影响排序为 $\Delta X_2 > \Delta X_{15} > \Delta X_{14} > \Delta X_{11} > \Delta X_{12} > \Delta X_4 > \Delta X_{10}$。即，气候生产潜力变化、光合生产潜力变化、化肥施用综合指数变化对耕地产能变化的直接正向影响较大；光温生产潜力变化、农机化水平变化、耕作距离变化对耕地产能变化的直接负向影响较大。

表 6.12　耕地质量因子变化与耕地产能变化的直接通径系数

因子	ΔX_1	ΔX_2	ΔX_3	ΔX_4	ΔX_5	ΔX_6	ΔX_7	ΔX_8
通径系数	0.388	-0.1831	0.5376	-0.0054	0.0091	0.0279	0.0377	0.0124
因子	ΔX_9	ΔX_{10}	ΔX_{11}	ΔX_{12}	ΔX_{13}	ΔX_{14}	ΔX_{15}	ΔX_{16}
通径系数	0.1582	-0.0031	-0.0904	-0.0101	0.0477	-0.1283	-0.1476	0.1732

资料来源：作者自行整理。

将耕地质量因子变化与耕地产能变化的直接通径系数较大的几个因子 $\Delta X_1(x1)$、$\Delta X_2(x2)$、$\Delta X_3(x3)$、$\Delta X_9(x4)$、$\Delta X_{11}(x5)$、$\Delta X_{14}(x6)$、$\Delta X_{15}(x7)$、$\Delta X_{16}(x8)$ 与耕地产能变化 Y 进行回归分析，选取 200 个样本点基于 DPS 软件进行二次多项式逐步回归，拟合方程如下：

$Y = 221\,037.27 + 71.36x1 - 55.82x2 + 14.02x3 - 397.34x7 - 1\,595.10x8 + 0.01x1 \times x1 + 0.01x2 \times x2 - 1\,761.32x4 \times x4 + 50.22x5 \times x5 + 0.62x7 \times x7 + 3.99x8 \times x8 - 0.01x1 \times x2 + 0.00x1 \times x3 - 3.20x1 \times x4 - 0.38x1 \times x5 - 0.03x1 \times x7 - 0.16x1 \times x8 - 0.00x2 \times x3 + 5.61x2 \times x4 + 0.80x2 \times x5 - 0.01x3 \times x7 - 0.06x3 \times x8 - 48.36x4 \times x7 + 6.57x5 \times x7 - 0.00x6 \times x8$（方差分析 F 值的显著水平 $p = 0.0001 < 0.05$；Durbin-Watson 统计量 $d = 2.33$）

6.3　耕地质量变化对耕地产能稳定性的影响

提取挠力河流域 1985～2020 年耕地没有发生变化的图斑作为研究区对象，分析耕地质量变化对产能稳定性的影响。

6.3.1　耕地产能稳定性情况

对于耕地数量没有发生变化的区域，耕地产能的稳定性主要从产能的波动得以体现。若产能波动较大，则相对不稳定；若产能波动较小，则相对稳定。而产能长期波动情况不能单纯分析其时间序列的变化情况，应分析时间序列相对于长期趋势的变化程度，进而分析产能的波动情况。

以 1985 ~2020 年耕地未发生变化的区域作为研究区对象，利用 HP 滤波方法计算研究区产能多年趋势值的变化情况（见图 6.9 左），发现研究区产能呈现波动性增长趋势，从 1985 年的 1 574. 82 千克/公顷增至 2020 年的 9 229. 65 千克/公顷。产能趋势值呈现增长趋势，从 1985 年的 1 601. 10 千克/公顷增至 2020 年的 9 428. 62 千克/公顷。多年产能波动以负值为主，55. 56% 的年份呈现负向波动，其中，2007 年负向波动最大，为 -895. 46 千克/公顷；2016 年负向波动最小，为 -7. 04 千克/公顷。44. 44% 的年份呈现正向波动，其中，2002 年正向波动最大，为 753. 79 千克/公顷；1991 年正向波动最小，为 3. 27 千克/公顷。

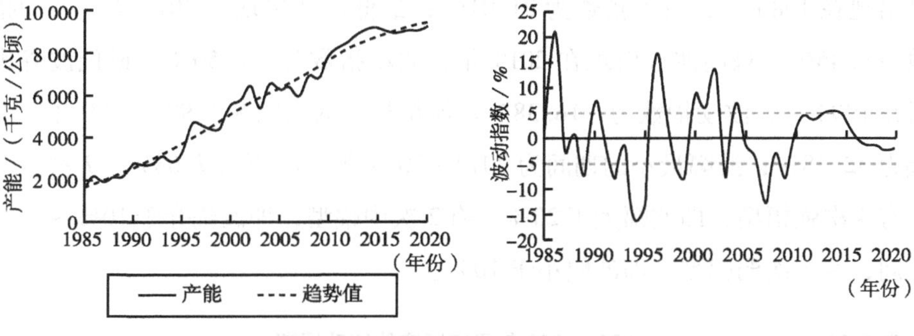

图 6.9　研究区耕地产能多年趋势值（左）和产能波动指数（右）的变化情况

资料来源：作者自行整理。

分析研究区产能波动指数的变化情况（见图 6.9 右），发现研究区 20 世纪 80 年代中期到 21 世纪 00 年代末期产能波动相对剧烈，21 世纪 10 年代开始趋于平缓。其中，有 10 个年份波动指数大于 5%：1986 年波动指数为

21.01%，1996 年波动指数为 16.10%，2002 年波动指数为 13.35%，2000 年波动指数为 8.53%，1997 年波动指数为 7.41%，1990 年波动指数为 7.17%，2004 年波动指数为 7.04%，2001 年波动指数为 5.91%，2013 年波动指数为 5.18%，2014 年波动指数为 5.08%。9 个年份波动指数小于 -5%：1994 年波动指数为 -16.38%，1995 年波动指数为 -13.83%，2007 年波动指数为 -13.07%，1992 年波动指数为 -7.92%，2009 年波动指数为 -7.83%，1999 年波动指数为 -7.65%，2003 年波动指数为 -7.64%，1989 年波动指数为 -7.10%，1998 年波动指数为 -5.84%。

从产能波动指数的时间变化可以看出，产能波动具有周期性。自然灾害的周期性活动使得产能波动的形成带有一定的规律性和必然性（李明文等，2017）。波动周期的划分是以两个波谷年之间的循环为界限，从波动指数回升年开始至波动指数下降至谷底为止，且波动幅度大于 5%、波动年数超过 2 年，为一个波动周期（顾莉丽，2011）。

分析 1985 ~ 2020 年研究区产能波动周期情况（见表 6.13），可知研究区产能波动主要呈现 7 个周期，7 次波动均为古典型波动。波峰的波动指数均为正值，波谷的波动指数均为负值。周期最长为 7 年，最短为 3 年。最高波峰出现在 1986 年，波动指数为 21.01%；最低波峰出现在 2011 年，波动指数为 4.45%。最高波谷出现在 2019 年，波动指数为 -2.50%；最低波谷出现在 1994 年，波动指数为 -16.38%。波幅最大的期间为 1992 ~ 1999 年，波幅为 32.48%；波幅最小的期间为 2012 ~ 2019 年，波幅为 7.68%。7 次波动中有 4 次强幅型，即波幅大于 20%；有 2 次中幅型，即波幅介于 10% ~ 20% 之间；有 1 次弱幅型，即波幅小于 10%。

表 6.13　　1985 ~ 2020 年研究区产能波动周期

周期	起止年份	周期长度/年	波峰年份	波峰/%	波谷年份	波谷/%	波幅/%	波幅类型
1	1985 ~ 1989	4	1986	21.01	1989	-7.10	28.11	强幅型
2	1989 ~ 1992	3	1990	7.17	1992	-7.92	15.09	中幅型
3	1992 ~ 1999	7	1996	16.10	1994	-16.38	32.48	强幅型

续表

周期	起止年份	周期长度/年	波峰年份	波峰/%	波谷年份	波谷/%	波幅/%	波幅类型
4	1999~2003	4	2002	13.35	1999	-7.65	21.00	强幅型
5	2003~2007	4	2004	7.04	2007	-13.07	20.11	强幅型
6	2007~2012	5	2011	4.45	2007	-13.07	17.52	中幅型
7	2012~2019	7	2013	5.18	2019	-2.50	7.68	弱幅型

资料来源：作者自行整理。

耕地未发生改变的区域多年产能均值的空间差异介于3 454.83~6 420.34千克/公顷之间，空间分布的均值为5 669.47千克/公顷，标准差为135.40千克/公顷。多年产能均值小于4 000千克/公顷的面积占比为0.01%，零星分布；多年产能均值介于4 000~4 500千克/公顷的面积占比为0.03%，零星分布；多年产能均值介于4 500~5 000千克/公顷的面积占比为0.13%，主要分布在研究区南部农林交界处；多年产能均值介于5 000~5 500千克/公顷的面积占比为6.84%，主要分布在集贤县西南部部分区域、双鸭山市区西部部分区域、友谊县西部部分区域、宝清县西部部分区域、七台河市区中部部分区域以及饶河县中部部分区域；多年产能均值介于5 500~6 000千克/公顷的面积占比为91.27%，普遍分布；多年产能均值大于6 000千克/公顷的面积占比为1.72%，主要分布在宝清县西南部部分区域、富锦市东北部部分区域。

耕地未发生改变的区域多年产能倾向率的空间差异介于67.96~307.49千克/公顷/10a之间，空间分布的均值为242.30千克/公顷/10a，标准差为11.17千克/公顷/10a。多年产能倾向率小于100千克/公顷/10a的面积占比为0.01%，零星分布；多年产能倾向率介于100~150千克/公顷/10a的面积占比为0.04%，零星分布；多年产能倾向率介于150~200千克/公顷/10a的面积占比为0.16%，零星分布；多年产能倾向率介于200~250千克/公顷/10a的面积占比为77.94%，普遍分布；多年产能倾向率介于250~300千克/公顷/10a的面积占比为21.83%，主要分布在富锦市东北部部分区域、宝清县中部部分区域、友谊县中部部分区域、七台河市区中部部分区域以及集贤县东北部部分区域；多年产能倾向率大于 300 千克/公顷/10a 的面积占比为 0.03%，零星分布。

6.3.2 耕地质量变化与耕地产能稳定性的关系

耕地未发生改变的区域产能多年平均波动指数的空间差异介于 5.14% ~ 16.52%之间，空间分布的均值为 7.46%，标准差为 0.78%。多年平均波动指数小于 7%的面积占比为 25.96%，主要分布在富锦市中部部分区域、宝清县东北部部分区域、双鸭山市区中部部分区域、饶河县中部部分区域；多年平均波动指数介于 7% ~9%的面积占比为 70.46%，普遍分布；多年平均波动指数介于 9% ~11%的面积占比为 3.29%，主要分布在宝清县中部部分区域、友谊县中部部分区域；多年平均波动指数介于 11% ~13%的面积占比为 0.22%，零星分布；多年平均波动指数介于 13% ~15%的面积占比为 0.07%，零星分布；多年平均波动指数大于 15%的面积占比为 0.01%，零星分布。

耕地未发生改变的区域产能多年波动指数倾向率的空间差异介于 -0.10 ~ 0.02%/10a 之间，空间分布的均值为 -0.02%/10a，标准差为 0.005%/10a。多年波动指数倾向率小于 -0.08%/10a 的面积占比为 0.00%，零星分布；多年波动指数倾向率介于 -0.08 ~ -0.06%/10a 的面积占比为 0.01%，零星分布；多年波动指数倾向率介于 -0.06 ~ -0.04%/10a 的面积占比为 0.46%，零星分布；多年波动指数倾向率介于 -0.04 ~ -0.02%/10a 的面积占比为 81.41%，普遍分布；多年波动指数倾向率介于 -0.02 ~0.00%/10a 的面积占比为 18.10%，主要分布在友谊县中部部分区域、宝清县中部部分区域、集贤县东北部部分区域、富锦市西部及中部部分区域、饶河县中部部分区域、双鸭山市区西北部部分区域以及七台河市区东北部部分区域；多年波动指数倾向率大于 0.00%/10a 的面积占比为 0.01%，零星分布。

耕地质量变化与多年产能平均值的 Pearson 相关系数为 -0.026，与产能倾向率的 Pearson 相关系数为 -0.033，与产能波动指数的 Pearson 相关系数为 0.025，与波动指数倾向率的 Pearson 相关系数为 0.078 [在 0.01 水平

（双侧）上显著相关]。

6.3.3 耕地质量因子变化对耕地产能稳定性的影响

分析研究区耕地质量因子变化与多年产能均值的Pearson相关系数（见表6.14），发现气候生产潜力变化、地形部位变化、有效土层厚度变化、土壤容重变化与多年产能均值呈现正向显著线性相关性，且相关程度依次减小；光合生产潜力变化、光温生产潜力变化、pH值变化与多年产能均值呈现负向显著线性相关性，且相关程度依次减小；其余耕地质量因子变化与多年产能均值的线性相关性不显著。

表6.14　　耕地质量因子变化与多年产能均值的相关系数

因子	ΔX_1	ΔX_2	ΔX_3	ΔX_4	ΔX_5	ΔX_6	ΔX_7	ΔX_8
相关系数	-0.306**	-0.150**	0.338**	-0.026	0.093**	0.074**	-0.045	-0.008
因子	ΔX_9	ΔX_{10}	ΔX_{11}	ΔX_{12}	ΔX_{13}	ΔX_{14}	ΔX_{15}	ΔX_{16}
相关系数	0.056*	0.016	-0.072**	-0.007	0.01	0.041	0.033	-0.035

注：**表示在0.01水平（双侧）上显著相关，*表示在0.05水平（双侧）上显著相关。
资料来源：作者自行整理。

分析研究区耕地质量因子变化与多年产能均值的直接通径系数（见表6.15），可知耕地质量因子变化对多年产能均值的直接正向影响排序为$\Delta X_2 > \Delta X_3 > \Delta X_6 > \Delta X_{15} > \Delta X_{16} > \Delta X_9 > \Delta X_8 > \Delta X_5 > \Delta X_{14} > \Delta X_{13} > \Delta X_{12}$；直接负向影响排序为$\Delta X_1 > \Delta X_{11} > \Delta X_4 > \Delta X_{10} > \Delta X_7$。即，光温生产潜力变化、气候生产潜力变化、有效土层厚度变化对多年产能均值的直接正向影响较大；光合生产潜力变化、pH值变化、地形坡度变化对多年产能均值的直接负向影响较大。

表6.15　　耕地质量因子变化与多年产能均值的直接通径系数

因子	ΔX_1	ΔX_2	ΔX_3	ΔX_4	ΔX_5	ΔX_6	ΔX_7	ΔX_8
通径系数	-0.3793	0.2148	0.1725	-0.0347	0.0189	0.1627	-0.0006	0.0309
因子	ΔX_9	ΔX_{10}	ΔX_{11}	ΔX_{12}	ΔX_{13}	ΔX_{14}	ΔX_{15}	ΔX_{16}
通径系数	0.0324	-0.0177	-0.0526	0.0022	0.0049	0.012	0.0717	0.0602

资料来源：作者自行整理。

分析研究区耕地质量因子变化与多年产能倾向率的 Pearson 相关系数（见表 6.16），发现气候生产潜力变化、地形部位变化、耕作距离变化、有效土层厚度变化、土壤容重变化与多年产能变化趋势呈现正向显著线性相关性，且相关程度依次减小；光合生产潜力变化、光温生产潜力变化、pH 值变化、有机质含量变化与多年产能变化趋势呈现负向显著线性相关性，且相关程度依次减小；其余耕地质量因子变化与多年产能变化趋势的线性相关性不显著。

表 6.16　　耕地质量因子变化与多年产能倾向率的相关系数

因子	ΔX_1	ΔX_2	ΔX_3	ΔX_4	ΔX_5	ΔX_6	ΔX_7	ΔX_8
相关系数	-0.297**	-0.125**	0.273**	-0.007	0.093**	0.076**	-0.083**	-0.027
因子	ΔX_9	ΔX_{10}	ΔX_{11}	ΔX_{12}	ΔX_{13}	ΔX_{14}	ΔX_{15}	ΔX_{16}
相关系数	0.055*	0.032	-0.089**	0.019	0.019	0.071**	-0.012	-0.034

注：** 表示在 0.01 水平（双侧）上显著相关。

资料来源：作者自行整理。

分析研究区耕地质量因子变化与多年产能倾向率的直接通径系数（见表 6.17），可知耕地质量因子变化对多年产能倾向率的直接正向影响排序为 $\Delta X_2 > \Delta X_6 > \Delta X_{16} > \Delta X_{15} > \Delta X_9 > \Delta X_{10} > \Delta X_{14} > \Delta X_5 > \Delta X_{13} > \Delta X_4$；直接负向影响排序为 $\Delta X_1 > \Delta X_{11} > \Delta X_7 > \Delta X_3 > \Delta X_{12} > \Delta X_8$。即，光温生产潜力变化、有效土层厚度变化、化肥施用综合指数变化对多年产能变化趋势的直接正向影响较大；光合生产潜力变化、pH 值变化、有机质含量变化对多年产能变化趋势的直接负向影响较大。

表 6.17　　耕地质量因子变化与多年产能倾向率的直接通径系数

因子	ΔX_1	ΔX_2	ΔX_3	ΔX_4	ΔX_5	ΔX_6	ΔX_7	ΔX_8
通径系数	-0.538	0.2413	-0.0084	0.0029	0.022	0.1737	-0.0503	-0.0016
因子	ΔX_9	ΔX_{10}	ΔX_{11}	ΔX_{12}	ΔX_{13}	ΔX_{14}	ΔX_{15}	ΔX_{16}
通径系数	0.0321	0.031	-0.0599	-0.0033	0.0138	0.0295	0.0638	0.0654

资料来源：作者自行整理。

分析研究区耕地质量因子变化与多年产能平均波动指数的 Pearson 相关系数（见表 6.18），发现有效土层厚度变化、光合生产潜力变化、光温生产潜力变化、地形坡度变化与多年产能平均波动指数呈现正向显著线性相关性，且相关程度依次减小；气候生产潜力变化、地形部位变化与多年产能平均波动指数呈现负向显著线性相关性，且相关程度依次减小；其余耕地质量因子变化与多年产能平均波动指数的线性相关性不显著。

表 6.18　　耕地质量因子变化与产能平均波动指数的相关系数

因子	ΔX_1	ΔX_2	ΔX_3	ΔX_4	ΔX_5	ΔX_6	ΔX_7	ΔX_8
相关系数	0.150**	0.122**	-0.128**	0.072**	-0.048*	0.168**	-0.028	-0.022
因子	ΔX_9	ΔX_{10}	ΔX_{11}	ΔX_{12}	ΔX_{13}	ΔX_{14}	ΔX_{15}	ΔX_{16}
相关系数	-0.018	-0.037	0.007	-0.014	0.045	0.013	0.037	-0.037

注：** 表示在 0.01 水平（双侧）上显著相关，* 表示在 0.05 水平（双侧）上显著相关。
资料来源：作者自行整理。

分析研究区耕地质量因子变化与多年产能平均波动指数的直接通径系数（见表 6.19），可知耕地质量因子变化对多年产能平均波动指数的直接正向影响排序为 $\Delta X_6 > \Delta X_{13} > \Delta X_{14} > \Delta X_7 > \Delta X_8 > \Delta X_4$；直接负向影响排序为 $\Delta X_3 > \Delta X_{16} > \Delta X_{12} > \Delta X_{10} > \Delta X_5 > \Delta X_9 > \Delta X_{11} > \Delta X_{15} > \Delta X_2 > \Delta X_1$。即，气候生产潜力变化、化肥施用综合指数变化、土壤含水率变化对多年产能稳定性的直接正向影响较大；有效土层厚度变化、田间道路通达度变化、耕作距离变化对多年产能稳定性的直接负向影响较大。

表 6.19　　耕地质量因子变化与产能平均波动指数的直接通径系数

因子	ΔX_1	ΔX_2	ΔX_3	ΔX_4	ΔX_5	ΔX_6	ΔX_7	ΔX_8
通径系数	-0.0004	-0.0061	-0.1238	0.0103	-0.0312	0.179	0.0336	0.0141
因子	ΔX_9	ΔX_{10}	ΔX_{11}	ΔX_{12}	ΔX_{13}	ΔX_{14}	ΔX_{15}	ΔX_{16}
通径系数	-0.0247	-0.0424	-0.0198	-0.0487	0.0468	0.0456	-0.0108	-0.0515

资料来源：作者自行整理。

分析研究区耕地质量因子变化与多年产能平均波动指数倾向率的 Pearson

相关系数（见表6.20），发现光合生产潜力变化、pH值变化、有机质含量变化、地形坡度变化、光温生产潜力变化与多年产能平均波动指数倾向率呈现正向显著线性相关性，且相关程度依次减小；气候生产潜力变化、地形部位变化、土壤含水率变化与多年产能平均波动指数倾向率呈现负向显著线性相关性，且相关程度依次减小；其余耕地质量因子变化与多年产能平均波动指数倾向率的线性相关性不显著。

表6.20　耕地质量因子变化与产能平均波动指数倾向率的相关系数

因子	ΔX_1	ΔX_2	ΔX_3	ΔX_4	ΔX_5	ΔX_6	ΔX_7	ΔX_8
相关系数	0.229**	0.085**	-0.155**	0.106**	-0.154**	0.043	0.136**	0.019
因子	ΔX_9	ΔX_{10}	ΔX_{11}	ΔX_{12}	ΔX_{13}	ΔX_{14}	ΔX_{15}	ΔX_{16}
相关系数	-0.043	-0.047	0.159**	-0.100**	0.029	-0.035	-0.009	-0.006

注：** 表示在0.01水平（双侧）上显著相关。

资料来源：作者自行整理。

分析研究区耕地质量因子变化与多年产能平均波动指数倾向率的直接通径系数（见表6.21），可知耕地质量因子变化对多年产能平均波动指数倾向率的直接正向影响排序为 $\Delta X_1 > \Delta X_7 > \Delta X_{11} > \Delta X_3 > \Delta X_8 > \Delta X_{14} > \Delta X_{13} > \Delta X_4 > \Delta X_6$；直接负向影响排序为 $\Delta X_2 > \Delta X_{15} > \Delta X_{10} > \Delta X_5 > \Delta X_{16} > \Delta X_{12} > \Delta X_9$。即，光温生产潜力变化、农机化水平变化、土壤养分元素指数变化对区域产能稳定性变化趋势的直接正向影响较大；光合生产潜力变化、有机质含量变化、pH值变化对区域产能稳定性变化趋势的直接负向影响较大。

表6.21　耕地质量因子变化与产能平均波动指数倾向率的直接通径系数

因子	ΔX_1	ΔX_2	ΔX_3	ΔX_4	ΔX_5	ΔX_6	ΔX_7	ΔX_8
通径系数	0.4298	-0.1737	0.089	0.0197	-0.0937	0.0177	0.1977	0.056
因子	ΔX_9	ΔX_{10}	ΔX_{11}	ΔX_{12}	ΔX_{13}	ΔX_{14}	ΔX_{15}	ΔX_{16}
通径系数	-0.0549	-0.1322	0.1177	-0.0689	0.0369	0.0451	-0.1373	-0.0931

资料来源：作者自行整理。

6.4　耕地质量变化对土壤环境健康的影响

6.4.1　耕地质量变化与土壤环境健康的关系

分析1985年研究区不同土壤环境健康分值的耕地质量相关指标统计（见表6.22），可知1985年研究区耕地未改变区域的土壤环境健康分值分别是2分和3分。其中，土壤环境健康分值为2分的耕地质量平均值为0.72，最大值为0.82，最小值为0.44，标准差为0.04；土壤环境健康分值为3分的耕地质量平均值为0.73，最大值为0.81，最小值为0.55，标准差为0.04。土壤环境健康分值较高的区域耕地质量相对较好。

表6.22　1985年研究区不同土壤环境健康分值的耕地质量相关指标统计

不同土壤环境健康分值	平均值	最大值	最小值	标准差
2	0.72	0.82	0.44	0.04
3	0.73	0.81	0.55	0.04

资料来源：作者自行整理。

分析2020年研究区不同土壤环境健康分值的耕地质量相关指标统计（见表6.23），可知2020年研究区耕地未改变区域的土壤环境健康分值介于1~6分之间。其中，土壤环境健康分值为6分的耕地质量平均值最大，为0.81；土壤环境健康分值为1分的耕地质量平均值最小，为0.70。土壤环境健康分值为2、3、5及6分的耕地质量最大值最大，为0.87；土壤环境健康分值为1分的耕地质量最大值最小，为0.79。土壤环境健康分值为4和6分的耕地质量最小值最大，为0.71；土壤环境健康分值为2分的耕地质量最小值最小，为0.62。土壤环境健康分值为4分的耕地质量标准差最小，为0.03；其余土壤环境健康分值的耕地质量标准差均为0.04。土壤环境健康分值较高的区域耕地质量相对较好。

表 6.23　2020 年研究区不同土壤环境健康分值的耕地质量相关指标统计

不同土壤环境健康分值	平均值	最大值	最小值	标准差
1	0.70	0.79	0.67	0.04
2	0.75	0.87	0.62	0.04
3	0.78	0.87	0.64	0.04
4	0.75	0.81	0.71	0.03
5	0.78	0.87	0.65	0.04
6	0.81	0.87	0.71	0.04

资料来源：作者自行整理。

分析研究区不同土壤环境健康分值变化的耕地质量变化相关指标统计（见表 6.24），可知研究区耕地数量未改变区域的土壤环境健康分值变化介于 -2 ~4 分之间。其中，土壤环境健康分值变化为 -2 分的耕地质量变化平均值最大，为 0.10；土壤环境健康分值变化为 -1 和 2 分的耕地质量变化平均值最小，为 0.02。土壤环境健康分值变化为 0 分的耕地质量变化最大值最大，为 0.27；土壤环境健康分值变化为 2 分的耕地质量变化最大值最小，为 0.08。土壤环境健康分值变化为 -2 分的耕地质量变化最小值最大，为 0.10；土壤环境健康分值变化为 0 分的耕地质量变化最小值最小，为 -0.10。土壤环境健康分值变化为 -1 和 0 分的耕地质量变化标准差最大，为 0.05；土壤环境健康分值变化为 -2 分的耕地质量变化标准差最小，为 0.00。土壤环境健康分值变化与区域耕地质量变化没有呈现一致性。

表 6.24　研究区不同土壤环境健康分值变化的耕地质量相关指标统计

不同土壤环境健康分值变化	平均值	最大值	最小值	标准差
-2	0.10	0.10	0.10	0.00
-1	0.02	0.16	-0.09	0.05
0	0.03	0.27	-0.10	0.05
1	0.05	0.24	-0.08	0.03
2	0.02	0.08	-0.06	0.03
3	0.03	0.12	-0.06	0.03
4	0.05	0.10	-0.08	0.03

资料来源：作者自行整理。

1985年，耕地质量与土壤环境健康分值的Pearson相关系数为0.014；2020年，耕地质量与土壤环境健康分值的Pearson相关系数为0.330［在置信度（双侧）为0.01时，相关性是显著的］，耕地质量变化与土壤环境健康分值变化的Pearson相关系数为0.149［在置信度（双侧）为0.01时，相关性是显著的］。2020年，耕地质量与土壤环境健康分值呈现正向显著线性相关；1985～2020年，耕地质量变化与土壤环境健康分值变化呈现正向显著线性相关。

6.4.2 耕地质量因子变化对土壤环境健康的影响

分析1985年研究区耕地质量因子与土壤环境健康的Pearson相关系数（见表6.25），发现有效土层厚度、光合生产潜力、农机化水平、田间道路通达度、地形部位、化肥施用综合指数、土壤容重、耕作距离与土壤环境健康呈现正向显著线性相关性，且相关程度依次减小；气候生产潜力、pH值、土壤养分元素指数、地形坡度、有机质含量与土壤环境健康呈现负向显著线性相关性，且相关程度依次减小；其余耕地质量因子与土壤环境健康的线性相关性不显著。

表6.25 1985年耕地质量因子与土壤环境健康的相关系数

因子	X_1	X_2	X_3	X_4	X_5	X_6	X_7	X_8
相关系数	0.212**	-0.014	-0.300**	-0.080**	0.065**	0.293**	-0.030*	-0.001
因子	X_9	X_{10}	X_{11}	X_{12}	X_{13}	X_{14}	X_{15}	X_{16}
相关系数	0.033**	-0.084**	-0.104**	-0.022	0.089**	0.024*	0.156**	0.055**

注：**表示在0.01水平（双侧）上显著相关，*表示在0.05水平（双侧）上显著相关。
资料来源：作者自行整理。

分析1985年研究区耕地质量因子与土壤环境健康的直接通径系数（见表6.26），可知耕地质量因子对土壤环境健康的直接正向影响排序为$X_2 > X_6 > X_9 > X_{15} > X_5 > X_4 > X_{12} > X_{14}$；直接负向影响排序为$X_3 > X_1 > X_{10} > X_{11} > X_7 > X_{13} > X_{16} > X_8$。即，光温生产潜力、有效土层厚度、土壤容重对土壤环境健康的直接正向影响较大；气候生产潜力、光合生产潜力、土壤养分元素指数对区域土壤环境健康的直接负向影响较大。

表 6.26　　1985 年耕地质量因子与土壤环境健康的直接通径系数

因子	X_1	X_2	X_3	X_4	X_5	X_6	X_7	X_8
通径系数	-0.3158	0.2807	-0.3196	0.0225	0.0247	0.1795	-0.0499	-0.0076
因子	X_9	X_{10}	X_{11}	X_{12}	X_{13}	X_{14}	X_{15}	X_{16}
通径系数	0.0621	-0.1081	-0.0807	0.0173	-0.0316	0.0147	0.0345	-0.0159

资料来源：作者自行整理。

分析 2020 年研究区耕地质量因子与土壤环境健康的 Pearson 相关系数（见表 6.27），发现光温生产潜力、pH 值、光合生产潜力、气候生产潜力、化肥施用综合指数、有效土层厚度与土壤环境健康呈现正向显著线性相关性，且相关程度依次减小；有机质含量、土壤养分元素指数、耕层质地、田间道路通达度、农机化水平、耕作距离、土壤容重、土壤含水率与土壤环境健康呈现负向显著线性相关性，且相关程度依次减小；其余耕地质量因子与土壤环境健康的线性相关性不显著。

表 6.27　　2020 年耕地质量因子与土壤环境健康的相关系数

因子	X_1	X_2	X_3	X_4	X_5	X_6	X_7	X_8
相关系数	0.269**	0.360**	0.248**	-0.019	-0.023	0.038**	-0.195**	-0.087**
因子	X_9	X_{10}	X_{11}	X_{12}	X_{13}	X_{14}	X_{15}	X_{16}
相关系数	-0.054**	-0.104**	0.304**	-0.054**	-0.080**	-0.079**	-0.080**	0.201**

注：** 表示在 0.01 水平（双侧）上显著相关。

资料来源：作者自行整理。

分析 2020 年研究区耕地质量因子与土壤环境健康的直接通径系数（见表 6.28），可知耕地质量因子对土壤环境健康的直接正向影响排序为 $X_3 > X_1 > X_{11} > X_{16} > X_6 > X_{14} > X_4$；直接负向影响排序为 $X_7 > X_2 > X_9 > X_8 > X_{12} > X_{10} > X_{15} > X_5 > X_{13}$。即，气候生产潜力、光合生产潜力、pH 值对土壤环境健康的直接正向影响较大；有机质含量、光温生产潜力、土壤容重对土壤环境健康的直接负向影响较大。

表 6.28 2020 年耕地质量因子与土壤环境健康的直接通径系数

因子	X_1	X_2	X_3	X_4	X_5	X_6	X_7	X_8
通径系数	0.2762	-0.1588	0.4204	0.0263	-0.0151	0.0478	-0.2085	-0.0934
因子	X_9	X_{10}	X_{11}	X_{12}	X_{13}	X_{14}	X_{15}	X_{16}
通径系数	-0.106	-0.0499	0.1719	-0.0659	-0.0136	0.0271	-0.0338	0.0669

资料来源：作者自行整理。

分析研究区耕地质量因子变化与土壤环境健康变化的 Pearson 相关系数（见表 6.29），发现耕地质量因子变化与土壤环境健康变化的线性相关性均显著。其中，有效土层厚度变化、光合生产潜力变化、化肥施用综合指数变化、农机化水平变化、耕作距离变化、pH 值变化、有机质含量变化、光温生产潜力变化与土壤环境健康变化呈现正向显著线性相关性，且相关程度依次减小；气候生产潜力变化、地形部位变化、耕层质地变化、土壤含水率变化、土壤养分元素指数变化、土壤容重变化、地形坡度变化、田间道路通达度变化与土壤环境健康变化呈现负向显著线性相关性，且相关程度依次减小。

表 6.29 耕地质量因子变化与土壤环境健康变化的相关系数

因子	ΔX_1	ΔX_2	ΔX_3	ΔX_4	ΔX_5	ΔX_6	ΔX_7	ΔX_8
相关系数	0.264**	0.043**	-0.385**	-0.041**	-0.086**	0.327**	0.047**	-0.075**
因子	ΔX_9	ΔX_{10}	ΔX_{11}	ΔX_{12}	ΔX_{13}	ΔX_{14}	ΔX_{15}	ΔX_{16}
相关系数	-0.044**	-0.058**	0.071**	-0.069**	-0.031**	0.137**	0.202**	0.218**

注：** 表示在 0.01 水平（双侧）上显著相关。

资料来源：作者自行整理。

分析研究区耕地质量因子变化与土壤环境健康变化的直接通径系数（见表 6.30），可知耕地质量因子变化对土壤环境健康变化的直接正向影响排序为 $\Delta X_1 > \Delta X_6 > \Delta X_{14} > \Delta X_{15} > \Delta X_{12} > \Delta X_{11} > \Delta X_5 > \Delta X_7$；直接负向影响排序为 $\Delta X_2 > \Delta X_3 > \Delta X_{16} > \Delta X_8 > \Delta X_{10} > \Delta X_9 > \Delta X_{13} > \Delta X_4$。即，光合生产潜力变化、有效土层厚度变化、耕作距离变化对区域土壤环境健康变化的直接正向影响较大；光温生产潜力变化、气候生产潜力变化、化肥施用综合指数变化对区域土壤环境健康变化的直接负向影响较大。

表 6.30　耕地质量因子变化与土壤环境健康变化的直接通径系数

因子	ΔX_1	ΔX_2	ΔX_3	ΔX_4	ΔX_5	ΔX_6	ΔX_7	ΔX_8
通径系数	0.5311	-0.7318	-0.3632	-0.0068	0.0076	0.1401	0.0054	-0.0547
因子	ΔX_9	ΔX_{10}	ΔX_{11}	ΔX_{12}	ΔX_{13}	ΔX_{14}	ΔX_{15}	ΔX_{16}
通径系数	-0.0418	-0.047	0.0225	0.033	-0.0125	0.0802	0.0726	-0.1458

资料来源：作者自行整理。

6.5　综合影响

6.5.1　耕地不变区耕地健康产能情况

综合分析研究区耕地未改变区域的耕地产能、产能稳定性以及土壤环境健康情况，以分析耕地不变区耕地健康产能的空间分异特征。将1985～2020年土壤环境健康发生恶化的区域提取出来作为土壤环境健康恶化区，将1985～2020年耕地产能平均波动指数大于10%的区域提取出来作为产能不稳定区，将1985～2020年产能均值小于5500千克/公顷的区域提取出来作为低产区。综合分析耕地产能的稳定性和土壤环境健康情况，若其中一个指标为恶化或不稳定，则区域表现为不健康；当土壤环境未恶化且产能表现出稳定时，区域表现为健康。进一步分析耕地产能高低和健康情况，识别不健康低产区、不健康高产区、健康低产区、健康高产区。

耕地不变区中健康高产区面积占比最高，为73.97%；不健康低产区面积占比11.70%；不健康高产区面积占比9.06%；健康低产区面积占比5.26%。可见，耕地不变区耕地产能主要表现为健康，健康区域面积占比79.23%，但仍有不健康区域，恶化面积占比为7.69%，不稳定面积占比为14.21%。同时，耕地不变区耕地产能相对较高，高产区面积占比83.03%。

6.5.2　耕地质量变化与耕地健康产能的拟合关系

将耕地质量均值（X_1）和耕地质量变化（X_2）与多年产能均值（Y_1），多年产能波动指数（Y_2），土壤环境健康分值变化（Y_3）进行双重筛选逐步回归。其中，耕地质量均值表示1985~2020年单一栅格中耕地质量的平均情况，耕地质量变化表示1985~2020年单一栅格中耕地质量的变化情况。多年产能均值表示1985~2020年单一栅格产能的多年平均情况，多年产能波动指数表示1985~2020年单一栅格产能的多年稳定性情况，土壤环境健康分值变化表示1985~2020年单一栅格土壤环境健康的变化情况。

根据表6.31和表6.32可知，不健康低产区域的耕地质量均值和耕地质量变化对产能及土壤环境健康有显著影响，相关系数分别为0.314、0.525。耕地质量均值和耕地质量变化对区域耕地产能稳定性的影响不显著（p值大于0.05），即区域耕地质量均值和变化对耕地产能和土壤环境健康影响显著。

表6.31　　不健康低产区双重筛选逐步回归第一方程组

因变量	自变量 X_1	自变量 X_2	常数项 a	相关系数 R	p值	剩余标准差 S
Y_1	-2 225.411	-321.178	7 062.887	0.314	0.038	282.502
Y_3	14.084	8.274	-10.295	0.525	0.000	1.167

资料来源：作者自行整理。

表6.32　　不健康低产区双重筛选逐步回归第二方程组

因变量	自变量 X_1	常数项 a	相关系数 R	p值	剩余标准差 S
Y_2	-0.465	0.540	0.113	0.367	0.166

资料来源：作者自行整理。

根据表6.33和表6.34可知，不健康高产区域的耕地质量均值和耕地质量变化对产能、产能稳定性及土壤环境健康有显著影响，相关系数分别为

0.298、0.185 和 0.174，即区域耕地质量均值和变化对耕地健康产能影响显著。

表 6.33　　不健康高产区双重筛选逐步回归第一方程组

因变量	自变量		常数项 a	相关系数 R	p 值	剩余标准差 S
	X_1	X_2				
Y_1	392.703	807.783	5 412.131	0.298	0.000	119.079
Y_3	2.609	0.987	-2.846	0.174	0.000	0.463

资料来源：作者自行整理。

表 6.34　　不健康高产区双重筛选逐步回归第二方程组

因变量	自变量		常数项 a	相关系数 R	p 值	剩余标准差 S
	X_1	X_2				
Y_2	0.046	0.060	0.041	0.185	0.000	0.015

资料来源：作者自行整理。

根据表 6.35 可知，健康低产区域的耕地质量均值对产能稳定性及土壤环境健康有显著影响，相关系数分别为 0.117、0.319。耕地质量均值和耕地质量变化对区域耕地产能影响不显著（p 值大于 0.05），即区域耕地质量均值对耕地产能稳定性和土壤健康影响显著。

表 6.35　　健康低产区双重筛选逐步回归第一方程组

因变量	自变量 X_1	常数项 a	相关系数 R	p 值	剩余标准差 S
Y_1	-120.887	5 516.821	0.070	0.170	71.954
Y_2	-0.025	0.098	0.117	0.021	0.009
Y_3	9.793	-6.397	0.319	0.000	1.210

资料来源：作者自行整理。

根据表 6.36 和表 6.37 可知，健康高产区域的耕地质量均值和耕地质量变化对产能及土壤环境健康有显著影响，相关系数分别为 0.067、0.311；耕地质量变化对耕地产能稳定性有显著影响，相关系数为 0.047。即区域耕地质量变化对耕地健康产能影响显著。

表 6.36　　健康高产区双重筛选逐步回归第一方程组

因变量	自变量		常数项 a	相关系数 R	p 值	剩余标准差 S
	X_1	X_2				
Y_1	-202.241	45.227	5 830.184	0.067	0.000	100.288
Y_3	6.986	1.630	-4.558	0.311	0.000	0.713

资料来源：作者自行整理。

表 6.37　　健康高产区双重筛选逐步回归第二方程组

因变量	自变量 X_2	常数项 a	相关系数 R	p 值	剩余标准差 S
Y_2	0.008	0.074	0.047	0.000	0.007

资料来源：作者自行整理。

综合而言，耕地质量变化对低产区耕地健康产能的解释力更强。对于不健康低产区而言，耕地质量变化对耕地健康产能的解释力排序为土壤环境健康 > 耕地产能，对耕地产能稳定性的影响不显著；对于不健康高产区而言，耕地质量变化对耕地健康产能的解释力排序为耕地产能 > 耕地产能稳定性 > 土壤环境健康；对于健康低产区而言，耕地质量分布对耕地健康产能的解释力排序为土壤环境健康 > 耕地产能稳定性，对耕地产能的影响不显著；对于健康高产区而言，耕地质量变化对耕地健康产能的解释力排序为土壤环境健康 > 耕地产能 > 耕地产能稳定性。可见，耕地质量变化对区域土壤环境健康的解释力更强。

6.5.3　耕地质量因子变化与耕地健康产能的拟合关系

将1985年和2020年光合生产潜力均值（X_1）、光温生产潜力均值（X_2）、气候生产潜力均值（X_3）、地形坡度均值（X_4）、地形部位均值（X_5）、有效土层厚度均值（X_6）、有机质含量均值（X_7）、耕层质地均值（X_8）、土壤容重均值（X_9）、土壤养分元素指数均值（X_{10}）、pH值均值（X_{11}）、土壤含水率均值（X_{12}）、田间道路通达度均值（X_{13}）、耕作距离均值（X_{14}）、农机化水平均值（X_{15}）、化肥施用综合指数均值（X_{16}）与多年产能均值（Y_1），多年产能波动指数（Y_2），土壤环境健康分值变化（Y_3）进行双重筛选逐步回归。

其中，不健康低产区的双重筛选逐步回归第一方程组为 $Y_1=0.143\times X_2-0.247\times X_3-1\ 359.156\times X_8-35.599\times X_{12}+0.001\times X_{13}+0.044\times X_{14}-34.293\times X_{16}+9\ 164.929$（相关系数 $R=0.586$，p 值 $=0.002$）；$Y_3=0.001\times X_2+0.001\times X_3-3.283\times X_8-0.288\times X_{12}+0.003\times X_{13}+0.000\times X_{14}+0.044\times X_{16}-35.897$（相关系数 $R=0.793$，p 值 $=0.000$）。第二方程组为 $Y_2=0.379\times X_5+0.006\times X_6-1.054\times X_8-0.814\times X_{10}-0.033\times X_{12}+1.819$（相关系数 $R=0.533$，p 值 $=0.003$）。耕地质量因子对区域耕地健康产能影响显著。其中，区域产能和土壤环境健康的显著影响因子相同，分别是光温生产潜力均值、气候生产潜力均值、耕层质地均值、土壤含水率均值、田间道路通达度均值、耕作距离均值、化肥施用综合指数均值；耕地产能稳定性的显著影响因子为地形部位均值、有效土层厚度均值、耕层质地均值、土壤养分元素指数均值、土壤含水率均值。耕地质量因子对土壤环境健康的解释力更强。

不健康高产区的双重筛选逐步回归方程组为 $Y_1=-0.333\times X_1+0.290\times X_2-0.098\times X_3+3.182\times X_4-0.427\times X_7+264.528\times X_9+85.915\times X_{10}-0.016\times X_{14}+1.806\times X_{15}-14.301\times X_{16}+12\ 693.657$（相关系数 $R=0.437$，p 值 $=0.000$）；$Y_2=0.000\times X_1+0.000\times X_2+0.000\times X_3-0.001\times X_4+0.000\times X_7-0.009\times X_9-0.019\times X_{10}+0.000\times X_{14}+0.000\times X_{15}+0.001\times X_{16}+0.583$（相关系数 $R=0.349$，p 值 $=0.000$）；$Y_3=0.000\times X_1+0.001\times X_2+0.000\times X_3-0.015\times X_4+0.000\times X_7-0.541\times X_9+0.366\times X_{10}+0.000\times X_{14}+0.005\times X_{15}+0.033\times X_{16}-4.837$（相关系数 $R=0.376$，p 值 $=0.000$）。耕地质量因子对区域耕地健康产能影响显著。其中区域产能、产能稳定性和土壤环境健康的显著影响因子相同，分别是光合生产潜力均值、光温生产潜力均值、气候生产潜力均值、地形坡度均值、有机质含量均值、土壤容重均值、土壤养分元素指数均值、耕作距离均值、农机化水平均值、化肥施用综合指数均值。耕地质量因子对产能的解释力更强。

健康低产区的双重筛选逐步回归方程组为 $Y_1=-0.007\times X_3+1.255\times X_4+$

$1.590 \times X_6 + 0.100 \times X_7 + 94.702 \times X_8 + 93.900 \times X_9 - 181.365 \times X_{10} - 0.818 \times X_{11} + 0.009 \times X_{14} - 1.464 \times X_{15} + 0.995 \times X_{16} + 5\ 513.651$（相关系数 $R = 0.282$，p 值 $= 0.006$）；$Y_2 = 0.000 \times X_3 + 0.000 \times X_4 + 0.000 \times X_6 + 0.000 \times X_7 + 0.022 \times X_8 + 0.003 \times X_9 + 0.009 \times X_{10} + 0.002 \times X_{11} + 0.000 \times X_{14} + 0.000 \times X_{15} + 0.000 \times X_{16} + 0.120$（相关系数 $R = 0.313$，p 值 $= 0.001$）；$Y_3 = 0.001 \times X_3 - 0.090 \times X_4 + 0.047 \times X_6 - 0.012 \times X_7 - 4.797 \times X_8 - 3.613 \times X_9 - 0.541 \times X_{10} - 0.199 \times X_{11} + 0.000 \times X_{14} - 0.015 \times X_{15} + 0.096 \times X_{16} - 8.966$（相关系数 $R = 0.505$，p 值 $= 0.000$）。耕地质量因子对区域耕地健康产能影响显著。其中，区域产能、产能稳定性和土壤环境健康的显著影响因子相同，分别是气候生产潜力均值、地形坡度均值、有效土层厚度均值、有机质含量均值、耕层质地均值、土壤容重均值、土壤养分元素指数均值、pH 值均值、耕作距离均值、农机化水平均值、化肥施用综合指数均值。耕地质量因子对土壤环境健康的解释力更强。

健康高产区的双重筛选逐步回归第一方程组为 $Y_1 = -0.092 \times X_1 + 0.060 \times X_2 - 0.033 \times X_3 - 1.243 \times X_4 + 101.143 \times X_5 + 0.055 \times X_6 + 0.122 \times X_7 - 133.078 \times X_8 - 2.545 \times X_9 + 72.331 \times X_{10} - 4.153 \times X_{11} - 0.303 \times X_{12} + 0.005 \times X_{13} + 0.004 \times X_{14} - 0.526 \times X_{15} - 2.769 \times X_{16} + 8\ 267.146$（相关系数 $R = 0.164$，p 值 $= 0.000$）；$Y_3 = 0.001 \times X_1 + 0.000 \times X_2 + 0.001 \times X_3 - 0.001 \times X_4 + 0.273 \times X_5 + 0.010 \times X_6 - 0.003 \times X_7 - 0.798 \times X_8 - 0.721 \times X_9 - 0.049 \times X_{10} + 0.172 \times X_{11} - 0.020 \times X_{12} + 0.000 \times X_{13} + 0.000 \times X_{14} - 0.012 \times X_{15} + 0.050 \times X_{16} - 31.309$（相关系数 $R = 0.492$，p 值 $= 0.000$）。第二方程组为 $Y_2 = 0.000 \times X_1 + 0.000 \times X_2 + 0.000 \times X_3 + 0.000 \times X_4 - 0.003 \times X_5 + 0.000 \times X_6 + 0.000 \times X_7 - 0.008 \times X_8 - 0.004 \times X_{10} - 0.001 \times X_{11} + 0.000 \times X_{12} + 0.000 \times X_{13} + 0.000 \times X_{14} + 0.000 \times X_{16} + 0.356$（相关系数 $R = 0.243$，p 值 $= 0.000$）。耕地质量因子对区域耕地健康产能影响显著。其中，区域产能和土壤环境健康的显著影响因子相同，耕地质量因子均对其产生显著影响；除土壤容重均值和农机化水平均值外，耕地质量因子均对耕地产能稳定性产生显著影响。耕地质量因子对土壤环境健康的解释力更强。

将 1985 ~2020 年光合生产潜力变化（X_1）、光温生产潜力变化（X_2）、气候生产潜力变化（X_3）、地形坡度变化（X_4）、地形部位变化（X_5）、有效土层厚度变化（X_6）、有机质含量变化（X_7）、耕层质地变化（X_8）、土壤容重变化（X_9）、土壤养分元素指数变化（X_{10}）、pH 值变化（X_{11}）、土壤含水率变化（X_{12}）、田间道路通达度变化（X_{13}）、耕作距离变化（X_{14}）、农机化水平变化（X_{15}）、化肥施用综合指数变化（X_{16}）与多年产能均值（Y_1），多年产能波动指数（Y_2），土壤环境健康分值变化（Y_3）进行双重筛选逐步回归。

不健康低产区的双重筛选逐步回归第一方程组为 $Y_1 = -1.092 \times X_1 + 0.940 \times X_2 - 0.525 \times X_7 - 724.297 \times X_8 - 822.317 \times X_{10} + 1\ 594\ 277.750 \times X_{13} + 4.803 \times X_{15} + 240.567$（相关系数 $R = 0.673$，p 值 $= 0.000$）；$Y_3 = 0.005 \times X_1 - 0.007 \times X_2 + 0.006 \times X_7 - 2.084 \times X_8 - 2.325 \times X_{10} + 3\ 876.972 \times X_{13} - 0.007 \times X_{15} + 11.133$（相关系数 $R = 0.744$，p 值 $= 0.000$）。第二方程组为 $Y_2 = 0.000 \times X_1 + 0.000 \times X_2 + 0.003 \times X_6 - 0.529 \times X_{10} - 0.042 \times X_{11} + 0.002 \times X_{15} - 2.483$（相关系数 $R = 0.583$，p 值 $= 0.001$）。耕地质量因子变化对区域耕地健康产能影响显著。其中，区域产能和土壤环境健康的显著影响因子相同，分别是光合生产潜力变化、光温生产潜力变化、有机质含量变化、耕层质地变化、土壤养分元素指数变化、田间道路通达度变化、农机化水平变化；耕地产能稳定性的显著影响因子为光合生产潜力变化、光温生产潜力变化、有效土层厚度变化、土壤养分元素指数变化、pH 值变化、农机化水平变化。耕地质量因子变化对土壤环境健康的解释力更强。

不健康高产区的双重筛选逐步回归方程组为 $Y_1 = 0.131 \times X_1 - 0.142 \times X_2 + 0.063 \times X_3 + 0.451 \times X_6 + 0.196 \times X_7 + 113.475 \times X_9 - 105.654 \times X_{10} - 0.392 \times X_{12} + 0.475 \times X_{13} + 0.004 \times X_{14} + 0.399 \times X_{15} + 7.470 \times X_{16} + 6\ 356.915$（相关系数 $R = 0.402$，p 值 $= 0.000$）；$Y_2 = 0.000 \times X_1 + 0.000 \times X_2 + 0.000 \times X_3 + 0.000 \times X_6 + 0.000 \times X_7 + 0.017 \times X_9 - 0.003 \times X_{10} + 0.001 \times X_{12} + 0.000 \times X_{13} + 0.000 \times X_{14} - 0.001 \times X_{15} + 0.002 \times X_{16} - 0.031$（相关系数 $R = 0.603$，p 值 $= 0.000$）；$Y_3 = 0.001 \times X_1 - 0.002 \times X_2 - 0.001 \times X_3 + 0.004 \times X_6 + 0.000 \times$

$X_7+0.344\times X_9-0.593\times X_{10}+0.015\times X_{12}-0.002\times X_{13}+0.000\times X_{14}-0.007\times X_{15}-0.001\times X_{16}-5.827$（相关系数 $R=0.585$，p 值 $=0.000$）。耕地质量因子变化对区域耕地健康产能影响显著。其中，区域产能、产能稳定性和土壤环境健康的显著影响因子相同，分别是光合生产潜力变化、光温生产潜力变化、气候生产潜力变化、有效土层厚度变化、有机质含量变化、土壤容重变化、土壤养分元素指数变化、土壤含水量变化、田间道路通达度变化、耕作距离变化、农机化水平变化、化肥施用综合指数变化。耕地质量因子变化对产能稳定性的解释力更强。

健康低产区的双重筛选逐步回归方程组为 $Y_1=-0.065\times X_1-0.006\times X_3+0.962\times X_4+0.153\times X_6-91.069\times X_{10}-0.172\times X_{13}-0.003\times X_{14}+0.830\times X_{15}-1.816\times X_{16}+4\,847.936$（相关系数 $R=0.317$，p 值 $=0.000$）；$Y_2=0.000\times X_1+0.000\times X_3+0.000\times X_4+0.000\times X_6+0.004\times X_{10}+0.000\times X_{13}+0.000\times X_{14}+0.000\times X_{15}+0.000\times X_{16}+0.110$（相关系数 $R=0.338$，p 值 $=0.000$）；$Y_3=-0.001\times X_1-0.001\times X_3-0.047\times X_4+0.019\times X_6-0.056\times X_{10}+0.000\times X_{13}+0.000\times X_{14}+0.002\times X_{15}-0.022\times X_{16}-6.604$（相关系数 $R=0.425$，p 值 $=0.000$）。耕地质量因子变化对区域耕地健康产能影响显著。其中，区域产能、产能稳定性和土壤环境健康的显著影响因子相同，分别是光合生产潜力变化、气候生产潜力变化、地形坡度变化、有效土层厚度变化、土壤养分元素指数变化、田间道路通达度变化、耕作距离变化、农机化水平变化、化肥施用综合指数变化。耕地质量因子变化对土壤环境健康的解释力更强。

健康高产区的双重筛选逐步回归方程组为 $Y_1=-0.015\times X_1+0.058\times X_2+0.037\times X_3-0.123\times X_4+11.550\times X_5+0.887\times X_6-0.123\times X_7-11.117\times X_8-35.919\times X_9+9.919\times X_{10}+4.676\times X_{11}+0.683\times X_{12}+0.030\times X_{13}-0.002\times X_{14}+0.451\times X_{15}+1.578\times X_{16}+5\,880.335$（相关系数 $R=0.252$，p 值 $=0.000$）；$Y_2=0.000\times X_1+0.000\times X_2+0.000\times X_3+0.000\times X_4-0.001\times X_5+0.000\times X_6+0.000\times X_7+0.000\times X_8+0.005\times X_9-0.002\times X_{10}+0.000\times X_{11}+0.000\times X_{12}+0.000\times X_{13}+0.000\times X_{14}+0.000\times X_{15}+0.000\times X_{16}+$

0.082（相关系数 $R=0.259$，p 值 $=0.000$）；$Y_3=0.001\times X_1-0.002\times X_2+0.000\times X_3+0.001\times X_4+0.184\times X_5+0.007\times X_6+0.001\times X_7-0.500\times X_8-0.318\times X_9-0.077\times X_{10}+0.013\times X_{11}-0.006\times X_{12}-0.001\times X_{13}+0.000\times X_{14}+0.006\times X_{15}-0.034\times X_{16}-3.020$（相关系数 $R=0.509$，p 值 $=0.000$）。耕地质量因子变化对区域耕地健康产能影响显著。其中，区域产能、产能稳定性和土壤环境健康的显著影响因子相同，耕地质量因子变化均对其产生显著影响。耕地质量因子变化对土壤环境健康的解释力更强。

综合而言，耕地质量因子和耕地质量因子变化均对区域耕地健康产能产生显著影响；不同区域显著影响的质量因子有所差异，气候和耕作条件因子及其变化所占的影响比例较大；耕地质量因子及其变化对土壤环境健康的解释力更强。

6.6 本章小结

本章基于耕地健康产能的基本内涵以及可持续发展、波动周期等理论在耕地质量变化对耕地产能、耕地产能稳定性和土壤环境健康影响的基础上分析耕地质量变化对耕地健康产能的影响。主要研究结果如下。

（1）阐述了耕地质量变化对耕地产能的影响。耕地质量变化和耕地产能变化的耦合协调类型以中度协调类型为主。耕地质量变化与耕地产能变化的线性相关性不显著。双鸭山市区、集贤县以及宝清县的耕地质量变化与县域耕地产能变化之间呈现正向的显著线性相关性，且相关程度依次递减；友谊县耕地质量变化与耕地产能变化呈现负向的显著线性相关性。

随着耕地质量变化的增加，耕地产能变化主要表现出“增加—减少—增加—减少—增加—减少”的波动性变化特征。当耕地质量变化大于 0.1 时，耕地质量变化对耕地产能变化的影响相对较大；当耕地质量变化小于 0.1 时，耕地质量变化对其的影响相对较弱。

气候生产潜力变化与耕地产能变化呈现正向显著相关性，光合生产潜力变化与其呈现负向显著相关性，其余耕地质量因子变化与其线性相关性均不显著。气候生产潜力、光合生产潜力及化肥施用综合指数的变化对耕地产能变化的直接正向影响较大，光温生产潜力、农机化水平及耕作距离的变化对其的直接负向影响较大。

（2）明晰了耕地质量变化对耕地产能稳定性的影响。耕地质量变化与产能波动指数的 Pearson 相关系数为 0.025，与波动指数倾向率的 Pearson 相关系数为 0.078［在 0.01 水平（双侧）上显著相关］。

气候生产潜力与地形部位的变化与多年产能稳定性呈现正向显著线性相关性，且相关程度依次减小；有效土层厚度、光合生产潜力、光温生产潜力及地形坡度的变化与其呈现负向显著线性相关性，且相关程度依次减小；其余耕地质量因子变化与其线性相关性不显著。气候生产潜力、化肥施用综合指数及土壤含水率的变化对多年产能稳定性的直接正向影响较大，有效土层厚度、田间道路通达度及耕作距离的变化对其直接负向影响较大。

（3）阐述了耕地质量变化对土壤环境健康的影响。耕地质量变化与土壤环境健康变化的 Pearson 相关系数为 0.149［在置信度（双侧）为 0.01 时，相关性是显著的］。有效土层厚度、光合生产潜力、化肥施用综合指数、农机化水平、耕作距离、pH 值、有机质含量及光温生产潜力的变化与土壤环境健康变化呈现正向显著线性相关性，且相关程度依次减小；气候生产潜力、地形部位、耕层质地、土壤含水率、土壤养分元素指数、土壤容重、地形坡度及田间道路通达度的变化与其呈现负向显著线性相关性，且相关程度依次减小。光合生产潜力、有效土层厚度及耕作距离的变化对区域土壤环境健康的直接正向影响较大，光温生产潜力、气候生产潜力及化肥施用综合指数的变化对其直接负向影响较大。

（4）揭示了耕地质量变化对耕地健康产能的综合影响。耕地质量变化对低产区耕地健康产能的解释力更强。对于不健康低产区而言，耕地质量变化对耕地健康产能的解释力排序为土壤环境健康 > 耕地产能，对耕地产能稳定性的影响不显著；对于不健康高产区而言，耕地质量变化对耕地健康产能的解释力排序为耕地产能 > 耕地产能稳定性 > 土壤环境健康；对于健康低产区而言，耕地质量分布对耕地健康产能的解释力排序为土壤环境健康 > 耕地产能稳定性，对耕地产能的影响不显著；对于健康高产区而言，耕地质量变化对耕地健康产能的解释力排序为土壤环境健康 > 耕地产能 > 耕地产能稳定性。耕地质量变化对区域土壤环境健康的解释力更强。

综合而言，耕地质量因子和耕地质量因子变化均对区域耕地健康产能产生显著影响。不同区域显著影响的质量因子有所差异，气候和耕作条件因子及其变化所占的影响比例较大。耕地质量因子及其变化对土壤环境健康的解释力更强。

| 第 7 章 |

基于耕地产能健康的耕地利用优化建议

7.1 研究思路

区域耕地健康产能具有明显的空间差异性。若根据区域耕地数量和质量变化对耕地健康产能的影响，对整个研究区提出耕地利用的优化建议，针对性不强且不好实施。因此，需先根据研究区耕地健康产能的空间分异特征进行耕地健康产能分区，并分析各分区产能、产能稳定性和土壤环境健康耦合协调关系的区域差异，在此基础上根据各分区耕地数量和质量对耕地健康产能实际影响情况的差异性从静态和动态两个角度提出有针对性的耕地利用优化建议。由于行政单元是执行相关决策的基本单元，同时垦区单元的相关农作条件与农区稍有差异。所以耕地健康产能的综合分区以行政单元与垦区单元相结合的方式进行分区单元的整合与划分，并根据各分区的切实情况与各分区耕地利用变化对耕地健康产能的影响差异进行针对性的调控与管理。

耕地健康产能静态分区研究主要包括耕地健康产能指标分析、耕地健康产能分区结果分析、各分区耕地健康产能指标的耦合协调度分析等内容。各分区耕地利用对耕地健康产能的影响研究主要包括各分区耕地数量和耕地质量对耕地健康产能的影响分析、各分区耕地质量因子对耕地健康产能的影响分析等内容，并在此基础上提出各分区耕地利用优化建议。耕地健康产能变化趋势分区研究主要包括耕地健康产能变化趋势指标分析、耕地健康产能变化趋势分区结果分析、各分区耕地健康产能变化趋势指标的耦合协调度分析等内容。各分区耕地利用变化对耕地健康产能趋势的影响研究主要包括各分区耕地数量和质量变化对耕地健康产能变化趋势的影响分析、各分区耕地质量因子变化对耕地健康产能变化趋势的影响分析等内容，并在此基础上提出各分区耕地利用投入程度优化建议，具体研究框架如图 7.1 所示。

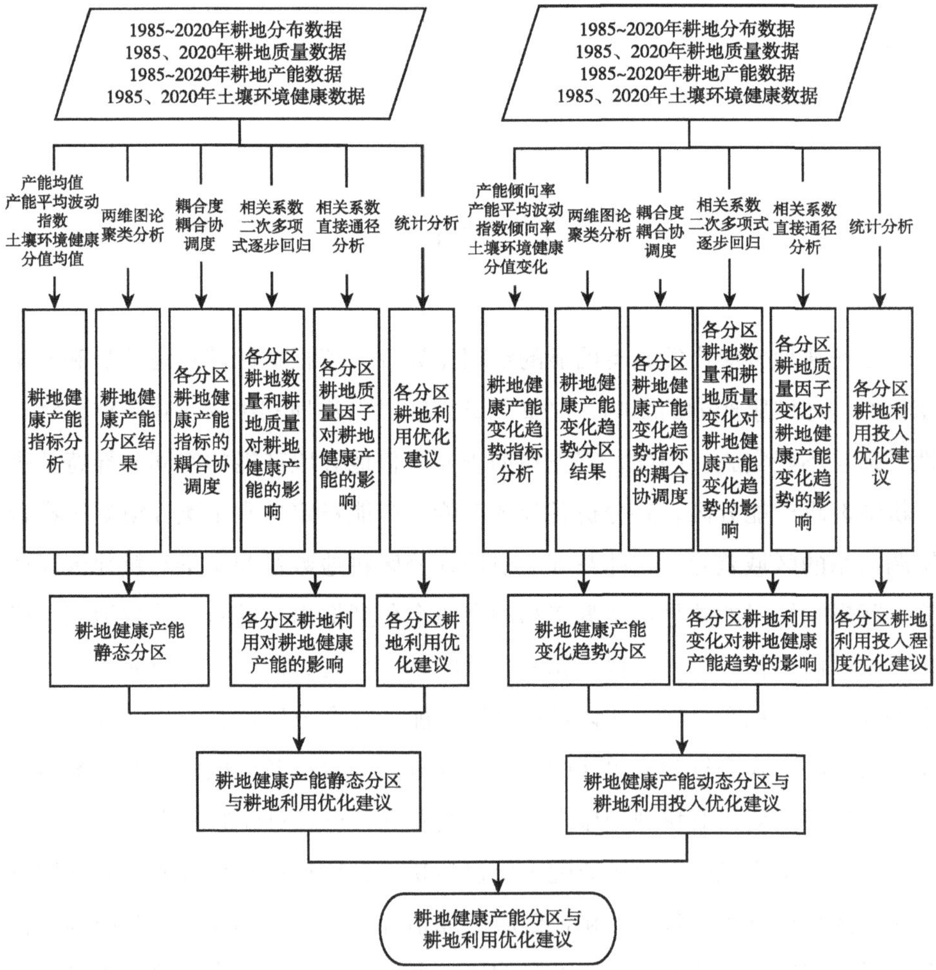

图 7.1　研究框架

资料来源：作者自行整理。

7.2 耕地健康产能静态分区与耕地利用优化建议

县级行政单元是执行相关决策的基本单元。虽然 2018 年黑龙江省农垦总局机构撤销，但是对于本书的研究区时段即 1985 ~ 2020 年，农区和垦区的耕地利用条件和耕地产出差异显著，应当予以区分。所以，耕地健康产能的综合分区以行政单元与垦区单元相结合的方式进行分区单元的整合与划分。具体的分区单元包括八五二农场、八五九农场、八五三农场、八五四农场、八五五农场、八五一一农场、宝清县、北兴农场、创业农场、大兴农场、二九一农场、富锦市、红旗岭农场、红卫农场、集贤县、饶河县、七台河市区、七星农场、饶河农场、胜利农场、双鸭山农场、双鸭山市区、头兴农场、五九七农场、友谊农场、友谊县。

7.2.1 耕地健康产能静态分区

依据耕地健康产能的相关概念，即耕地健康产能主要体现在耕地产能高、产能稳定、土壤环境健康 3 个方面。计算研究区 1985 ~ 2020 年耕地产能多年均值、产能平均波动指数以及土壤环境健康分值均值情况。其中，1985 ~ 1987 年的产能数据根据 1985 年的耕地分布数据进行计算，1988 ~ 1992 年的产能数据根据 1990 年耕地分布数据进行计算，1993 ~ 1997 年产能数据根据 1995 年耕地分布数据进行计算，1998 ~ 2002 年产能数据根据 2000 年耕地分布数据进行计算，2003 ~ 2007 年产能数据根据 2005 年耕地分布数据进行计算，2008 ~ 2012 年产能数据根据 2010 年耕地分布数据进行计算，2013 ~ 2017 年产能数据根据 2015 年耕地分布数据进行计算，2018 ~ 2020 年产能数据根据 2020 年耕地分布数据进行计算。

研究区 1985 ~ 2020 年耕地产能多年均值的最大值为 6 420.34 千克/公顷，最小值为 148.78 千克/公顷，平均值为 4 850.61 千克/公顷，标准差为

1 467. 51 千克/公顷。产能均值小于 1 000 千克/公顷的主要分布在湿地、林地与耕地的交汇区域，面积占比 6. 47%；产能均值介于 1 000 ~2 000 千克/公顷之间的零星分布，面积占比 3. 86%；产能均值介于 2 000 ~3 000 千克/公顷之间的零星分布在湿地附近，面积占比 0. 90%；产能均值介于 3 000 ~4 000 千克/公顷之间的主要分布在富锦市和宝清县的湿地附近，面积占比 2. 93%；产能均值介于 4 000 ~5 000 千克/公顷之间的主要分布在富锦市中部、宝清县北部、饶河县中部、集贤县东部等部分区域，面积占比 16. 85%；产能均值介于 5 000 ~6 000 千克/公顷之间的普遍分布，面积占比 68. 11%；产能均值大于 6 000 千克/公顷的零星分布，面积占比 0. 88%。

就耕地产能稳定性而言，多年产能平均波动指数的最大值为 118. 66%，最小值为 5. 14%，平均值为 27. 69%，标准差为 27. 12%。产能平均波动指数小于 20% 的除研究区中部外普遍分布，面积占比 59. 86%；产能平均波动指数介于 20% ~40% 之间的主要分布在富锦市中部、宝清县北部、友谊县东部等部分区域，面积占比 11. 06%；产能平均波动指数介于 40% ~60% 之间的主要分布在富锦市、宝清县以及饶河县的农林、农湿交会处，面积占比 16. 49%；产能平均波动指数介于 60% ~80% 之间的主要分布在富锦市的部分区域，面积占比 4. 51%；产能平均波动指数介于 80% ~100% 之间的主要分布在湿地、林地沿线，面积占比 6. 94%；产能平均波动指数大于 100% 的零星分布，面积占比 1. 14%。

就土壤环境健康而言，土壤环境健康分值均值的最大值为 4 分，最小值为 1 分，平均值为 2. 07 分，标准差为 0. 30 分。土壤环境健康分值均值为 1 分的零星分布，面积占比 0. 14%；土壤环境健康分值均值为 2 分的普遍分布，面积占比 93. 84%；土壤环境健康分值均值为 3 分的主要分布在宝清县中部、集贤县西南部、富锦市中东部部分区域，面积占比 4. 95%；土壤环境健康分值均值为 4 分的零星分布在 3 分区域附近，面积占比 1. 07%。

自然断点法假定任何数列都存在一些自然（非人为设定的）的具有统计学意义的转折点和断点，这些断点将数列分成性质相似的分组。基本原理是在“物以类聚”的思想上，为达到组内相似大、组外相异大的目的，通过迭代比较各分类结果的偏差平方和来确定分组断点，各分组偏差平方和的总值最小即为最优分类结果（Mak et al.，1991）。因其是基于数据分布本身的统计特征而计算出的“自然”分类断点，被广泛应用于数据划分等相关研究中。

为分析耕地健康产能相关指标在分区单元间的差异特征，基于 ArcGIS 平台利用自然断点法将计算得到的分区单元耕地健康产能相关指数的均值分为5级。其中，依据多年产能均值的分区单元耕地产能分级情况包括产能均值高（5 081.96～5 351.81千克/公顷）、较高（4 829.49～5 081.96千克/公顷）、中等（4 625.92～4 829.49千克/公顷）、较低（4 268.21～4 625.92千克/公顷）、低（3 913.17～4 268.21千克/公顷）。依据平均波动指数的分区单元产能稳定性分级情况包括稳定（14.65%～20.21%）、较稳定（20.21%～25.03%）、中等（25.03%～29.61%）、较不稳定（29.61%～38.44%）、不稳定（38.44%～59.30%）。依据土壤环境健康分值的分区单元土壤环境健康分级情况包括健康（2.31～2.49分）、较健康（2.11～2.31分）、中等（2.03～2.11分）、较不健康（1.94～2.03分）、不健康（1.00～1.94分）。

研究区各分区单元耕地多年产能均值介于3 913.17～5 351.81千克/公顷之间。产能均值分级为高级别的主要分布在以二九一农场、友谊县、头兴农场为代表的研究区西侧部分区域，以八五二农场、八五三农场代表的研究区东侧区域，以及研究区北部的创兴农场；产能均值分级为较高级别的主要分布在以红卫农场、五九七农场、七星农场、红旗岭农场、富锦市和集贤县为代表的研究区北部区域，以及研究区南部的七台河市区；产能均值分级为中等级别的主要分布在研究区中西部的友谊农场和东北部的胜利农场；产能均值分级为较低级别的主要分布在以双鸭山农场、宝清县、八五一一农场为代表的研究区南部区域，以及研究区东北部的饶河农场和大兴农场；产能均值分级为低级别的主要分布在以八五五农场、北兴农场、八五四农场为代表的研究区南部区域，以双鸭山市区为代表的研究区西部区域以及以饶河县、八五九农场为代表的研究区东部区域。整体上，各分区单元耕地多年产能均值高值区呈斜“h”状分布。

研究区各分区单元产能平均波动指数介于14.65%~59.30%之间。产能稳定程度分级为稳定级别的主要分布在以二九一农场、友谊县为代表的研究区西侧部分区域，以八五二农场、八五三农场为代表的研究区东侧区域，以及研究区北部的创兴农场；产能稳定程度分级为较稳定级别的主要分布在以集贤县、友谊农场、五九七农场为代表的研究区西侧区域，以红旗岭农场、红卫农场为代表的研究区东侧区域，以及研究区南侧的七台河市区；产能稳定程度分级为中等级别的主要分布在研究区北部的七星农场、头兴农场、富锦市和胜利农场；产能稳定程度分级为较不稳定级别的主要分布在以双鸭山农场、八五一一农场、宝清县、双鸭山市区、八五五农场、北兴农场为代表的研究区南侧区域，以及以饶河农场、大兴农场为代表的研究区东侧区域；产能稳定程度分级为不稳定级别的主要分布在以饶河县、八五九农场和八五四农场为代表的研究区东侧区域。整体上，各分区单元耕地多年产能稳定程度高值区呈斜“h”状分布。

研究区各分区单元土壤环境健康分值均值介于1.94~2.49分之间。土壤环境健康情况分级为健康级别的主要分布在研究区北侧的创业农场和西侧的集贤县；土壤环境健康情况分级为较健康级别的主要分布在研究区西侧的八五九农场和八五三农场；土壤环境健康情况分级为中等级别的主要分布在研究区南侧的宝清县、西侧的二九一农场以及东侧的红卫农场；土壤环境健康情况分级为较不健康级别的主要分布在以双鸭山市区、七星农场、富锦市、友谊农场、大兴农场、友谊县、五九七农场、双鸭山农场、头兴农场为代表的研究区北侧区域，以八五二农场、胜利农场、红旗岭农场、八五四农场、饶河县、饶河农场为代表的研究区东侧区域，以及以八五一一农场、八五五农场、北兴农场为代表的研究区南侧区域；土壤环境健康情况分级为不健康级别的主要分布在研究区南侧的七台河市区。整体上，研究区北侧分区单元耕地的土壤环境健康情况较差。

计算研究区分区单元耕地健康产能指标的相关性，发现分区单元的产能均值和产能平均波动指数的Pearson相关系数为-0.913［在0.01水平（双侧）上显著相关］，产能高值区和产能稳定区表现出较高的一致性。分区单元的土壤环境健康分值均值和产能均值的 Pearson 相关性不显著，相关系数为 0.131；分区单元的土壤环境健康分值均值和产能平均波动指数的 Pearson 相关性不显著，相关系数为 -0.184。

参照“物以类聚”的聚类思想，综合分析耕地产能大小、产能稳定性和土壤环境健康状况以解决区域耕地健康产能分区的归属问题。由于分区单元间的空间位置与布局差异，分区时不仅要考虑耕地健康产能相关指标情况更应参考各分区单元间的地理位置，以便保障分区内部功能属性相对一致的同时保持空间相对连通与完整。因此，需引用图论的空间表示法和相关算法，利用两维图论聚类法进行分区。两维图论聚类法综合考虑分区单元之间的空间连接性和指标相似性，在构建加权连通无向图 $G=(V, E, D)$ 的基础上（其中，V 是各分区单元集合，E 是各单元空间关联关系集合，D 是单元之间连接边的权值），利用图论最小树法求取聚类结果；根据区内差异小，区间差异大的原则选取适当阈值，将最小生成树分割成 n 个子树，并按照区域现实情况进行适当调整，最后得到分区结果，具体流程如图 7.2 所示。优点是有别于一般聚类方法，两维图论聚类通过构建基于位置关系的加权无向图进行聚类分析，考虑了单元间的关联性，适用于有地理位置信息的相关分区研究（唐启义，2010）。

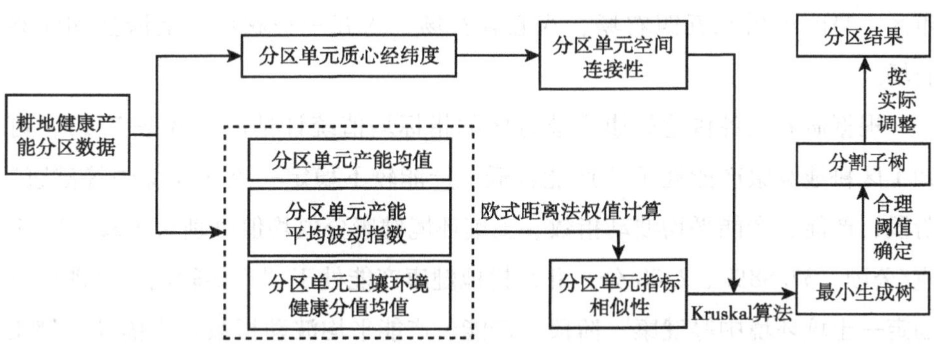

图 7.2　耕地健康产能分区流程

资料来源：作者自行整理。

连接边权值通过计算标准化后分区单元之间各指标的欧式距离进行获取。分区单元间的欧式距离大，则两个分区单元指标差异大，即相异性大；

欧式距离小，则相似性大。具体公式如下：

$$D(E_{ij}) = d_{ij} = \sqrt{\sum_{k=1}^{m} (x_{ik} - x_{jk})^2} \tag{7.1}$$

式中：$D(E_{ij})$ 为分区单元间连接边的权值；d_{ij}为分区单元间的欧氏距离；x_{ik}、x_{jk}分别为第 i 和 j 个分区单元的第 k 个指标值。

将连通图中所有连接边按照权值的大小进行升序排序，然后从小到大一一判断是否选取。如果这个边不会与之前选择的所有连接边组成回路，就可以作为最小生成树的一部分；反之舍去。直到具有 n 个顶点的连通图筛选出来 $n-1$ 条边为止。筛选出来的边和所有的顶点构成此连通图的最小生成树。

基于 DPS 平台计算得到的研究区耕地健康产能指标的最小生成树和两维图论聚类分区，可知根据分区单元的地理位置和耕地产能均值、产能平均波动指数以及土壤环境健康分值均值可以将研究区分成 6 个耕地健康产能子区。其中，Ⅰ区包括八五九农场、饶河县、饶河农场和胜利农场，Ⅱ区包括创业农场、大兴农场、富锦市、红旗岭农场、红卫农场、七星农场和友谊农场，Ⅲ区包括八五二农场、八五三农场、头兴农场和五九七农场，Ⅳ区包括二九一农场、集贤县和友谊县，Ⅴ区包括七台河市区、双鸭山农场和双鸭山市区，Ⅵ区包括八五四农场、八五五农场、八五一一农场、宝清县和北兴农场。

根据研究区各耕地健康产能分区的指标均值统计情况（见表 7.1），可知Ⅰ区耕地健康产能处于“产能较低—产能较不稳定—土壤环境中等健康”阶段，产能、产能平均波动指数、土壤环境健康分值均值分别为 4 324.13 千克/公顷、37.88%、2.08 分；Ⅱ区耕地健康产能处于“产能较高—产能中等稳定—土壤环境中等健康”阶段，产能、产能平均波动指数、土壤环境健康分值均值分别为 4 976.02 千克/公顷、25.80%、2.09 分；Ⅲ区耕地健康产能处于“产能高—产能较稳定—土壤环境中等健康”阶段，产能、产能平均波动指数、土壤环境健康分值均值分别为 5 170.76 千克/公顷、22.23%、2.05 分；Ⅳ区耕地健康产能处于“产能高—产能稳定—土壤环境较健康”

阶段，产能、产能平均波动指数、土壤环境健康分值均值分别为 5 180. 48 千克/公顷、17. 88%、2. 19 分；Ⅴ区耕地健康产能处于“产能中等—产能中等稳定—土壤环境较不健康”阶段，产能、产能平均波动指数、土壤环境健康分值均值分别为 4 626. 62 千克/公顷、28. 92%、1. 99 分；Ⅵ区耕地健康产能处于“产能较低—产能不稳定—土壤环境较不健康”阶段，产能、产能平均波动指数、土壤环境健康分值均值分别为 4 295. 85 千克/公顷、39. 97%、2. 02 分。

表 7.1　　研究区耕地健康产能各分区的指标均值统计情况

分区	产能均值		产能平均波动指数均值		土壤环境健康分值均值	
	数值/（千克/公顷）	分级	数值/%	分级	数值/分	分级
Ⅰ	4 324. 13	较低	37. 88	较不稳定	2. 08	中等
Ⅱ	4 976. 02	较高	25. 80	中等	2. 09	中等
Ⅲ	5 170. 76	高	22. 23	较稳定	2. 05	中等
Ⅳ	5 180. 48	高	17. 88	稳定	2. 19	较健康
Ⅴ	4 626. 62	中等	28. 92	中等	1. 99	较不健康
Ⅵ	4 295. 85	较低	39. 97	不稳定	2. 02	较不健康

资料来源：作者自行整理。

为分析研究区整体和各分区的耕地健康产能指标间相互作用、相互影响的程度，指标间相互作用中协调状况的好坏，以及指标间协调发展程度，计算耕地健康产能的产能均值、产能平均波动指数、土壤环境健康分值均值 3 个指标的耦合协调度指数。

其中，耦合度公式为：

$$C = 3\left[\frac{U_1 U_2 U_3}{(U_1 + U_2 + U_3)^3}\right]^{\frac{1}{3}} \tag{7.2}$$

式中：C 为产能均值、产能平均波动指数、土壤环境健康分值均值的耦合度；U_1、U_2、U_3分别为产能均值、产能平均波动指数和土壤环境健康分值均值。C 值的大小反映了产能大小、产能波动指数和土壤环境健康之间发展的关联程度，一般 C 的取值范围为 [0, 1]，C 值越接近 1 说明三者耦合程度越好，C 值越接近 0 说明三者耦合程度越差。

进一步分析 3 个系统间协调程度。耦合协调度模型公式为：

$$D = \sqrt{T \times C} \tag{7.3}$$

$$T = \alpha U_1 + \beta U_2 + \chi U_3 \tag{7.4}$$

式中：D 为 3 个系统的耦合协调度；T 为系统中的综合评价指数；α、β 和 χ 为系数。借鉴相关学者的研究，将 α、β 和 χ 均取值为 1/3。一般 D 的取值范围是［0，1］，D 值越接近 1 说明系统间的协调度越高，D 值越接近 0 说明系统间的协调度越差。

根据已有研究结果和本研究实际情况，将耕地健康产能 3 个指标的耦合度划分为 4 种类型：$C \in [0, 0.3]$ 为低耦合时期，表现为耕地健康产能三项指标之间开始进行博弈，处于较低水平耦合时期；当 $C = 0$ 时，三项指标处于无关状态且向无序发展；$C \in (0.3, 0.5]$ 为拮抗时期，表现为耕地健康产能三项指标之间相互作用加强，出现优势指标加强并占据其他指标致使其他指标不断衰退的现象；$C \in (0.5, 0.8]$ 为磨合时期，表现为三项指标开始相互制衡、配合，呈现良性耦合特征；$C \in (0.8, 1.0]$ 为协调耦合时期，表现为三项指标良性耦合加强并逐渐呈现有序发展的状态。

根据已有研究结果和本研究实际情况，将耕地健康产能 3 个指标的耦合协调度划分为 4 种类型：$D \in [0, 0.2]$ 为严重失调，表现为耕地健康产能某一指标过度发展，致使其他指标严重挤压，出现问题；$D \in (0.2, 0.4]$ 为中度失调，表现为耕地健康产能某一指标仍占据绝对优势地位，其他指标的问题开始凸显；$D \in (0.4, 0.5]$ 为基本协调，表现为三项指标开始协调发展；$D \in (0.5, 0.8]$ 为中度协调，表现为进入越发协调阶段；$D \in (0.8, 1.0]$ 为高度协调，表现为三项指标相互促进，耕地健康产能实现有序发展。

根据研究区整体和各耕地健康产能分区的耦合度和耦合协调度划分（见表 7.2），可知研究区整体呈现磨合的耦合类型和基本协调的协调类型，耦合度和耦合协调度分别为 0.682、0.491。Ⅰ区呈现磨合的耦合类型和基本协调的协调类型，耦合度和耦合协调度分别为 0.604、0.422。Ⅱ区呈现磨合的耦合类型和中度协调的协调类型，耦合度和耦合协调度分别为 0.783、0.567。Ⅲ区呈现磨合的耦合类型和中度协调的协调类型，耦合度和耦合协调度分别为 0.673、0.526。Ⅳ区呈现拮抗的耦合类型和基本协调的协调类型，耦合度和耦合协调度分别为 0.456、0.435。Ⅴ区呈现磨合的耦合类型和中度失调的协调类型，耦合度和耦合协调度分别为 0.612、0.392。Ⅵ区呈现磨合的耦合类型和中度协调的协调类型，耦合度和耦合协调度分别为 0.791、0.502。除Ⅳ区耕地健康产能 3 个指标表现为拮抗的耦合类型外，其余分区均表现为磨合的耦合类型；除Ⅴ区耕地健康产能 3 个指标表现为失调的协调类型外，其余分区均表现出协调。

表 7.2　　　　各耕地健康产能分区的耦合度和耦合协调度划分

分区	耦合度划分		耦合协调度划分	
	耦合度	耦合类型	耦合协调度	协调类型
Ⅰ	0.604	磨合	0.422	基本协调
Ⅱ	0.783	磨合	0.567	中度协调
Ⅲ	0.673	磨合	0.526	中度协调
Ⅳ	0.456	拮抗	0.435	基本协调
Ⅴ	0.612	磨合	0.392	中度失调
Ⅵ	0.791	磨合	0.502	中度协调
整体	0.682	磨合	0.491	基本协调

资料来源：作者自行整理。

7.2.2　各分区耕地利用对耕地健康产能的影响

计算多年耕地网格面积比例均值作为耕地数量均值，多年耕地质量均值作为耕地质量均值。分别计算各分区耕地数量均值与多年产能均值、产能平均波动指数均值和土壤环境健康均值的 Pearson 相关系数，以及耕地质量均值与多年产能均值、产能平均波动指数均值和土壤环境健康均值的 Pearson 相关系数。根据各分区耕地利用与耕地健康产能指标的 Pearson 相关系数（见表 7.3），可知各分区耕地数量均值均与产能均值呈现显著正相关关系。

其中，Ⅱ区耕地数量均值与产能均值的 Pearson 相关系数最大，为0.842；Ⅵ区耕地数量均值与产能均值的 Pearson 相关系数最小，为0.696。除Ⅳ区和Ⅴ区耕地质量均值与产能均值呈现显著负相关关系外，其余分区均呈现显著正相关关系。其中，Ⅰ区耕地质量均值与产能均值的 Pearson 相关系数最大，为0.167；Ⅱ区耕地质量均值与产能均值的 Pearson 相关系数最小，为0.071。

表 7.3　　　　　　各分区耕地利用与耕地健康产能指标的相关系数

分区	影响因子	产能均值	产能平均波动指数均值	土壤环境健康分值均值
Ⅰ区	耕地数量均值	0.774**	-0.854**	0.002
	耕地质量均值	0.167**	-0.215**	0.030**
Ⅱ区	耕地数量均值	0.842**	-0.918**	0.111**
	耕地质量均值	0.071**	-0.125**	0.028**
Ⅲ区	耕地数量均值	0.789**	-0.864**	0.066**
	耕地质量均值	0.086**	-0.111**	0.065**
Ⅳ区	耕地数量均值	0.772**	-0.845**	0.067**
	耕地质量均值	-0.075**	-0.042**	0.338**
Ⅴ区	耕地数量均值	0.768**	-0.858**	-0.002
	耕地质量均值	-0.060**	0.045**	0.304**
Ⅵ区	耕地数量均值	0.696**	-0.801**	0.019*
	耕地质量均值	0.140**	-0.186**	0.144**

注：** 表示在0.01水平（双侧）上显著相关，* 表示在0.05水平（双侧）上显著相关。
资料来源：作者自行整理。

耕地数量均值均与产能平均波动指数均值呈显著负向相关关系。其中，Ⅱ区耕地数量均值与产能平均波动指数均值的负向 Pearson 相关系数最大，为-0.918；Ⅵ区耕地数量均值与产能平均波动指数均值的负向 Pearson 相关系数最小，为-0.801。除Ⅴ区耕地质量均值与产能平均波动指数均值呈现正向显著相关性外，其余分区均呈显著负相关性。其中，Ⅰ区耕地质量均值与产能平均波动指数均值的负向 Pearson 相关系数最大，为 -0.215；Ⅳ区耕地质量均值与产能平均波动指数均值的负向 Pearson 相关系数最小，为-0.042。

除Ⅰ区和Ⅴ区耕地数量均值和土壤环境健康分值均值呈不显著的相关性

外，其余分区均呈显著正相关关系。其中，Ⅱ区耕地数量均值和土壤环境健康分值均值的 Pearson 相关系数最大，为 0.111；Ⅵ区耕地数量均值和土壤环境健康分值均值的 Pearson 相关系数最小，为 0.019。耕地质量均值均与土壤环境健康分值均值呈显著正相关性。其中，Ⅳ区耕地质量均值与土壤环境健康分值均值的 Pearson 相关系数最大，为 0.338；Ⅱ区耕地质量均值与土壤环境健康分值均值的 Pearson 相关系数最小，为 0.028。

多项式回归通过增加自变量的高次项对数据点进行逼近，逐步回归能有效地从众多影响因变量的因素中挑选出对因变量贡献大的变量，建立最优回归方程。多项式与逐步回归的结合可以有效解决多因变量的非线性回归问题。

利用二次多项式逐步回归的方法，计算各分区耕地数量均值（X_1）、耕地质量均值（X_2）与多年产能均值（Y_1）、产能平均波动指数均值（Y_2）、土壤环境健康分值均值（Y_3）的拟合函数，以期解释各分区耕地利用对耕地健康产能的可能影响以及影响的区域差异。通过各分区耕地利用与耕地健康产能指标的拟合函数（见表 7.4），可知Ⅱ区 Y_2 拟合函数的解释力最强，R^2 为 0.842，拟合函数为 $Y_2 = 1.068 - 0.01 \times X_1$；Ⅰ区和Ⅲ区 Y_3 拟合函数的解释力最弱，R^2 为 0.01。各分区拟合函数的 R^2，均呈现 $Y_2 > Y_1 > Y_3$，说明区域耕地利用对耕地产能稳定性的解释力最强，对耕地产能的解释力稍弱，对土壤环境健康的解释力最弱。除Ⅴ区外，Y_1 的拟合函数和 X_1、X_2 均有关系，说明 Y_1 受 X_1 和 X_2 的综合影响；除Ⅳ和Ⅵ区外，Y_2 的拟合函数仅和 X_1 有关，说明 Y_2 主要受 X_1 的影响；Y_3 的影响因素相对复杂，Ⅰ区、Ⅴ区和Ⅵ区 Y_3 主要受 X_2 影响，Ⅱ区 Y_3 主要受 X_1 影响，其余区 Y_3 主要受 X_1 和 X_2 综合影响。

表 7.4　各分区耕地利用与耕地健康产能指标的拟合函数

分区	拟合函数	R^2
Ⅰ区	$Y_1 = 1\,533.709 + 81.250 \times X_1 - 0.311 \times X_1 \times X_1 - 1\,295.739 \times X_2$	0.619
	$Y_2 = 0.971 - 0.009 \times X_1$	0.730
	$Y_3 = 1.957 + 0.065 \times X_2$	0.010

续表

分区	拟合函数	R^2
Ⅱ区	$Y_1=2\ 310.466+55.239\times X_1-0.490\times X_1\times X_1-5\ 430.464\times X_2\times X_2+77.783\times X_1\times X_2$	0.762
	$Y_2=1.068-0.01\times X_1$	0.842
	$Y_3=2.047+2.344\times 10^{-5}\times X_1\times X_1-0.002\times X_1$	0.020
Ⅲ区	$Y_1=1\ 853.979+48.404\times X_1-0.179\times X_1\times X_1-2\ 050.557\times X_2\times X_2+25.926\times X_1\times X_2$	0.628
	$Y_2=0.947-0.009\times X_1$	0.747
	$Y_3=2.067+0.007\times X_1\times X_2-0.008\times X_1+2.615\times 10^{-5}\times X_1\times X_1$	0.010
Ⅳ区	$Y_1=8\ 467.805-66.955\times X_1-12\ 749.988\times X_2\times X_2+168.347\times X_1\times X_2-0.150\times X_1\times X_1$	0.624
	$Y_2=0.394+0.003\times X_1-1.864\times 10^{-5}\times X_1\times X_1+0.821\times X_2\times X_2-0.012\times X_1\times X_2$	0.718
	$Y_3=41.613+73.173\times X_2\times X_2-107.668\times X_2+3.361\times 10^{-5}\times X_1\times X_1-0.003\times X_1$	0.150
Ⅴ区	$Y_1=669.402+65.542\times X_1-0.155\times X_1\times X_1$	0.594
	$Y_2=0.941-0.007\times X_1-1.674\times 10^{-5}\times X_1\times X_1$	0.737
	$Y_3=2.773+2.980\times X_2\times X_2-3.255\times X_2$	0.095
Ⅵ区	$Y_1=3\ 192.872+13.359\times X_1-3\ 342.034\times X_2\times X_2+41.482\times X_1\times X_2$	0.486
	$Y_2=1.997-0.002\times X_1-2.370\times 10^{-5}\times X_1\times X_1+3.187\times X_2\times X_2-0.005\times X_1\times X_2-3.882\times X_2$	0.646
	$Y_3=-0.266+5.961\times X_2-3.847\times X_2\times X_2$	0.022

资料来源：作者自行整理。

进一步提取耕地未发生改变的区域，分析耕地数量不变区耕地质量因子对耕地健康产能指标的可能影响。通过各分区耕地数量不变区耕地质量因子与耕地健康产能指标的 Pearson 相关系数（见图 7.3），可知Ⅰ区中地形部位、农机化水平与产能呈现正向显著相关关系，且相关系数依次减小；化肥施用综合指数、土壤容重、土壤养分元素指数与产能呈显著负相关关系，且相关系数依次减小；其余耕地质量因子与产能的线性相关性均不显著。地形部位与产能稳定性呈显著正相关关系，土壤容重与产能稳定性呈显著负相关关系，其余耕地质量因子与产能稳定性的线性相关性均不显著。有效土层厚度、土壤容重、耕作距离、农机化水平与土壤环境健康呈显著正相关关系，且相关系数依次减小；光合生产潜力、土壤养分元素指数与土壤环境健康呈显著负相关关系，且相关系数依次减小；其余耕地质量因子与土壤环境健康的线性相关性均不显著。

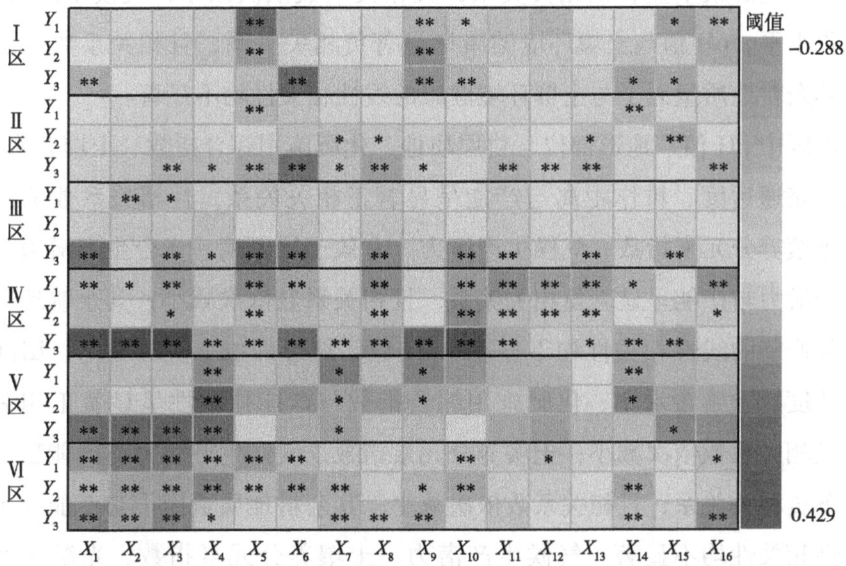

图 7.3　各分区耕地数量不变区耕地质量因子与耕地健康产能指标的相关系数

注：** 表示在 0.01 水平（双侧）上显著相关，* 表示在 0.05 水平（双侧）上显著相关。

资料来源：作者自行整理。

Ⅱ区中耕作距离、地形部位与产能呈显著正相关关系，且相关系数依次减小；其余耕地质量因子与产能的线性相关性均不显著。耕层质地与产能稳定性呈显著正相关关系；农机化水平、田间道路通达度、有机质含量与产能稳定性呈显著负相关关系，且相关系数依次减小；其余耕地质量因子与产能稳定性的线性相关性均不显著。有效土层厚度、地形部位、田间道路通达度、地形坡度与土壤环境健康呈显著正相关关系，且相关系数依次减小；耕层质地、化肥施用综合指数、pH 值、气候生产潜力、土壤含水率、有机质含量、土壤容重与土壤环境健康呈显著负相关关系，且相关系数依次减小；

其余耕地质量因子与土壤环境健康的线性相关性均不显著。

Ⅲ区中光温生产潜力、气候生产潜力与产能呈现正向显著相关关系，且相关系数依次减小；其余耕地质量因子与产能的线性相关性均不显著。耕地质量因子与产能稳定性的线性相关性均不显著。地形部位、光合生产潜力、有效土层厚度、耕层质地、土壤养分元素指数、田间道路通达度、地形坡度与土壤环境健康呈显著正相关关系，且相关系数依次减小；气候生产潜力、农机化水平、pH 值与土壤环境健康呈显著负相关关系，且相关系数依次减小；其余耕地质量因子与土壤环境健康的线性相关性均不显著。

Ⅳ区中 pH 值、地形部位、耕层质地、化肥施用综合指数、土壤含水率、田间道路通达度、耕作距离与产能呈显著正相关关系，且相关系数依次减小；土壤养分元素指数、气候生产潜力、有效土层厚度、光合生产潜力、光温生产潜力与产能呈显著负相关关系，且相关系数依次减小；其余耕地质量因子与产能的线性相关性均不显著。pH 值、地形部位、耕层质地、田间道路通达度、土壤含水率、化肥施用综合指数与产能稳定性呈显著正相关关系，且相关系数依次减小；土壤养分元素指数、气候生产潜力与产能稳定性呈显著负相关关系，且相关系数依次减小；其余耕地质量因子与产能稳定性的线性相关性均不显著。气候生产潜力、土壤养分元素指数、光温生产潜力、光合生产潜力、土壤容重、有效土层厚度、地形坡度与土壤环境健康呈显著正相关关系，且相关系数依次减小；耕层质地、农机化水平、耕作距离、pH 值、地形部位、有机质含量、田间道路通达度与土壤环境健康呈显著负相关关系，且相关系数依次减小；其余耕地质量因子与土壤环境健康的线性相关性均不显著。

Ⅴ区中有机质含量、土壤容重与产能呈显著正相关关系，且相关系数依次减小；地形坡度、耕作距离与产能呈现负向显著相关关系，且相关系数依次减小；其余耕地质量因子与产能的线性相关性均不显著。有机质含量、土壤容重与产能稳定性呈显著正相关关系，且相关系数依次减小；地形坡度、耕作距离与产能稳定性呈显著负相关关系，且相关系数依次减小；其余耕地质量因子与产能稳定性的线性相关性均不显著。气候生产潜力、光温生产潜力、地形坡度、光合生产潜力、农机化水平与土壤环境健康呈显著正相关关系，且相关系数依次减小；有机质含量与土壤环境健康呈显著负相关关系；其余耕地质量因子与土壤环境健康的线性相关性均不显著。

Ⅵ区中光温生产潜力、气候生产潜力、光合生产潜力、地形部位、土壤含水率、化肥施用综合指数与产能呈显著正相关关系，且相关系数依次减小；地形坡度、有效土层厚度、土壤养分元素指数与产能呈显著负相关关系，且相关系数依次减小；其余耕地质量因子与产能的线性相关性均不显著。气候生产潜力、光温生产潜力、光合生产潜力、地形部位与产能稳定性呈显著正相关关系，且相关系数依次减小；地形坡度、耕作距离、有效土层厚度、土壤养分元素指数、有机质含量、土壤容重与产能稳定性呈显著负相关关系，且相关系数依次减小；其余耕地质量因子与产能稳定性的线性相关性均不显著。光合生产潜力、气候生产潜力、化肥施用综合指数、光温生产潜力与土壤环境健康呈显著正相关关系，且相关系数依次减小；土壤容重、有机质含量、耕层质地、耕作距离、地形坡度与土壤环境健康呈显著负相关关系，且相关系数依次减小；其余耕地质量因子与土壤环境健康的线性相关性均不显著。

分析各分区耕地数量不变区耕地质量因子与耕地健康产能指标的直接通径系数（见图7.4），可知Ⅰ区耕地质量因子对产能的直接正向影响排序为地形部位 > 光温生产潜力 > 土壤含水率 > pH值 > 有机质含量 > 有效土层厚度 > 田间道路通达度 > 地形坡度；直接负向影响排序为土壤容重 > 耕层质地 > 农机化水平 > 气候生产潜力 > 土壤养分元素指数 > 化肥施用综合指数 > 耕作距离 > 光合生产潜力。

耕地质量因子对产能稳定性的直接正向影响排序为地形部位 > 光温生产潜力 > 土壤含水率 > pH值 > 田间道路通达度 > 有机质含量 > 地形坡度；直接负向影响排序为土壤容重 > 耕层质地 > 农机化水平 > 土壤养分元素指数 > 气候生产潜力 > 耕作距离 > 化肥施用综合指数 > 光合生产潜力 > 有效土层厚度。

耕地质量因子对土壤环境健康的直接正向影响排序为有效土层厚度 > 土

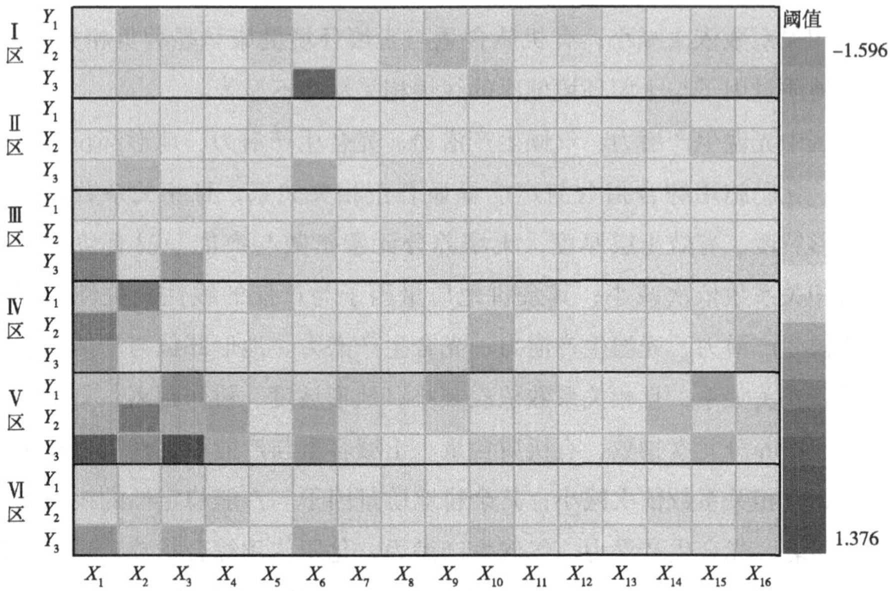

图7.4　各分区耕地数量不变区耕地质量因子与耕地健康产能指标的直接通径系数

资料来源：作者自行整理。

壤养分元素指数 > 化肥施用综合指数 > 耕作距离 > 地形部位 > 土壤容重；直接负向影响排序为农机化水平 > 光温生产潜力 > 光合生产潜力 > 耕层质地 > 有机质含量 > 土壤含水率 > pH 值 > 田间道路通达度 > 地形坡度 > 气候生产潜力。

Ⅱ区耕地质量因子对产能的直接正向影响排序为耕作距离 > 地形部位 > 有效土层厚度 > 耕层质地 > 化肥施用综合指数 > 光合生产潜力 > 土壤容重 > 土壤含水率；直接负向影响排序为农机化水平 > 田间道路通达度 > pH 值 > 光温生产潜力 > 气候生产潜力 > 地形坡度 > 有机质含量 > 土壤养分元素指数。

耕地质量因子对产能稳定性的直接正向影响排序为化肥施用综合指数 > 耕作距离 > 耕层质地 > 地形部位 > 有效土层厚度 > 气候生产潜力 > 光合生产潜力 > 土壤容重 > 土壤含水率；直接负向影响排序为农机化水平 > 光温生产潜力 > 田间道路通达度 > 有机质含量 > pH 值 > 地形坡度 > 土壤养分元素

指数。

耕地质量因子对土壤环境健康的直接正向影响排序为有效土层厚度 > 光温生产潜力 > 田间道路通达度 > 地形坡度；直接负向影响排序为耕层质地 > 化肥施用综合指数 > 光合生产潜力 > pH 值 > 土壤养分元素指数 > 土壤容重 > 地形部位 > 土壤含水率 > 气候生产潜力 > 农机化水平 > 耕作距离 > 有机质含量。

Ⅲ区耕地质量因子对产能的直接正向影响排序为气候生产潜力 > 光合生产潜力 > 土壤容重 > 有效土层厚度 > 田间道路通达度 > 光温生产潜力 > pH 值 > 有机质含量 > 土壤养分元素指数 > 土壤含水率 > 农机化水平；直接负向影响排序为耕层质地 > 地形坡度 > 地形部位 > 化肥施用综合指数 > 耕作距离。

耕地质量因子对产能稳定性的直接正向影响排序为农机化水平 > pH 值 > 田间道路通达度 > 土壤容重 > 光合生产潜力 > 地形部位 > 土壤养分元素指数 > 光温生产潜力 > 土壤含水率 > 有机质含量 > 化肥施用综合指数 > 气候生产潜力；直接负向影响排序为有效土层厚度 > 耕层质地 > 地形坡度 > 耕作距离。

耕地质量因子对土壤环境健康的直接正向影响排序为光合生产潜力 > 气候生产潜力 > 地形部位 > 化肥施用综合指数 > 有效土层厚度 > 土壤容重 > 耕层质地 > 田间道路通达度 > 地形坡度；直接负向影响排序为农机化水平 > 光温生产潜力 > 耕作距离 > 土壤养分元素指数 > pH 值 > 有机质含量 > 土壤含水率。

Ⅳ区耕地质量因子对产能的直接正向影响排序为光温生产潜力 > 地形部位 > pH 值 > 耕作距离 > 田间道路通达度 > 耕层质地 > 有机质含量 > 土壤容重 > 土壤含水率；直接负向影响排序为光合生产潜力 > 土壤养分元素指数 > 气候生产潜力 > 农机化水平 > 化肥施用综合指数 > 有效土层厚度 > 地形坡度。

耕地质量因子对产能稳定性的直接正向影响排序为光温生产潜力 > 地形部位 > 田间道路通达度 > pH 值 > 耕作距离 > 有机质含量 > 土壤容重；直接

负向影响排序为光合生产潜力 > 土壤养分元素指数 > 化肥施用综合指数 > 农机化水平 > 气候生产潜力 > 有效土层厚度 > 土壤含水率 > 地形坡度 > 耕层质地。

耕地质量因子对土壤环境健康的直接正向影响排序为光合生产潜力 > 土壤养分元素指数 > 化肥施用综合指数 > 土壤容重 > 气候生产潜力 > 田间道路通达度 > 地形部位 > 光温生产潜力 > 地形坡度；直接负向影响排序为有机质含量 > 有效土层厚度 > 耕层质地 > 土壤含水率 > 耕作距离 > pH 值 > 农机化水平。

Ⅴ区耕地质量因子对产能的直接正向影响排序为气候生产潜力 > 农机化水平 > 土壤容重 > 有机质含量 > 耕层质地 > 光温生产潜力 > 地形部位 > pH 值 > 土壤养分元素指数 > 土壤含水率 > 田间道路通达度；直接负向影响排序为光合生产潜力 > 地形坡度 > 有效土层厚度 > 耕作距离 > 化肥施用综合指数。

耕地质量因子对产能稳定性的直接正向影响排序为气候生产潜力 > 土壤容重 > 农机化水平 > 有机质含量 > 耕层质地 > 地形部位 > 土壤养分元素指数 > pH 值 > 田间道路通达度 > 土壤含水率；直接负向影响排序为光温生产潜力 > 地形坡度 > 有效土层厚度 > 光合生产潜力 > 耕作距离 > 化肥施用综合指数。

耕地质量因子对土壤环境健康的直接正向影响排序为气候生产潜力 > 光合生产潜力 > 有效土层厚度 > 地形坡度 > 土壤养分元素指数 > pH 值 > 耕层质地 > 土壤含水率；直接负向影响排序为光温生产潜力 > 农机化水平 > 有机质含量 > 地形部位 > 化肥施用综合指数 > 田间道路通达度 > 耕作距离 > 土壤容重。

Ⅵ区耕地质量因子对产能的直接正向影响排序为光合生产潜力 > 气候生产潜力 > 地形部位 > 耕层质地 > 光温生产潜力 > 田间道路通达度；直接负向影响排序为地形坡度 > 有效土层厚度 > 土壤养分元素指数 > 化肥施用综合指数 > 有机质含量 > 农机化水平 > 土壤含水率 > pH 值 > 耕作距离 > 土壤容重。

耕地质量因子对产能稳定性的直接正向影响排序为气候生产潜力 > 光合

生产潜力 > 地形部位 > 耕层质地 > 田间道路通达度；直接负向影响排序为地形坡度 > 化肥施用综合指数 > 光温生产潜力 > 有效土层厚度 > 耕作距离 > 土壤养分元素指数 > 有机质含量 > 土壤含水率 > 农机化水平 > pH 值 > 土壤容重。

耕地质量因子对土壤环境健康的直接正向影响排序为光合生产潜力 > 气候生产潜力 > 有效土层厚度 > 化肥施用综合指数 > 土壤养分元素指数 > pH 值 > 田间道路通达度 > 地形部位；直接负向影响排序为光温生产潜力 > 农机化水平 > 土壤容重 > 耕作距离 > 有机质含量 > 土壤含水率 > 耕层质地 > 地形坡度。

7.2.3　各分区耕地利用优化建议

Ⅰ区耕地健康产能表现为“产能较低—产能较不稳定—土壤环境中等健康”，同时三项指标处于“磨合—基本协调”阶段。耕地数量和耕地质量的提升有利于产能均值的提升，同时没有降低产能的稳定性，耕地质量提高有利于促进区域土壤环境健康。因此，Ⅰ区耕地资源可以进行进一步的开发利用，促进耕地数量和质量的提升。对于耕地质量因子而言，土壤容重的提升促进了土壤环境健康，但抑制了产能提升和稳定；土壤养分元素指数的提升抑制了产能提升和土壤环境健康；农机化水平的提升促进了产能提升和土壤环境健康；地形部位的改善促进了产能提升和稳定。参考耕地质量因子对耕地健康产能指标的直接影响，可以考虑改善地形条件以促进区域耕地健康产能协调发展。

Ⅱ区耕地健康产能表现为“产能较高—产能中等稳定—土壤环境中等健康”，同时三项指标处于“磨合—中度协调”阶段。耕地数量和耕地质量的提升有利于产能均值和土壤环境健康的提升，同时没有降低产能的稳定性。因此，Ⅱ区耕地资源可以进行进一步的开发利用，促进耕地数量和质量的提升。对于耕地质量因子而言，地形部位的改善促进了产能提升和土壤环境健康；有机质含量的提升抑制了产能稳定和土壤环境健康；耕层质地的改善促进了产能稳定，抑制了土壤环境健康；田间道路通达度的提升抑制了产能稳定，促进了土壤环境健康。参考耕地质量因子对耕地健康产能指标的直接影响，可以考虑提升有效土层厚度以促进区域耕地健康产能协调发展。

Ⅲ区耕地健康产能表现为“产能高—产能较稳定—土壤环境中等健康”，同时三项指标处于“磨合—中度协调”阶段。耕地数量和耕地质量的提升有利于产能均值和土壤环境健康的提升，同时没有降低产能的稳定性。因此，Ⅲ区耕地资源可以进行进一步的开发利用，促进耕地数量和质量的提升。对于耕地质量因子而言，气候生产潜力的提升促进了产能提升，抑制了土壤环境健康。参考耕地质量因子对耕地健康产能指标的直接影响，可以考虑改善光照、土壤容重、田间道路通达度条件以促进区域耕地健康产能协调发展。

Ⅳ区耕地健康产能表现为“产能高—产能稳定—土壤环境较健康”，同时三项指标处于“拮抗—基本协调”阶段。耕地数量的提升有利于产能均值和土壤环境健康的提升，同时没有降低产能的稳定性；耕地质量的提升虽然促进了土壤环境健康和产能稳定性，但抑制了耕地产能的提升，这可能是由于报酬递减规律。因此，针对Ⅳ区，应适当调节耕作周期，进行适当休耕轮作。对于耕地质量因子而言，光温生产潜力、光合生产潜力、有效土层厚度的提升抑制了产能提升，促进了土壤环境健康；耕作距离的提升促进了产能提升，抑制了土壤环境健康；田间道路通达度、耕层质地、地形部位、pH值的改善促进了产能提升和稳定，抑制了土壤环境健康；土壤含水率、化肥施用综合指数的提升促进了产能提升和稳定；气候生产潜力、土壤养分元素指数的提升抑制了产能提升、稳定和土壤环境健康。参考耕地质量因子对耕地健康产能指标的直接影响，可以考虑改善土壤容重、温度条件以促进区域耕地健康产能协调发展。

Ⅴ区耕地健康产能表现为“产能中等—产能中等稳定—土壤环境较不健康”，同时三项指标处于“磨合—中度失调”阶段。耕地数量的提升有利于产能均值的提升，同时没有降低产能的稳定性。耕地质量提升促进了土壤环境健康，但抑制了产能和产能稳定性的提升，这可能是由于报酬递减规律。因此，针对Ⅴ区，应适当调节耕作周期，进行适当休耕轮作。对于耕地质量因子而言，土壤容重的改善促进了产能提升和稳定；有机质含量的提升促进了产能提升和稳定，抑制了土壤环境健康；耕作距离的提升抑制了产能提升和稳定；地形坡度的提升抑制了产能提升和稳定，促进了土壤环境健康。参考耕地质量因子对耕地健康产能指标的直接影响，可以考虑改善土壤水含量、土壤养分、pH 值、耕层质地条件以促进区域耕地健康产能协调发展。

Ⅵ区耕地健康产能表现为“产能较低—产能不稳定—土壤环境较不健康”，同时三项指标处于“磨合—中度协调”阶段。耕地数量和耕地质量的提升有利于产能均值和土壤环境健康的提升，同时没有降低产能的稳定性。因此，Ⅵ区耕地资源可以进行进一步的开发利用，促进耕地数量和质量的提升。对于耕地质量因子而言，化肥施用综合指数提升促进了产能提升和土壤环境健康；土壤养分元素指数、有效土层厚度提升抑制了产能提升和稳定；地形部位改善促进了产能提升和稳定；光合生产潜力、气候生产潜力、光温生产潜力提升促进了产能提升、稳定和土壤环境健康；地形坡度提升抑制了产能提升、稳定和土壤环境健康；土壤容重、有机质含量、耕作距离改善抑制了产能稳定和土壤环境健康。参考耕地质量因子对耕地健康产能指标的直接影响，可以考虑提升光照、土壤水含量、田间道路通达度、改善地形以促进区域耕地健康产能协调发展。

7.3　耕地健康产能动态分区与耕地利用投入优化建议

7.3.1　耕地健康产能变化趋势分区

耕地健康产能的变化趋势主要体现在耕地产能变化趋势、产能稳定性变化趋势以及土壤环境健康变化 3 个方面，即从产能倾向率、产能波动指数倾向率以及土壤环境健康分值变化 3 个指数上进行分析。

研究区 1985 ~ 2020 年耕地产能倾向率的最大值为 416.77 千克/公顷/10a，最小值为 -115.77 千克/公顷/10a，平均值为 237.28 千克/公顷/10a，标准差为93.22千克/公顷/10a。产能倾向率小于-100千克/公顷/10a的零星分布，面积占比1.07%；产能倾向率介于-100~0千克/公顷/10a之间的零星分布在农林交会处，面积占比4.75%；产能倾向率介于0~100千克/公顷/10a之间的零星分布，面积占比2.25%；产能倾向率介于100~200千克/公顷/10a之间的主要分布在富锦市、饶河县的农湿交会处，面积占比5.97%；产能倾向率介于200~300千克/公顷/10a之间的除富锦市中部外普遍分布，面积占比66.79%；产能倾向率介于300~400千克/公顷/10a之间的主要分布在富锦市中部、宝清县北部、饶河县中部等部分区域，面积占比19.14%；产能倾向率大于400千克/公顷/10a的零星分布，面积占比0.02%。

就耕地产能稳定性的变化趋势而言，多年产能平均波动指数倾向率的最大值为4.22%/10a，最小值为-4.17%/10a，平均值为0.70%/10a，标准差为1.68%/10a。产能平均波动指数倾向率小于-4%/10a的零星分布，面积占比1.50%；产能平均波动指数倾向率介于-4%/10a~-2%/10a之间的零星分布，面积占比2.40%；产能平均波动指数倾向率介于-2%/10a~0/10a之间的除研究区中部外普遍分布，面积占比54.58%；产能平均波动指数倾向率介于0/10a~2%/10a之间的主要分布在富锦市西部、友谊县东北部、宝清县中部等部分区域，面积占比19.87%；产能平均波动指数倾向率介于2%/10a~4%/10a之间的主要分布在富锦市中部、宝清县北部、饶河县中部及友谊县东北部等部分区域，面积占比20.19%；产能平均波动指数倾向率大于4%/10a的零星分布在富锦市和饶河县的农湿交会处，面积占比1.56%。

就土壤环境健康变化而言，土壤环境健康分值变化的最大值为4分，最小值为-2分，平均值为0.56分，标准差为0.80分。土壤环境健康分值变化为-2分的零星分布，面积占比0.01%；土壤环境健康分值变化为-1分的主要分布在研究区东北部、南部的部分区域，面积占比6.10%；土壤环境健康分值变化为0分的主要分布在研究区东北部、西部、南部的部分区域，面积占比40.60%；土壤环境健康分值变化为1分的主要分布在研究区中西部的部分区域，面积占比49.12%；土壤环境健康分值变化为2分的主要分布在富锦市北部的部分区域，面积占比 0. 47%；土壤环境健康分值变化为 3 分的主要分布在宝清县西部及中部、富锦市北部、集贤县西部的部分区域，面积占比 3. 02%；土壤环境健康分值变化为 4 分的主要分布在土壤环境健康分值变化为 3 分的附近区域，面积占比 0. 69%。

为分析耕地健康产能动态变化趋势相关指标在分区单元间的差异特征，基于 ArcGIS 平台利用自然断点法将计算得到的分区单元耕地健康产能变化趋势相关指数的均值分为 5 级。其中，依据多年产能倾向率的分区单元耕地产能趋势分级情况包括产能变化大（262. 85 ~ 281. 98 千克/公顷/10a）、较大（238. 52 ~ 262. 85 千克/公顷/10a）、中等（217. 06 ~ 238. 52 千克/公顷/10a）、较小（199. 96 ~ 217. 06 千克/公顷/10a）、小（186. 10 ~ 199. 96 千克/公顷/10a）。依据平均波动指数倾向率的分区单元产能稳定性趋势分级情况包括稳定性趋势好（0. 01%/10a ~ 0. 19%/10a）、较好（0. 19%/10a ~ 0. 40%/10a）、中等（0. 40%/10a ~ 0. 82%/10a）、较差（0. 82%/10a ~ 1. 70%/10a）、差（1. 70%/10a ~ 2. 64%/10a）。依据土壤环境健康变化的分区单元土壤环境健康变化分级情况包括土壤环境健康变化好（1. 02 ~ 1. 43 分）、较好（0. 44 ~ 1. 02 分）、中等（0. 17 ~ 0. 44 分）、较差（ -0. 13 ~ 0. 17 分）、差（ -0. 36 ~ -0. 13 分）。

分析各分区单元耕地健康产能变化趋势相关指标的分级情况，可知研究区各分区单元耕地多年产能倾向率介于 186. 10 ~ 281. 98 千克/公顷/10a 之间。产能倾向率分级为大级别的主要分布在八五四农场和头兴农场；产能倾向率分级为较大级别的主要分布在研究区北侧的富锦市、大兴农场、红卫农场、七星农场、五九七农场和创业农场；产能倾向率分级为中等级别的主要分布在研究区东部的饶河农场、八五三农场、饶河县、胜利农场、八五二农场和红旗岭农场，西部的二九一农场和友谊县以及南部的七台河市区；产能倾向率分级为较小级别的主要分布在研究区南部的集贤县、宝清县、双鸭山农场和友谊农场；产能倾向率分级为小级别的主要分布在研究区南部的八五五农场、八五一一农场和北兴农场，西部的双鸭山市区以及东部的八五九农场。整体上，各分区单元耕地多年产能变化趋势呈现“北大南小”的分布状态。

研究区各分区单元产能平均波动指数倾向率介于0.01% ~2.64%之间。产能稳定程度变化趋势分级为好级别的主要分布在研究区西侧的友谊农场、友谊县和二九一农场，南侧的北兴农场、七台河市区和八五一一农场，以及东侧的八五二农场；产能稳定程度变化趋势分级为较好级别的主要分布在研究区西侧的双鸭山市区、双鸭山农场和集贤县，东侧的红旗岭农场、八五三农场和创业农场，以及南侧的八五五农场；产能稳定程度变化趋势分级为中等级别的主要分布在研究区东北侧的胜利农场、八五九农场和红卫农场，以及南侧的宝清县和五九七农场；产能稳定程度变化趋势分级为较差级别的主要分布在研究区北侧的七星农场、饶河农场、富锦市、大兴农场、饶河县和头兴农场；产能稳定程度变化趋势分级为差级别的主要分布在研究区东南侧的八五四农场。整体上，各分区单元耕地多年产能稳定性的变化趋势呈现“南好北差”的分布状态。

研究区各分区单元土壤环境健康分值变化介于-0.36~1.43分之间。土壤环境健康变化分级为好级别的主要分布在研究区西侧的集贤县和二九一农场；土壤环境健康变化分级为较好级别的主要分布在研究区中部的友谊农场、友谊县、头兴农场、富锦市、五九七农场、宝清县和双鸭山农场，以及北侧的创业农场；土壤环境健康变化分级为中等级别的主要分布在研究区东侧的八五二农场和八五三农场；土壤环境健康变化分级为较差级别的主要分布在研究区南侧的八五一一农场、八五五农场、北兴农场、七台河市区，西侧的双鸭山市区，以及东北侧的红卫农场、红旗岭农场、七星农场、胜利农场和八五九农场；土壤环境健康变化分级为差级别的主要分布在研究区东北侧的饶河县、大兴农场和饶河农场。整体上，各分区单元耕地多年土壤环境健康变化主要呈现“中部好而东北部、南部差”的分布状态。

计算研究区分区单元耕地健康产能变化趋势指标的相关性，发现分区单元的产能倾向率和产能平均波动指数倾向率的Pearson相关系数为0.758［在0.01水平（双侧）上显著相关］，产能增长趋势和产能不稳定性趋势表现出较高的一致性。分区单元的土壤环境健康分值变化和产能倾向率的Pearson相关性不显著，相关系数为0.062；分区单元的土壤环境健康分值变化和产能平均波动指数倾向率的 Pearson 相关性不显著，相关系数为 -0.239。

耕地健康产能变化趋势的分区流程如图 7.5 所示。

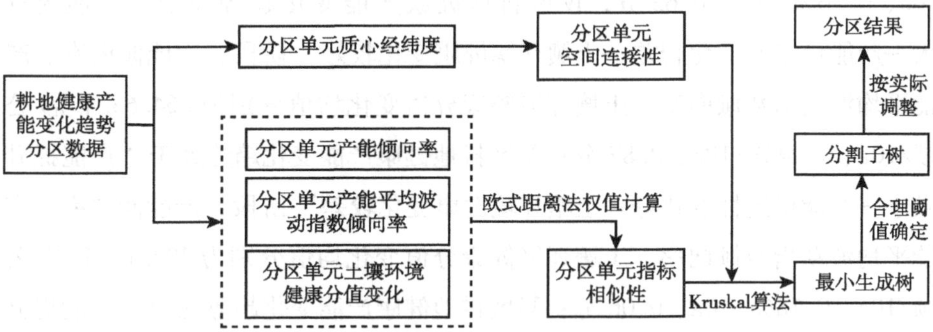

图 7.5　耕地健康产能变化趋势分区流程

资料来源：作者自行整理。

基于 DPS 平台计算得到的研究区耕地健康产能变化趋势相关指标的最小生成树和两维图论聚类分区，可知根据分区单元的地理位置和耕地产能倾向率、产能平均波动指数倾向率以及土壤环境健康分值变化可以将研究区分成 6 个耕地健康产能变化趋势子区。其中，Ⅰ区包括八五九农场、饶河县、饶河农场和胜利农场，Ⅱ区包括创业农场、大兴农场、红卫农场和七星农场，Ⅲ区包括八五二农场、八五三农场、八五四农场、宝清县、二九一农场、红旗岭农场、集贤县和友谊县，Ⅳ区包括富锦市、头兴农场和五九七农场，Ⅴ区包括八五五农场、八五一一农场、北兴农场和七台河市区，Ⅵ区包括双鸭山农场、双鸭山市区和友谊农场。

根据研究区耕地健康产能变化趋势各分区的指标均值统计情况（见表 7.5），可知Ⅰ区耕地健康产能变化趋势处于“产能中等提升—产能稳定性变化较差—土壤环境健康变化差”阶段，产能倾向率、产能平均波动指数倾向率、土壤环境健康分值变化均值分别为 223.16 千克/公顷/10a、0.86%/10a、-0.16 分；Ⅱ区耕地健康产能变化趋势处于“产能提升较大—产能稳定性变化较差—土壤环境健康变化较差”阶段，产能倾向率、产能平均波动指数倾向率、土壤环境健康分值变化均值分别为 255.98 千克/公顷/10a、0.89%/10a、0.15 分；Ⅲ区耕地健康产能变化趋势处于“产能中等提升—产能稳定性中等变化—土壤环境健康变化较好”阶段，产能倾向率、产能平均波动指数倾向率、土壤环境健康分值变化均值分别为 233.94 千克/公顷/10a、0.56%/10a、0.63 分；Ⅳ区耕地健康产能变化趋势处于“产能提升大—产能稳定性变化较差—土壤环境健康变化较好”阶段，产能倾向率、产能平均波动指数倾向率、土壤环境健康分值变化均值分别为 264.63 千克/公顷/10a、1.24%/10a、0.87 分；Ⅴ区耕地健康产能变化趋势处于“产能提升较小—产能稳定性变化好—土壤环境健康变化较差”阶段，产能倾向率、产能平均波动指数倾向率、土壤环境健康分值变化均值分别为 202.11 千克/公顷/10a、0.18%/10a、0.06 分；Ⅵ区耕地健康产能变化趋势处于“产能提升较小—产能稳定性变化好—土壤环境健康变化较好”阶段，产能倾向率、产能平均波动指数倾向率、土壤环境健康分值变化均值分别为 202.32 千克/公顷/10a、0.16%/10a、0.61 分。

表 7.5　研究区各耕地健康产能变化趋势分区的指标均值统计

分区	产能倾向率均值		产能平均波动指数倾向率均值		土壤健康分值变化均值	
	数值/（千克/公顷/10a）	分级	数值/（%/10a）	分级	数值/分	分级
Ⅰ	223.16	中等	0.86	较差	-0.16	差
Ⅱ	255.98	较大	0.89	较差	0.15	较差
Ⅲ	233.94	中等	0.56	中等	0.63	较好
Ⅳ	264.63	大	1.24	较差	0.87	较好
Ⅴ	202.11	较小	0.18	好	0.06	较差
Ⅵ	202.32	较小	0.16	好	0.61	较好

资料来源：作者自行整理。

根据研究区耕地健康产能变化趋势整体和各分区的耦合度和耦合协调度划分情况（见表 7.6），可知研究区整体呈现磨合的耦合类型和基本协调的协调类型，耦合度和耦合协调度分别为 0.727、0.497。Ⅰ区呈现磨合的耦合类型和中度失调的协调类型，耦合度和耦合协调度分别为 0.654、0.386。Ⅱ区呈现磨合的耦合类型和中度协调的协调类型，耦合度和耦合协调度分别为 0.788、0.594。Ⅲ区呈现磨合的耦合类型和中度协调的协调类型，耦合度和耦合协调度分别为 0.762、0.531。Ⅳ区呈现协调耦合的耦合类型和中度协调的协调类型，耦合度和耦合协调度分别为 0.858、0.727。Ⅴ区呈现协调耦合的耦合类型和基本协调的协调类型，耦合度和耦合协调度分别为 0.902、0.493。Ⅵ区呈现拮抗的耦合类型和中度失调的协调类型，耦合度和耦合协调度分别为 0.487、0.289。除Ⅵ区耕地健康产能 3 个指标表现为拮抗的耦合类型外，其余分区均表现为磨合或协调耦合的耦合类型；除Ⅰ区和Ⅵ区耕地健康产能 3 个指标表现为失调的协调类型外，其余分区均表现出协调。

表 7.6　　耕地健康产能变化趋势各分区的耦合度和耦合协调度划分

分区	耦合度划分		耦合协调度划分	
	耦合度	耦合类型	耦合协调度	协调类型
Ⅰ	0.654	磨合	0.386	中度失调
Ⅱ	0.788	磨合	0.594	中度协调
Ⅲ	0.762	磨合	0.531	中度协调
Ⅳ	0.858	协调耦合	0.727	中度协调
Ⅴ	0.902	协调耦合	0.493	基本协调
Ⅵ	0.487	拮抗	0.289	中度失调
整体	0.727	磨合	0.497	基本协调

资料来源：作者自行整理。

7.3.2　各分区耕地利用变化对耕地健康产能变化趋势的影响

计算多年耕地网格面积比例的倾向率作为耕地数量变化趋势数据，1985～2020 年耕地质量差值作为耕地质量变化数据。分别计算各分区耕地数量倾向率与多年产能倾向率、产能平均波动指数倾向率和土壤环境健康分值变化的 Pearson 相关系数，以及耕地质量变化与多年产能倾向率、产能平均波动指数倾向率和土壤环境健康分值变化的 Pearson 相关系数。分析各分区耕地利用变化与耕地健康产能指标变化的 Pearson 相关系数（见表 7.7），可知各分区耕地数量倾向率均与产能倾向率呈显著正相关关系，其中，Ⅳ区耕地数量倾向率与产能倾向率的 Pearson 相关系数最大，为 0.647；Ⅰ区耕地数量倾向率与产能倾向率的 Pearson 相关系数最小，为 0.446。除Ⅴ区耕地质量变化与产能倾向率呈不显著相关关系，Ⅰ区和Ⅲ区耕地质量变化与产能倾向率呈显著负相关关系外，其余分区均呈显著正相关关系。其中，Ⅳ区耕地质量变化与产能倾向率的 Pearson 相关系数最大，为 0.080；Ⅱ区耕地质量变化与产能倾向率的 Pearson 相关系数最小，为 0.055。

表 7.7　各分区耕地利用变化与耕地健康产能变化趋势指标的相关系数

分区	影响因子	产能倾向率	平均波动指数倾向率	土壤环境健康分值变化
Ⅰ区	耕地数量倾向率	0.446**	0.741**	0.091**
	耕地质量变化	-0.032**	-0.072**	0.113**
Ⅱ区	耕地数量倾向率	0.589**	0.884**	0.150**
	耕地质量变化	0.055**	0.01	0.093**
Ⅲ区	耕地数量倾向率	0.501**	0.694**	-0.062**
	耕地质量变化	-0.022**	0.044**	-0.251**
Ⅳ区	耕地数量倾向率	0.647**	0.870**	0.101**
	耕地质量变化	0.080**	0.154**	0.117**
Ⅴ区	耕地数量倾向率	0.505**	0.639**	0.034*
	耕地质量变化	0.011	0.002	-0.211**
Ⅵ区	耕地数量倾向率	0.573**	0.738**	0.011
	耕地质量变化	0.064**	0.087**	-0.257**

注：** 表示在 0.01 水平（双侧）上显著相关，* 表示在 0.05 水平（双侧）上显著相关。
资料来源：作者自行整理。

耕地数量倾向率均与产能平均波动指数倾向率呈显著正相关关系，其中，Ⅱ区耕地数量倾向率与产能平均波动指数倾向率的 Pearson 相关系数最大，为 0.884；Ⅴ区耕地数量倾向率与产能平均波动指数倾向率的 Pearson 相关系数最小，为 0.639。除Ⅱ区和Ⅴ区耕地质量变化与产能平均波动指数倾向率呈不显著相关关系，Ⅰ区耕地质量变化与产能平均波动指数倾向率呈显著负相关性外，其余分区均呈显著正相关性。其中，Ⅳ区耕地质量变化与产能平均波动指数倾向率的 Pearson 相关系数最大，为 0.154；Ⅲ区耕地质量变化与产能平均波动指数倾向率的 Pearson 相关系数最小，为 0.044。

除Ⅵ区耕地数量倾向率和土壤环境健康分值变化呈不显著的相关性，Ⅲ区耕地数量倾向率和土壤环境健康分值变化呈显著负相关关系外，其余分区均呈显著正相关关系。其中，Ⅱ区耕地数量倾向率和土壤环境健康分值变化的 Pearson 相关系数最大，为 0.150；Ⅴ区耕地数量倾向率和土壤环境健康分值变化的 Pearson 相关系数最小，为 0.034。耕地质量变化均与土壤环境健康分值变化呈显著的相关性。其中，Ⅳ区耕地质量变化与土壤环境健康分值变化的 Pearson 相关系数最大，为 0.117；Ⅱ区耕地质量变化与土壤环境健康分值变化的 Pearson 相关系数最小，为 0.093；Ⅵ区耕地质量变化与土壤环境健康分值变化的负向 Pearson 相关系数最大，为 -0.257；Ⅴ区耕地质量变化与土壤环境健康分值变化的负向 Pearson 相关系数最小，为 -0.211。

利用二次多项式逐步回归的方法，计算各分区耕地数量倾向率（X_1）、耕地质量变化（X_2）与多年产能倾向率（Y_1）、产能平均波动指数倾向率（Y_2）、土壤环境健康分值变化（Y_3）的拟合函数，以期解释各分区耕地利用变化对耕地健康产能变化的可能影响以及影响的区域差异。分析各分区耕地利用变化与耕地健康产能变化趋势指标的拟合函数（见表 7.8），可知Ⅱ区 Y_2 拟合函数的解释力最强，R^2 为 0.788，拟合函数为 $Y_2 = -0.001 + 0.002 \times X_1 + 2.414 \times 10^{-5} \times X_1 \times X_1$；Ⅳ区 Y_3 拟合函数的解释力最弱，R^2 为 0.021。各分区拟合函数的 R^2，均呈现 $Y_2 > Y_1 > Y_3$。说明区域耕地利用变化对耕地产能稳定性变化的解释力最强，对耕地产能变化的解释力稍弱，对土壤环境健康变化的解释力最弱。除Ⅴ区外，Y_1 的拟合函数和 X_1 和 X_2 均有关系，说明 Y_1 受 X_1 和 X_2 的综合影响；除Ⅰ区外，Y_2 的拟合函数仅和 X_1 有关，说明 Y_2 主要受 X_1 的影响；Y_3 的拟合函数和 X_1 和 X_2 均有关系，说明 Y_1 受 X_1 和 X_2 的综合影响。

表 7.8　各分区耕地利用变化与耕地健康产能变化趋势指标的拟合函数

分区	拟合函数	R^2
Ⅰ区	$Y_1 = 201.493 + 7.534 \times X_1 - 0.047 \times X_1 \times X_1 + 6.819 \times X_1 \times X_2$	0.199
	$Y_2 = -0.001 + 0.002 \times X_1 + 1.386 \times 10^{-5} \times X_1 \times X_1 + 0.194 \times X_2 \times X_2$	0.551
	$Y_3 = -0.108 + 2.374 \times X_2 - 0.198 \times X_1 \times X_2 - 10.922 \times X_2 \times X_2$	0.027

续表

分区	拟合函数	R^2
Ⅱ区	$Y_1=205.877+8.461\times X_1-0.150\times X_1\times X_1+426.957\times X_2-2\ 211.086\times X_2\times X_2$	0.360
	$Y_2=-0.001+0.002\times X_1+2.414\times10^{-5}\times X_1\times X_1$	0.788
	$Y_3=-0.254+2.613\times10^{-4}\times X_1\times X_1+1.846\times X_2+0.008\times X_1$	0.031
Ⅲ区	$Y_1=204.780+10.914\times X_1-0.333\times X_1\times X_1-159.932\times X_2+12.923\times X_1\times X_2$	0.287
	$Y_2=-4.744\times10^{-4}+0.002\times X_1$	0.481
	$Y_3=0.546-39.356\times X_2\times X_2-2.535\times10^{-4}\times X_1\times X_1+0.792\times X_2-0.007\times X_1+0.078\times X_1\times X_2$	0.084
Ⅳ区	$Y_1=225.953+7.568\times X_1-0.115\times X_1\times X_1-208.414\times X_2+13.263\times X_1\times X_2$	0.428
	$Y_2=-0.002+0.001\times X_1+4.035\times10^{-5}\times X_1\times X_1$	0.774
	$Y_3=0.750+1.928\times X_2+0.008\times X_1-0.062\times X_1\times X_2$	0.021
Ⅴ区	$Y_1=201.056+13.075\times X_1-0.498\times X_1\times X_1$	0.296
	$Y_2=-0.002+0.002\times X_1$	0.408
	$Y_3=0.217-17.163\times X_2\times X_2+0.001\times X_1\times X_1$	0.054
Ⅵ区	$Y_1=207.102+11.423\times X_1-0.428\times X_1\times X_1+14.793\times X_1\times X_2$	0.389
	$Y_2=-0.001+0.002\times X_1$	0.545
	$Y_3=1.139-7.735\times X_2+25.124\times X_2\times X_2+0.005\times X_1-3.044\times10^{-4}\times X_1\times X_1$	0.074

资料来源：作者自行整理。

进一步提取耕地未发生改变的区域，分析耕地数量不变区耕地质量因子变化对耕地健康产能指标变化的可能影响。分析各分区耕地数量不变区耕地质量因子变化与耕地健康产能指标变化趋势的 Pearson 相关系数（见图 7.6），可知Ⅰ区中农机化水平变化与产能变化趋势呈显著正相关关系，其余耕地质量因子变化与产能变化趋势的线性相关性均不显著。土壤容重变化、地形部位变化与产能稳定性变化趋势呈显著正相关关系，且相关系数依次减小；土壤含水率变化与产能稳定性变化趋势呈显著负相关关系；其余耕地质量因子变化与产能稳定性变化趋势的线性相关性均不显著。耕层质地变化、土壤容重变化与土壤环境健康变化趋势呈显著正相关关系，且相关系数依次减小；地形部位变化、土壤养分元素指数变化、有机质含量变化、光温生产潜力变化、农机化水平变化与土壤环境健康变化趋势呈显著负相关关系，且相关系数依次减小；其余耕地质量因子变化与土壤环境健康变化趋势的线性相关性均不显著。

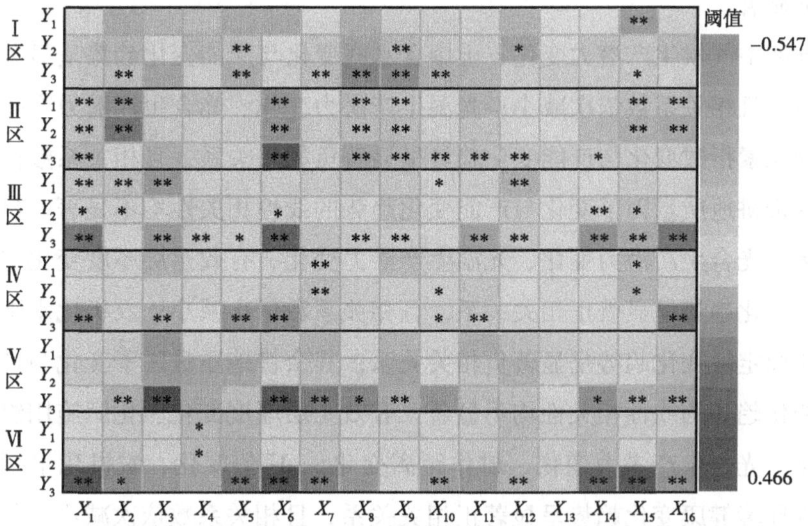

图 7.6　各分区耕地数量不变区耕地质量因子变化与耕地健康产能指标变化趋势的相关系数

注：** 表示在 0.01 水平（双侧）上显著相关，* 表示在 0.05 水平（双侧）上显著相关。

资料来源：作者自行整理。

Ⅱ区中光温生产潜力变化、有效土层厚度变化与产能变化趋势呈显著正相关关系，且相关系数依次减小；化肥施用综合指数变化、农机化水平变化、光合生产潜力变化、耕层质地变化、土壤容重变化与产能变化趋势呈显著负相关关系，且相关系数依次减小；其余耕地质量因子变化与产能变化趋势的线性相关性均不显著。化肥施用综合指数变化、农机化水平变化、土壤容重变化、耕层质地变化、光合生产潜力变化与产能稳定性变化趋势呈显著正相关关系，且相关系数依次减小；光温生产潜力变化、有效土层厚度变化与产能稳定性变化趋势呈显著负相关关系，且相关系数依次减小；其余耕地质量因子变化与产能稳定性变化趋势的线性相关性均不显著。有效土层厚度变化与土壤环境健康变化趋势呈显著正相关关系；耕层质地变化、土壤容重变化、光合生产潜力变化、pH 值变化、土壤养分元素指数变化、土壤含水率变化、耕作距离变化与土壤环境健康变化趋势呈显著负相关关系，且相关系数依次减小；其余耕地质量因子变化与土壤环境健康变化趋势的线性相关性均不显著。

Ⅲ区中气候生产潜力变化、土壤含水率变化与产能变化趋势呈显著正相关关系，且相关系数依次减小；光温生产潜力变化、光合生产潜力变化、土壤养分元素指数变化与产能变化趋势呈显著负相关关系，且相关系数依次减小；其余耕地质量因子变化与产能变化趋势的线性相关性均不显著。耕作距离变化、光合生产潜力变化、光温生产潜力变化、有效土层厚度变化与产能稳定性变化趋势呈显著正相关关系，且相关系数依次减小；农机化水平变化与产能稳定性变化趋势呈显著负相关关系；其余耕地质量因子变化与产能稳定性变化趋势的线性相关性均不显著。有效土层厚度变化、化肥施用综合指数变化、光合生产潜力变化、耕作距离变化、pH 值变化、农机化水平变化与土壤环境健康变化趋势呈显著正相关关系，且相关系数依次减小；气候生产潜力变化、土壤含水率变化、地形坡度变化、土壤容重变化、耕层质地变化、地形部位变化与土壤环境健康变化趋势呈显著负相关关系，且相关系数依次减小；其余耕地质量因子变化与土壤环境健康变化趋势的线性相关性均不显著。

Ⅳ区中农机化水平变化与产能变化趋势呈显著正相关关系，有机质含量变化与产能变化趋势呈显著负相关关系，其余耕地质量因子变化与产能变化趋势的线性相关性均不显著。有机质含量变化、土壤养分元素指数变化与产能稳定性变化趋势呈显著正相关关系，且相关系数依次减小；农机化水平变化与产能稳定性变化趋势呈显著负相关关系；其余耕地质量因子变化与产能稳定性变化趋势的线性相关性均不显著。化肥施用综合指数变化、光合生产潜力变化、有效土层厚度变化、地形部位变化与土壤环境健康变化趋势呈显著正相关关系，且相关系数依次减小；气候生产潜力变化、pH 值变化、土壤养分元素指数变化与土壤环境健康变化趋势呈显著负相关关系，且相关系数依次减小；其余耕地质量因子变化与土壤环境健康变化趋势的线性相关性均不显著。

Ⅴ区中耕地质量因子变化与产能变化趋势的线性相关性均不显著。耕地质量因子变化与产能稳定性变化趋势的线性相关性均不显著。气候生产潜力变化、有效土层厚度变化、有机质含量变化、耕作距离变化、耕层质地变化与土壤环境健康变化趋势呈显著正相关关系，且相关系数依次减小；化肥施用综合指数变化、农机化水平变化、土壤容重变化、光温生产潜力变化与土壤环境健康变化趋势呈显著负相关关系，且相关系数依次减小；其余耕地质量因子变化与土壤环境健康变化趋势的线性相关性均不显著。

Ⅵ区中地形坡度变化与产能变化趋势呈显著负相关关系，其余耕地质量因子变化与产能变化趋势的线性相关性均不显著。地形坡度变化与产能稳定性变化趋势呈显著正相关关系，其余耕地质量因子变化与产能稳定性变化趋势的线性相关性均不显著。农机化水平变化、有效土层厚度变化、光合生产潜力变化、耕作距离变化、地形部位变化、有机质含量变化、光温生产潜力变化与土壤环境健康变化趋势呈显著正相关关系，且相关系数依次减小；化肥施用综合指数变化、土壤养分元素指数变化、土壤含水率变化与土壤环境健康变化趋势呈显著负相关关系，且相关系数依次减小；其余耕地质量因子变化与土壤环境健康变化趋势的线性相关性均不显著。

分析各分区耕地数量不变区耕地质量因子变化与耕地健康产能变化趋势指标的直接通径系数（见图 7.7），可知Ⅰ区耕地质量因子变化对产能变化趋势的直接正向影响排序为农机化水平变化 > 土壤含水率变化 > 地形坡度变化 > 地形部位变化 > 光温生产潜力变化 > 有机质含量变化 > 光合生产潜力变化 > 耕层质地变化 > 有效土层厚度变化；直接负向影响排序为气候生产潜力变化 > 土壤养分元素指数变化 > 土壤容重变化 > 耕作距离变化 > pH 值变化 > 田间道路通达度变化 > 化肥施用综合指数变化。

耕地质量因子变化对产能稳定性变化趋势的直接正向影响排序为土壤容重变化 > 地形部位变化 > 田间道路通达度变化；直接负向影响排序为土壤含

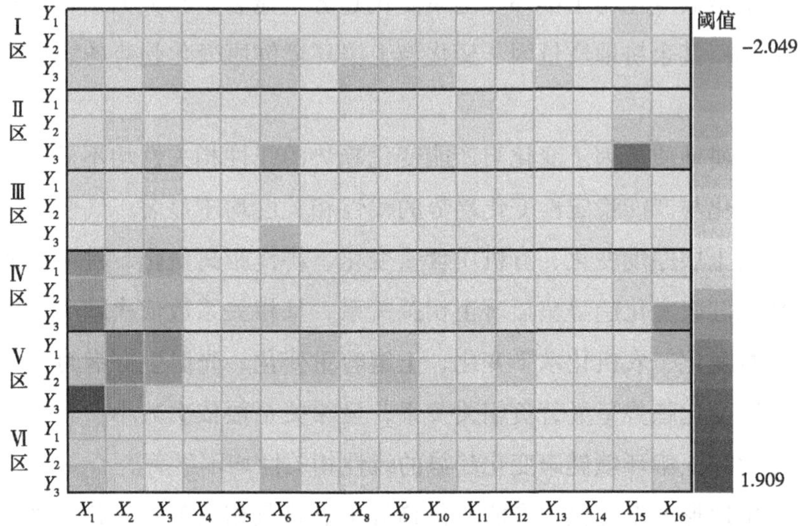

图 7.7　各分区耕地数量不变区耕地质量因子变化与耕地健康产能指标变化趋势的直接通径系数

资料来源：作者自行整理。

水率变化 > 光合生产潜力变化 > 有效土层厚度变化 > 土壤养分元素指数变化 > 农机化水平变化 > 化肥施用综合指数变化 > 气候生产潜力变化 > pH 值变化 > 耕作距离变化 > 地形坡度变化 > 耕层质地变化 > 光温生产潜力变化 > 有机质含量变化。

耕地质量因子变化对土壤环境健康变化趋势的直接正向影响排序为耕层质地变化 > 土壤容重变化 > 气候生产潜力变化 > 田间道路通达度变化 > 地形坡度变化；直接负向影响排序为土壤养分元素指数变化 > 有效土层厚度变化 > 光合生产潜力变化 > 地形部位变化 > 光温生产潜力变化 > 农机化水平变化 > 有机质含量变化 > 耕作距离变化 > pH 值变化 > 化肥施用综合指数变化 > 土壤含水率变化。

Ⅱ区耕地质量因子变化对产能变化趋势的直接正向影响排序为 pH 值变化 > 有效土层厚度变化 > 地形坡度变化 > 地形部位变化 > 土壤含水率变化 > 有机质含量变化 > 土壤养分元素指数变化；直接负向影响排序为农机化水平变化 > 化肥施用综合指数变化 > 耕层质地变化 > 光温生产潜力变化 > 气候生

产潜力变化 > 土壤容重变化 > 光合生产潜力变化 > 田间道路通达度变化 > 耕作距离变化。

耕地质量因子变化对产能稳定性变化趋势的直接正向影响排序为化肥施用综合指数变化 > 地形部位变化 > 土壤含水率变化 > 土壤容重变化 > 有机质含量变化 > 田间道路通达度变化 > 耕层质地变化；直接负向影响排序为农机化水平变化 > 光温生产潜力变化 > 有效土层厚度变化 > pH 值变化 > 气候生产潜力变化 > 光合生产潜力变化 > 耕作距离变化 > 地形坡度变化 > 土壤养分元素指数变化。

耕地质量因子变化对土壤环境健康变化趋势的直接正向影响排序为农机化水平变化 > 有效土层厚度变化 > 气候生产潜力变化 > 光合生产潜力变化 > 光温生产潜力变化 > 地形坡度变化；直接负向影响排序为化肥施用综合指数变化 > 土壤养分元素指数变化 > 耕层质地变化 > pH 值变化 > 耕作距离变化 > 土壤容重变化 > 地形部位变化 > 土壤含水率变化 > 有机质含量变化 > 田间道路通达度变化。

Ⅲ区耕地质量因子变化对产能变化趋势的直接正向影响排序为气候生产潜力变化 > 光合生产潜力变化 > 有效土层厚度变化 > 农机化水平变化 > 有机质含量变化 > 土壤含水率变化 > 耕层质地变化 > pH 值变化；直接负向影响排序为光温生产潜力变化 > 化肥施用综合指数变化 > 耕作距离变化 > 地形部位变化 > 地形坡度变化 > 土壤容重变化 > 田间道路通达度变化 > 土壤养分元素指数变化。

耕地质量因子变化对产能稳定性变化趋势的直接正向影响排序为耕作距离变化 > 化肥施用综合指数变化 > 光温生产潜力变化 > 气候生产潜力变化 > 光合生产潜力变化 > 耕层质地变化 > 田间道路通达度变化 > 土壤养分元素指数变化 > pH 值变化 > 有效土层厚度变化 > 有机质含量变化；直接负向影响排序为农机化水平变化 > 地形部位变化 > 土壤容重变化 > 地形坡度变化 > 土壤含水率变化。

耕地质量因子变化对土壤环境健康变化趋势的直接正向影响排序为有效土层厚度变化 > 耕作距离变化 > pH 值变化 > 地形坡度变化 > 有机质含量变

化 > 土壤容重变化 > 地形部位变化；直接负向影响排序为气候生产潜力变化 > 光温生产潜力变化 > 化肥施用综合指数变化 > 耕层质地变化 > 土壤养分元素指数变化 > 田间道路通达度变化 > 土壤含水率变化 > 光合生产潜力变化 > 农机化水平变化。

Ⅳ区耕地质量因子变化对产能变化趋势的直接正向影响排序为光合生产潜力变化 > 气候生产潜力变化 > 农机化水平变化 > 土壤养分元素指数变化 > 化肥施用综合指数变化 > 地形部位变化 > 田间道路通达度变化；直接负向影响排序为光温生产潜力变化 > 有机质含量变化 > 地形坡度变化 > 有效土层厚度变化 > 耕层质地变化 > 土壤含水率变化 > 耕作距离变化 > pH 值变化 > 土壤容重变化。

耕地质量因子变化对产能稳定性变化趋势的直接正向影响排序为光温生产潜力变化 > 有机质含量变化 > 有效土层厚度变化 > 地形坡度变化 > 耕层质地变化 > 土壤容重变化 > 耕作距离变化 > 土壤养分元素指数变化 > pH 值变化；直接负向影响排序为光合生产潜力变化 > 气候生产潜力变化 > 农机化水平变化 > 化肥施用综合指数变化 > 田间道路通达度变化 > 土壤含水率变化 > 地形部位变化。

耕地质量因子变化对土壤环境健康变化趋势的直接正向影响排序为光合生产潜力变化 > 化肥施用综合指数变化 > 气候生产潜力变化 > 有效土层厚度变化 > 地形部位变化 > 有机质含量变化 > 田间道路通达度变化 > 地形坡度变化 > 土壤含水率变化；直接负向影响排序为光温生产潜力变化 > pH 值变化 > 农机化水平变化 > 土壤养分元素指数变化 > 耕层质地变化 > 土壤容重变化 > 耕作距离变化。

Ⅴ区耕地质量因子变化对产能变化趋势的直接正向影响排序为光温生产潜力变化 > 气候生产潜力变化 > 化肥施用综合指数变化 > 有机质含量变化 > 土壤容重变化 > 土壤含水率变化 > pH 值变化 > 耕层质地变化 > 有效土层厚度变化 > 地形部位变化；直接负向影响排序为光合生产潜力变化 > 地形坡度变化 > 农机化水平变化 > 田间道路通达度变化 > 土壤养分元素指数变化 > 耕作距离变化。

耕地质量因子变化对产能稳定性变化趋势的直接正向影响排序为光合生产潜力变化 > 耕作距离变化 > 田间道路通达度变化；直接负向影响排序为光温生产潜力变化 > 气候生产潜力变化 > 土壤容重变化 > 有机质含量变化 > 土壤含水率变化 > 耕层质地变化 > 有效土层厚度变化 > 化肥施用综合指数变化 > 地形坡度变化 > 地形部位变化 > 土壤养分元素指数变化 > 农机化水平变化 > pH 值变化。

耕地质量因子变化对土壤环境健康变化趋势的直接正向影响排序为光合生产潜力变化 > 土壤容重变化 > pH 值变化 > 有机质含量变化 > 耕层质地变化 > 地形坡度变化；直接负向影响排序为光温生产潜力变化 > 农机化水平变化 > 气候生产潜力变化 > 土壤养分元素指数变化 > 耕作距离变化 > 地形部位变化 > 土壤含水率变化 > 有效土层厚度变化 > 田间道路通达度变化 > 化肥施用综合指数变化。

Ⅵ区耕地质量因子变化对产能变化趋势的直接正向影响排序为光合生产潜力变化 > 地形部位变化 > 气候生产潜力变化 > 耕作距离变化 > 土壤含水率变化 > 化肥施用综合指数变化；直接负向影响排序为光温生产潜力变化 > 地形坡度变化 > 耕层质地变化 > 有机质含量变化 > 土壤养分元素指数变化 > pH 值变化 > 土壤容重变化 > 农机化水平变化 > 田间道路通达度变化 > 有效土层厚度变化。

耕地质量因子变化对产能稳定性变化趋势的直接正向影响排序为光温生产潜力变化 > 农机化水平变化 > 土壤养分元素指数变化 > 地形坡度变化 > 耕层质地变化 > pH 值变化 > 土壤容重变化 > 有机质含量变化 > 田间道路通达度变化；直接负向影响排序为光合生产潜力变化 > 地形部位变化 > 耕作距离变化 > 气候生产潜力变化 > 化肥施用综合指数变化 > 土壤含水率变化 > 有效土层厚度变化。

耕地质量因子变化对土壤环境健康变化趋势的直接正向影响排序为有效土层厚度变化 > 光合生产潜力变化 > 地形坡度变化 > 有机质含量变化 > 地形部位变化 > 气候生产潜力变化；直接负向影响排序为土壤养分元素指数变化 > 化肥施用综合指数变化 > 光温生产潜力变化 > 耕层质地变化 > 农机化水

平变化 > 土壤容重变化 > pH 值变化 > 耕作距离变化 > 田间道路通达度变化 > 土壤含水率变化。

7.3.3 各分区耕地利用投入优化建议

Ⅰ区耕地健康产能变化趋势表现为“产能中等提升—产能稳定性变化较差—土壤环境健康变化差”，同时三项指标处于“磨合—中度失调”阶段。耕地数量变化趋势的提升促进产能变化趋势和土壤环境健康分值变化的提升，抑制产能稳定性变化趋势的提升；耕地质量变化的提升抑制产能变化趋势的提升，促进产能稳定性变化趋势和土壤环境健康分值变化的提升。因此，针对Ⅰ区可以适当减缓耕地开发速度，注意提升耕地质量变化幅度，以促进产能稳定性的发展。对于耕地质量因子变化而言，农机化水平变化幅度的提升促进了产能变化速度的提升，但抑制了土壤环境健康分值变化的提升；地形部位变化幅度的提升促进了产能稳定性变化速度的提升，但抑制了土壤环境健康分值变化的提升；土壤容重变化幅度的提升促进了产能稳定性变化速度和土壤环境健康分值变化的提升。

Ⅱ区耕地健康产能变化趋势表现为“产能提升较大—产能稳定性变化较差—土壤环境健康变化较差”，同时三项指标处于“磨合—中度协调”阶段。耕地数量变化趋势的提升促进产能变化趋势和土壤环境健康分值变化的提升，抑制产能稳定性变化趋势的提升；耕地质量变化的提升促进产能变化趋势和土壤环境健康分值变化的提升。因此，针对Ⅱ区应适当放缓耕地开发速度，以遏制区域产能不稳定性的增长速度，同时增加耕地质量改善幅度促进产能增长速度。对于耕地质量因子变化而言，土壤容重、耕层质地、光合生产潜力变化幅度的提升抑制了产能变化速度和土壤环境健康分值变化的提升，促进了产能稳定性变化速度的提升；有效土层厚度变化幅度的提升促进了产能变化速度和土壤环境健康分值变化的提升，抑制了产能稳定性变化速度的提升；光温生产潜力变化幅度的提升促进了产能变化速度的提升，抑制了产能稳定性变化速度的提升；农机化水平、化肥施用综合指数变化幅度的提升促进了产能稳定性变化速度的提升，抑制了产能变化速度的提升。

Ⅲ区耕地健康产能变化趋势表现为“产能中等提升—产能稳定性中等变化—土壤环境健康变化较好”，同时三项指标处于“磨合—中度协调”阶段。耕地数量变化趋势的提升促进产能变化趋势的提升，抑制产能稳定性变化趋势和土壤环境健康分值变化的提升；耕地质量变化的提升抑制产能变化趋势、产能稳定性变化趋势和土壤环境健康分值变化的提升。因此，针对Ⅲ区应减缓耕地开发速度、减少耕地质量投入程度，以缓解区域耕地健康产能的负向变化趋势。对于耕地质量因子变化而言，土壤含水率、气候生产潜力变化幅度的提升促进了产能变化速度的提升，抑制了土壤环境健康分值变化的提升；光合生产潜力变化幅度的提升促进了产能稳定性变化速度和土壤环境健康分值变化的提升，抑制了产能变化速度的提升；光温生产潜力变化幅度的提升促进了产能稳定性变化速度的提升，抑制了产能变化速度的提升；有效土层厚度、耕作距离变化幅度的提升促进了产能稳定性变化速度和土壤环境健康分值变化的提升；农机化水平变化幅度的提升促进了土壤环境健康分值变化的提升，抑制了产能稳定性变化速度的提升。参考耕地质量因子变化对耕地健康产能指标变化趋势的直接影响，可以考虑提升有效土层厚度、pH 值、有机质含量变化幅度以促进区域耕地健康产能变化趋势的协调发展。

Ⅳ区耕地健康产能变化趋势表现为“产能提升大—产能稳定性变化较差—土壤环境健康变化较好”，同时三项指标处于“协调耦合—中度协调”阶段。耕地数量变化趋势和耕地质量变化的提升促进产能变化趋势和土壤环境健康分值变化的提升，抑制产能稳定性变化趋势的提升。因此，针对Ⅳ区应适当放缓耕地开发速度、减少耕地质量投入程度，以遏制区域产能不稳定性的增长速度。对于耕地质量因子变化而言，农机化水平变化幅度的提升促进了产能变化速度的提升，抑制了产能稳定性变化速度的提升；有机质含量变化幅度的提升促进了产能稳定性变化速度的提升，抑制了产能变化速度的提升；土壤养分元素指数变化幅度的提升促进了产能稳定性变化速度的提升，抑制了土壤环境健康分值变化的提升。

Ⅴ区耕地健康产能变化趋势表现为“产能提升较小—产能稳定性变化

好—土壤环境健康变化较差”，同时三项指标处于“协调耦合—基本协调”阶段。耕地数量变化趋势的提升促进产能变化趋势和土壤环境健康分值变化的提升，抑制产能稳定性变化趋势的提升；耕地质量变化抑制土壤环境健康分值变化的提升。因此，针对Ⅴ区应适当放缓耕地开发速度以遏制区域产能不稳定性的增长速度，减少耕地质量投入程度以促进土壤环境健康的变化幅度。

Ⅵ区耕地健康产能变化趋势表现为“产能提升较小—产能稳定性变化好—土壤环境健康变化较好”，同时三项指标处于“拮抗—中度失调”阶段。耕地数量变化趋势的提升促进产能变化趋势的提升，抑制产能稳定性变化趋势的提升；耕地数量变化趋势质量变化的提升促进产能变化趋势的提升，抑制产能稳定性变化趋势和土壤环境健康分值变化的提升。因此，针对Ⅵ区应减缓耕地开发速度、减少耕地质量投入程度，以缓解区域耕地健康产能失衡的变化趋势。对于耕地质量因子变化而言，地形坡度变化幅度的提升促进了产能稳定性变化速度的提升，抑制了产能变化速度的提升。

7.4 本章小结

本章基于耕地健康产能的基本内涵以及土地资源优化配置、报酬递减规律等理论，从耕地健康产能静态分区与各分区耕地利用优化建议、耕地健康产能动态分区与各分区耕地利用投入优化建议两方面进行耕地健康产能分区与耕地利用优化建议方面的分析。主要研究结果如下。

（1）提出了各区域耕地利用的优化建议。耕地健康产能分区单元的产能均值和产能平均波动指数的 Pearson 相关系数为 -0.913［在0.01 水平（双侧）上显著相关］，产能高值区和产能稳定区表现出较高的一致性；土壤环境健康分值均值与产能均值以及产能平均波动指数的 Pearson 相关性不显著。

两维图论聚类方法适用于耕地健康产能分区研究。Ⅰ区耕地健康产能表现为“产能较低—产能较不稳定—土壤环境中等健康”的“磨合—基本协调”阶段。耕地资源可以进行进一步的开发利用，促进耕地数量和质量的提升。可以考虑改善地形条件以促进区域耕地健康产能协调发展。

Ⅱ区耕地健康产能表现为“产能较高—产能中等稳定—土壤环境中等健康”的“磨合—中度协调”阶段。耕地资源可以进行进一步的开发利用，促进耕地数量和质量的提升。可以考虑提升有效土层厚度以促进区域耕地健康产能协调发展。

Ⅲ区耕地健康产能表现为“产能高—产能较稳定—土壤环境中等健康”的“磨合—中度协调”阶段。耕地资源可以进行进一步的开发利用，促进耕地数量和质量的提升。可以考虑改善光照、土壤容重、田间道路通达度条件以促进区域耕地健康产能协调发展。

Ⅳ区耕地健康产能表现为“产能高—产能稳定—土壤环境较健康”的“拮抗—基本协调”阶段。应适当调节耕作周期，进行适当休耕轮作。可以考虑改善土壤容重、温度条件以促进区域耕地健康产能协调发展。

Ⅴ区耕地健康产能表现为“产能中等—产能中等稳定—土壤环境较不健康”的“磨合—中度失调”阶段。应适当调节耕作周期，进行适当休耕轮作。可以考虑改善土壤水含量、土壤养分、pH 值、耕层质地条件以促进区域耕地健康产能协调发展。

Ⅵ区耕地健康产能表现为“产能较低—产能不稳定—土壤环境较不健康”的“磨合—中度协调”阶段。耕地资源可以进行进一步的开发利用，促进耕地数量和质量的提升。可以考虑提升光照、土壤水含量、田间道路通达度、改善地形以促进区域耕地健康产能协调发展。

（2）提出了各区域耕地利用投入的优化建议。耕地健康产能变化趋势分区单元的产能倾向率和产能平均波动指数倾向率的 Pearson 相关系数为 0.758［在 0.01 水平（双侧）上显著相关］，产能增长趋势和产能不稳定性趋势表现出较高的一致性。土壤环境健康分值变化与产能倾向率以及产能平均波动指数倾向率的 Pearson 相关性不显著。

两维图论聚类方法适用于耕地健康产能变化趋势分区的研究。Ⅰ区耕地健康产能变化趋势表现为“产能中等提升—产能稳定性变化较差—土壤环境健康变化差”的“磨合—中度失调”阶段。可以适当减缓耕地开发速度，注意提升耕地质量变化幅度，以促进产能稳定性的发展趋势。

Ⅱ区耕地健康产能变化趋势表现为“产能提升较大—产能稳定性变化较差—土壤环境健康变化较差”的“磨合—中度协调”阶段。应适当放缓耕地开发速度，以遏制区域产能不稳定性的增长速度，同时，增加耕地质量改善幅度促进产能增长速度。

Ⅲ区耕地健康产能变化趋势表现为“产能中等提升—产能稳定性中等变化—土壤环境健康变化较好”的“磨合—中度协调”阶段。应减缓耕地开发速度、减少耕地质量投入程度，以缓解区域耕地健康产能的负向变化趋势。可以考虑提升有效土层厚度、pH 值、有机质含量变化幅度以促进区域耕地健康产能变化趋势的协调发展。

Ⅳ区耕地健康产能变化趋势表现为“产能提升大—产能稳定性变化较差—土壤环境健康变化较好”的“协调耦合—中度协调”阶段。应适当放缓耕地开发速度、减少耕地质量投入程度，以遏制区域产能不稳定性的增长速度。

Ⅴ区耕地健康产能变化趋势表现为“产能提升较小—产能稳定性变化好—土壤环境健康变化较差”的“协调耦合—基本协调”阶段。应适当放缓耕地开发速度以遏制区域产能不稳定性的增长速度，减少耕地质量投入程度以促进土壤环境健康的变化幅度。

Ⅵ区耕地健康产能变化趋势表现为“产能提升较小—产能稳定性变化好—土壤环境健康变化较好”的“拮抗—中度失调”阶段。应减缓耕地开发速度、减少耕地质量投入程度，以缓解区域耕地健康产能失衡的变化趋势。

第 8 章
结论与讨论

8.1 结　　论

遵循“过程—影响—调控”的研究思路，以多学科理论与方法为依据，注重农学、气象学、地理学与土地资源管理学的交叉，并以遥感和 GIS 作为基本的技术平台。利用 Landsat 系列数据、气象数据、DEM 数据、第二次土壤普查数据、土壤调查样点数据、土壤水分数据、第二次土地调查更新数据、统计年鉴数据、NDVI 数据、土壤侵蚀数据等构建研究区 1985 ~ 2020 年耕地分布、1985 和 2020 年耕地质量、1985 ~ 2020 年耕地产能以及 1985 和 2020 年土壤环境健康数据库。并在此基础上分析研究区 1985 ~ 2020 年耕地数量、质量，以及产能、产能稳定性和土壤环境健康的空间分布差异和时间演变规律。在分析区域耕地数量和耕地质量对产能、产能稳定性和土壤环境健康影响的基础上解释区域耕地利用变化对耕地健康产能的影响。针对区域耕地健康产能的分布差异进行耕地健康产能分区，并根据各分区耕地数量和耕地质量对耕地健康产能的影响，提出耕地利用的优化建议。通过研究，得出以下结论。

（1）明晰了研究区耕地利用变化特征。1985 ~ 2020 年研究区耕地利用分布主要呈现逐步扩张的态势，垦殖率由 1985 年的 39.93% 增至 2020 年的

62.32%，耕地扩张区主要分布在研究区中部、东北部。1985～2000年垦殖率增加幅度大、速度快；2000～2020年垦殖率增加幅度相对平稳、增加速度逐渐放缓。研究区耕地质量变化介于－0.131～0.272之间，平均值为0.041；空间分布主要呈现西部升高且变化大、东部降低且变化小的态势。其中，耕地质量退化程度较高的区域主要分布在研究区的东北侧，研究区西南侧耕地质量提升相对较高。

（2）阐述了研究区耕地健康产能变化特征。1985～2020年研究区耕地产能呈现波动性增长态势，多年均值介于1 575.79～9 247.59千克/公顷之间，平均值为5 681.15千克/公顷。区域产能稳定性较弱，1985～2020年产能波动指数的绝对值介于0.11%～21.15%之间，平均值为6.14%；产能不够稳定的区域面积占比为53.26%，主要分布在湿地和林地附近。较1985年相比，2020年区域土壤环境健康得到一定的改善，但劣势仍然明显。土壤环境健康得到改善的面积占比为48.13%，主要分布在研究区西侧；出现恶化的面积占比为5.35%，主要分布在研究区南侧和东北侧。

根据耕地健康产能的内涵，将研究区分为不健康低产区、不健康高产区、健康低产区和健康高产区。不健康区域面积占比为56.85%，低产区域面积占比为47.79%，产能健康情况是提升区域耕地健康产能的关键。土壤健康恶化区域面积占比6.13%，产能不稳定区域面积占比53.26%，产能不稳定和产能水平较低是区域耕地产能健康面临的主要挑战。

（3）阐述了耕地数量变化对耕地产能的影响。1985～2020年研究区产能与耕地面积同向变化，产能变化受耕地面积增减变化的影响。耕地扩张区的单位面积产能相对耕地衰退区的单位面积产能而言，相对较高且空间差异相对较小。研究区耕地网格面积比例与单位面积产能主要呈现正向的相关性。耕地利用和产能重心变化主要呈现“北上—南下—北上”的演变过程。

（4）明晰了耕地数量变化对耕地产能稳定性的影响。耕地变化区耕地产能多年变异系数介于0.263～4.132之间，区域平均值为1.003，标准差为0.813。稳定区主要分布在研究区的中部和东北部，斑块相对聚集；不稳定区主要分布在中部和南部的湿地和林地附近，斑块相对分散。耕地网格面积比例均值较大的区域耕地产能相对稳定。根据区域耕地利用的多年变化情况，创建耕地利用变化模式图谱，并分为基本稳定型、前期稳定型、后期稳定型、间歇变化型、持续变化型、劣势耕地型6种类型。其中，劣势耕地型耕地产能稳定性较差，多年产能变异系数的平均值为2.41；基本稳定型耕地产能稳定性较强，多年产能变异系数的平均值为0.56。

（5）阐述了耕地数量变化对土壤环境健康的影响。耕地网格面积比例均值较大的区域土壤环境相对健康。耕地网格面积比例与土壤环境健康分值变化的Kendall tau-b相关系数为0.148［在置信度（双侧）为0.01时，相关性是显著的］，两者的灰色关联度（分辨系数取值0.5）为0.7896。耕地利用变化模式图谱与土壤环境健康分值变化的Kendall tau-b相关系数为0.142［在置信度（双侧）为0.01时，相关性是显著的］。

（6）揭示了耕地数量变化对耕地健康产能的综合影响。耕地数量变化对区域耕地健康产能产生显著影响，对高产区耕地健康产能的解释力更强。当前研究区垦殖率为62.32%。以区域耕地单位面积产能以及总产能的可持续发展为目标，区域满足产能稳定需求的垦殖率为42.08%～47.44%，若粮食产量已满足区域及国家需求，为保障区域耕地健康，可选取占区域总面积比例为14.88%～20.24%的耕地进行生态休耕轮作。目前，耕地不健康低产区的面积占区域总面积的24.11%，因此不健康低产区可以优先考虑进行生态休耕。区域满足产能和产能稳定需求的适宜垦殖率为62.93%～63.39%，若粮食产量已无法满足区域及国家需求，耕地可适当进一步扩张，在保障区域耕地可持续发展的前提下耕地最大可扩张面积占区域总面积的1.07%。

（7）阐述了耕地质量变化对耕地产能的影响。耕地质量变化和耕地产能变化的耦合协调类型以中度协调类型为主。双鸭山市区、集贤县以及宝清县的耕地质量变化与县域耕地产能变化呈显著正相关性；友谊县耕地质量变化与其呈显著负相关性。当耕地质量变化大于0.1时，耕地质量变化对耕地产能变化的影响相对较大；反之，则相对较弱。气候生产潜力变化与耕地产能变化呈显著正相关性，光合生产潜力变化与其呈显著负相关性。气候生产潜力、光合生产潜力及化肥施用综合指数的变化对耕地产能变化的直接正向影响较大，光温生产潜力、农机化水平及耕作距离的变化对其直接负向影响较大。

（8）明晰了耕地质量变化对耕地产能稳定性的影响。耕地质量变化对产能稳定性有负向影响。耕地质量变化与产能波动指数的 Pearson 相关系数为 0.025。气候生产潜力和地形部位的变化与多年产能稳定性呈显著正相关性，有效土层厚度、光合生产潜力、光温生产潜力及地形坡度的变化与其呈显著负相关性。气候生产潜力、化肥施用综合指数及土壤含水率的变化对多年产能稳定性的直接正向影响较大，有效土层厚度、田间道路通达度及耕作距离的变化对其直接负向影响较大。

（9）阐述了耕地质量变化对土壤环境健康的影响。耕地质量变化对土壤环境健康有正向显著影响。耕地质量变化与土壤环境健康分值变化的 Pearson 相关系数为 0.149 ［在置信度（双侧）为 0.01 时，相关性是显著的］。有效土层厚度、光合生产潜力、化肥施用综合指数、农机化水平、耕作距离、pH 值、有机质含量及光温生产潜力的变化与土壤环境健康分值变化呈显著正相关性，气候生产潜力、地形部位、耕层质地、土壤含水率、土壤养分元素指数、土壤容重、地形坡度及田间道路通达度的变化与其呈显著负相关性。光合生产潜力、有效土层厚度及耕作距离的变化对区域土壤环境健康的直接正向影响较大，光温生产潜力、气候生产潜力及化肥施用综合指数的变化对其直接负向影响较大。

（10）揭示了耕地质量变化对耕地健康产能的综合影响。耕地质量变化对低产区耕地健康产能的解释力更强。耕地质量因子变化均对区域耕地健康产能产生显著影响。不同区域显著影响的质量因子有所差异，气候和耕作条件因子所占的影响比例较大。耕地质量变化对土壤环境健康的解释力更强。

（11）提出了各区域耕地利用的优化建议。产能高值区和产能稳定区表现出较高的一致性。两维图论聚类方法适用于耕地健康产能分区研究。Ⅰ区耕地资源可以进一步开发利用，考虑改善地形条件以促进区域耕地健康产能协调发展。Ⅱ区耕地资源可以进一步开发利用，考虑改善有效土层厚度条件以促进区域耕地健康产能协调发展。Ⅲ区耕地资源可以进一步开发利用，考虑改善光照、土壤容重及田间道路通达度条件以促进区域耕地健康产能协调发展。Ⅳ区应适当调节耕作周期，进行适当休耕轮作，考虑改善土壤容重和温度条件以促进区域耕地健康产能协调发展。Ⅴ区应适当调节耕作周期，进行适当休耕轮作，考虑改善土壤水含量、土壤养分、pH 值及耕层质地条件以促进区域耕地健康产能协调发展。Ⅵ区耕地资源可以进一步开发利用，考虑改善光照、土壤水含量、田间道路通达度及地形条件以促进区域耕地健康产能协调发展。

（12）提出了各区域耕地利用投入程度的优化建议。产能增长趋势和产能不稳定性趋势表现出较高的一致性。两维图论聚类方法适用于耕地健康产能变化趋势分区的研究。各分区单元均需适当减缓耕地开发速度，Ⅰ区、Ⅱ区可适当提升耕地质量改善幅度，Ⅲ区、Ⅳ区、Ⅴ区、Ⅵ区应适当减少耕地质量投入程度。

8.2 讨 论

从耕地健康产能、土壤健康的内涵，以及可持续发展理论、土地资源优化配置理论、报酬递减规律、相关分析、拟合分析等理论与分析方法出发，在分别分析研究区耕地数量变化和耕地质量变化对耕地产能、产能稳定性以及土壤环境健康等影响的基础上解释耕地利用变化对区域耕地健康产能的影响机理；在分析挠力河流域耕地健康产能时间演变与空间分布特征的基础上进行区域耕地健康产能分区，针对各分区耕地利用变化对耕地健康产能的影响差异进行针对性的耕地利用指导。

本书基于 NDVI 数据和遥感估产的理论进行耕地产能反演，结果相对客观。同时结合实际产量数据和 BP 神经网络模型进行产能数据的预测反演，结果具有可信性，弥补了当前产能计算主观性较强的不足。在分析耕地土壤健康的基础上，进一步分析耕地产能、产能稳定性的分布与变化，丰富了耕地健康产能相关研究理论与框架，弥补了当前耕地健康产能相关研究“重环境、轻稳定”的不足。采用1985和2020年耕地质量数据，在分析耕地质量因子对产能空间分布影响差异的基础上进一步分析耕地质量因子变化与产能变化的可能影响。从静态和动态两个视角分析耕地质量因子对耕地产能空间分布和时间演变的影响，弥补当前对于耕地质量对耕地产能的影响只停留在静态分析的不足。厘清耕地利用变化对耕地健康产能的影响，可为耕地健康风险区、产能储备区、产能不稳区等区域的土地整治与利用规划、占补平衡政策的实施等提供合理参考，可为保障区域与国家粮食安全与稳定奠定基础。但本书仍存在诸多的不足，因此未来可以在以下几个方面进一步研究，力求更为完善。

（1）本书主要探讨耕地利用（数量和质量）变化对耕地健康产能的影响，没有将耕地进一步细分为旱地、水田，也没有进行作物分类。而不同的作物生长所需光、温、水、土等条件以及产出和生长效率不同，导致不同作物种植对区域耕地健康产能的影响有所差异。虽然书中已按照《农用地分等规程》中的相关方法，将玉米作为区域基准作物，进行实际标准粮产量测算，但不同作物生长对区域耕地健康产能的影响是需要进一步分析探讨的问题。

（2）本书涉及的数据量较大、数据时间跨度长，部分数据尤其是历史数据获取渠道相对局限，无法保障各数据源的尺度统一。因此，分析时会产生因数据尺度不一导致的误差，会对研究结果产生一定的影响。尽管本书已通过相关拟合计算尽可能地减少误差，但是数据分辨率差异导致的误差仍无法避免，需相关学科和技术的发展与进步以突破这个数据瓶颈。

（3）耕地利用系统是自然、社会综合作用的结果，作为复杂的大系统，具有非线性、不确定性、非周期性等特征。“人地关系”“人地粮耦合系统”的影响因素繁多，其间的影响机制错综复杂，因子之间的影响往往是互相促进、影响、抑制的，不是可以通过简单的数学公式进行表达与测算的。目前的研究水平仍无法明确且清晰地厘清其中的影响机制。而本书的相关分析是在相关理论的基础上根据数理统计的方法进行表述，因子之间直接的、明确的影响仍需根据控制变量法通过田间试验的方式进行完成。因此，本书在农学机理上的分析稍显不足。农艺技术会对区域产能产生较大影响，虽然本书已通过 HP 滤波等方式尽可能将产能波动与长期趋势剥离，但仍无法排除农艺技术等方面的影响，仍需要进一步分析探讨。

（4）研究区挠力河流域作为国家重要的商品粮基地，农药、除草剂的施用对粮食产量的提升起到了突出的作用，但农药、除草剂对区域土壤环境健康的负面影响较大，其影响机理有待进一步研究。研究区作为三江平原腹地，大型农业机械的使用促进了区域粮食生产的效率提升，但由此引发的土壤紧实、土层变薄、土壤深翻等问题，仍需进一步探讨。研究区地处黑龙江省东部土地整治重大工程，土地整治项目对区域耕地健康产能的影响机理有待研究。

参考文献

[1] 曹宏杰，王立民，罗春雨，等．三江平原地区农田土壤中几种重金属空间分布状况［J］．生态与农村环境学报，2014，30（2）：155－161.

[2] 曹志洪．解译土壤质量演变规律，确保土壤资源持续利用［J］．世界科技研究与发展，2001，23（3）：28－32.

[3] 柴晨好，周宏飞，朱薇．气候变化背景下哈萨克斯坦气候生产潜力时空特征分析［J］．中国农业资源与区划，2020，41（1）：217－226.

[4] 陈百明，王秀芬．耕地质量建设的生态与环境理念［J］．中国农业资源与区划，2013，34（1）：1－4.

[5] 陈百明．“中国土地资源生产能力及人口承载量”项目研究方法概论［J］．自然资源学报，1991，6（3）：197－205.

[6] 陈晓娟，吴小红，刘守龙，等．不同耕地利用方式下土壤微生物活性及群落结构特性分析：基于 PLFA 和 MicroResp（TM）方法［J］．环境科学，2013，34（6）：2375－2382.

[7] 成升魁，鲁春霞，郭金花，等．中国农业资源环境透视——问题与建议［J］．科技导报，2018，36（11）：13－21.

[8] 程传周，杨小唤，李月娇，等．2005～2008 年中国耕地变化对区域生产潜力的影响［J］．地球信息科学学报，2010，12（5）：620－627.

[9] 程志强，蒙继华．作物单产估算模型研究进展与展望［J］．中国生态农业学报，2015，23（4）：402－415.

[10] 董芳辰，刘晓光，于杰，等. 富锦市湿地不同开垦年限土壤养分时空分布特征研究［J］. 干旱区资源与环境，2017，31（8）：167－174.

[11] 董璐，惠文华，胡琰. 一种面向对象遥感变化检测的影像分割策略［J］. 遥感信息，2016，31（2）：80－85.

[12] 杜国明，刘彦随，于凤荣，等. 耕地质量观的演变与再认识［J］. 农业工程学报，2016，32（14）：243－249.

[13] 杜国明，张露洋，徐新良，等. 近50年气候驱动下东北地区玉米生产潜力时空演变分析［J］. 地理研究，2016，35（5）：864－874.

[14] 范佳旭，汤江龙. 耕地质量相关研究综述［J］. 住宅与房地产，2019，7（18）：253－255.

[15] 高凤杰，王鑫，韩晶，等. 东北黑土区小流域耕地土壤重金属污染特征及健康风险评价：以海沟河小流域为例［J］. 中国农业大学学报，2020，25（8）：73－83.

[16] 高涵，陈伟强，郧文聚，等. 东北典型平原区耕地健康产能评价与验证——以吉林省大安市为例［J］. 土壤通报，2020，51（4）：784－794.

[17] 高丽丽. 土地质量地球化学评估与农用地分等整合方法及成果应用研究［D］. 北京：中国地质大学（北京），2011.

[18] 高璐璐，张超，吕雅慧，等. 耕地健康产能多要素评价体系构建与应用［J］. 农业机械学报，2020，51（5）：215－222.

[19] 宫超，宋长春，谭稳稳，等. 三江平原沼泽湿地垦殖对土壤微生物学性质影响研究［J］. 生态环境学报，2015，24（6）：972－977.

[20] 顾莉丽. 中国粮食主产区粮食产量波动研究［J］. 安徽农业科学，2011，39（20）：12458－12461.

[21] 顾益康. 中国特色农业现代化的科学内涵、目标模式与支撑体系［J］. 中共浙江省委党校学报，2012，28（6）：26－36.

[22] 关文荣，李维哲. 拓宽保护耕地的思路——农用地综合生产能力调查与评价的任务与思路［J］. 中国土地，2006，13（3）：17－18.

[23] 郭爽，王钦安，朱燕. 基于耦合协调度模型的江淮分水岭地区农旅融

合研究——以滁州市为例［J］. 湖北文理学院学报，2021，42（2）：68－74.

［24］韩连贵，王岩，王其文，等. 新时期农业综合开发治理的目标、方略与可行性研究［J］. 经济研究参考，2018，27（40）：3－67.

［25］侯美亭.《土壤健康与气候变化》评介［J］. 气象科技进展，2011，1（2）：60.

［26］姜群鸥，邓祥征，林英志，等. 中国耕地用途转移对耕地生产力影响的预测与分析［J］. 应用生态学报，2010，21（12）：3113－3119.

［27］金涛. 中国粮食生产时空变化及其耕地利用效应［J］. 自然资源学报，2014，29（6）：911－919.

［28］柯新利，唐兰萍，廖平凡. 粮食产量对耕地数量敏感度的时空差异及政策启示［J］. 国土资源科技管理，2018，35（1）：33－42.

［29］李福夺，杨兴洪. 新疆粮食生产波动：波动特征与影响因素［J］. 干旱区资源与环境，2016，30（8）：54－61.

［30］李昊儒，毛丽丽，梅旭荣，等. 近30年来我国粮食产量波动影响因素分析［J］. 中国农业资源与区划，2018，39（10）：1－10，16.

［31］李建平，上官周平. 陕西省耕地生产能力的时空分布［J］. 农业工程学报，2012，28（10）：239－246.

［32］李金有，仇季梅，王长志. 构建新增耕地土壤健康环境的有益尝试［J］. 中国土地，2019，26（10）：46－47.

［33］李莉，周宏飞，包安明. 中亚地区气候生产潜力时空变化特征［J］. 自然资源学报，2014，29（2）：285－294.

［34］李林山，杨青山，刘贺贺，等. 吉林省中部城市群城市区位与区域均衡发展关系研究［J］. 地域研究与开发，2014，33（2）：25－29，66.

［35］李明文，张广胜. 1978年以来的辽宁省粮食生产波动——基于周期性特征与影响因素的分析［J］. 中国农学通报，2017，33（26）：152－158.

［36］李强. 基于能值分析与模糊评价的粮食主产区耕地健康评价——以石家庄市栾城县为例［J］. 地理与地理信息科学，2012，28（6）：85－89，95.

［37］李强，严金明，赵烨. 耕地健康也需诊断［J］. 中国土地，2011，

18 (11): 37－39.

[38] 李青丰. 生态安全对防止耕地隐性流失和保证粮食安全的意义 [J]. 干旱区资源与环境, 2006, 20 (3): 11－15.

[39] 李晓亮, 吴克宁, 褚献献, 等. 耕地产能评价研究进展与展望 [J]. 中国土地科学, 2019, 33 (7): 91－100.

[40] 林燕, 于冷. 中国粮食产量波动分析 [J]. 吉林农业大学学报, 2006 (3): 346－350.

[41] 刘宝元, 郭索彦, 李智广, 等. 中国水力侵蚀抽样调查 [J]. 中国水土保持, 2013, 34 (10): 26－34.

[42] 刘斌, 任建强, 陈仲新, 等. 冬小麦鲜生物量估算敏感波段中心及波宽优选 [J]. 农业工程学报, 2016, 32 (16): 125－134.

[43] 刘昌, 张红日, 赵相伟, 等. 山东省气候变化及其对冬小麦—夏玉米产量的影响 [J]. 水土保持研究, 2020, 27 (3): 379－384.

[44] 刘浩然, 吴克宁, 宋文, 等. 黑龙江粮食产能及其影响因素研究 [J]. 中国农业资源与区划, 2019, 40 (7): 164－170.

[45] 刘红玉, 张世奎, 吕宪国. 20 世纪 80 年代以来挠力河流域湿地景观变化过程研究 [J]. 自然资源学报, 2002, 17 (6): 698－705.

[46] 刘纪远, 匡文慧, 张增祥, 等. 20 世纪 80 年代末以来中国土地利用变化的基本特征与空间格局 [J]. 地理学报, 2014, 69 (1): 3－14.

[47] 刘纪远, 徐新良, 庄大方, 等. 20 世纪 90 年代 LUCC 过程对中国农田光温生产潜力的影响——基于气候观测与遥感土地利用动态观测数据 [J]. 中国科学 D 辑: 地球科学, 2005, 35 (6): 483－492.

[48] 刘景双, 杨继松, 于君宝, 等. 三江平原沼泽湿地土壤有机碳的垂直分布特征研究 [J]. 水土保持学报, 2003, 17 (3): 5－8.

[49] 刘洛, 徐新良, 刘纪远, 等. 1990～2010 年中国耕地变化对粮食生产潜力的影响 [J]. 地理学报, 2014. 69 (12): 1767－1778.

[50] 刘彦随, 王介勇, 郭丽英. 中国粮食生产与耕地变化的时空动态 [J]. 中国农业科学, 2009, 42 (12): 4269－4274.

[51] 刘扬．土地生产潜力计算方法研究 [J]．中国农学通报，2005，12 (21)：376 - 381.

[52] 龙方，杨重玉，彭澧丽．粮食生产波动影响因素的实证分析——以湖南省为例 [J]．农业技术经济，2010，29 (9)：97 - 104.

[53] 龙斯玉．江苏省农业气候资源生产潜力及区划的研究 [J]．地理科学，1985，5 (3)：218 - 226.

[54] 陆琦，马克明，张洁瑜，等．三江平原退化湿地和农田土壤养分的比较研究 [J]．生态与农村环境学报，2007，23 (2)：23 - 28.

[55] 陆文聪，梅燕．中国粮食生产区域格局变化及其成因实证分析——基于空间计量经济学模型 [J]．中国农业大学学报（社会科学版），2007，24 (3)：140 - 152.

[56] 马丽君，张家凤．区域旅游发展空间差异变化对经济发展平衡性的影响 [J]．经济地理，2020，40 (1)：197 - 203.

[57] 马燕妮，明冬萍，杨海平．面向对象影像多尺度分割最大异质性参数估计 [J]．遥感学报，2017，21 (4)：566 - 578.

[58] 农业部农业贸易促进中心政策研究所/中国农业科学院农业信息研究所国际情报研究室．养活饥饿人口必须注重土壤健康 [J]．世界农业，2014，36 (1)：188.

[59] 裴欢，孙天娇，王晓妍．基于 Landsat 8 OLI 影像纹理特征的面向对象土地利用/覆盖分类 [J]．农业工程学报，2018，34 (2)：248 - 255.

[60] 邱扬，傅伯杰，王军，等．土壤水分时空变异及其与环境因子的关系 [J]．生态学杂志，2007，26 (1)：100 - 107.

[61] 饶彩霞，吴克宁，许琳．基于农用地分等成果的产能核算——以湖南、河南、黑龙江为例 [J]．资源开发与市场，2008，24 (1)：16 - 17，91.

[62] 任建强，陈仲新，周清波，等．基于叶面积指数反演的区域冬小麦单产遥感估测 [J]．应用生态学报，2010，21 (11)：2883 - 2888.

[63] 沈仁芳，陈美军，孔祥斌，等．耕地质量的概念和评价与管理对

策［J］. 土壤学报，2012，49（6）：1210 – 1217.

［64］石淑芹，陈佑启，李正国，等．基于空间插值技术和辅助信息的吉林省玉米土地生产潜力研究［J］. 干旱地区农业研究，2011，29（9）：209 – 217.

［65］苏艳华，黄耀．湿地垦殖对土壤有机碳影响的模拟研究［J］. 农业环境科学学报，2008（4）：1643 – 1648.

［66］孙潇潇，张来振．基于敏感度分析模型的粮食生产与耕地变化动态响应研究——以连云港市为例［J］. 农业科技通讯，2017，47（12）：47 – 48，51.

［67］孙晓丽，石淑芹，李正国．黑龙江省气候与社会经济因素对生产潜力影响的研究［J］. 中国人口·资源与环境，2014，24（S3）：349 – 353.

［68］孙绪博，杜宜春，孙婴婴，等．水田建设对不同类型土壤养分和碳固持的影响［J］. 河南农业科学，2018，47（4）：54 – 58，63.

［69］孙扬越，申双和．作物生长模型的应用研究进展［J］. 中国农业气象，2019，40（7）：444 – 459.

［70］孙智辉，曹雪梅，李新亚，等．气候变化和人类活动对吴起土壤侵蚀的影响［J］. 水土保持研究，2009，16（6）：30 – 34，39.

［71］谭衢霖，Johansen S. 基于像元和对象分类的城区植被高分辨率遥感制图比较研究［J］. 应用基础与工程科学学报，2011，19（3）：441 – 448.

［72］汤怀志，冯喆．“藏粮于地”考验耕地治理体系现代化［N］. 中国自然资源报，2021 – 02 – 05（003）.

［73］唐启义. DPS 数据处理系统：实验设计、统计分析及数据挖掘［M］. 2 版. 北京：科学出版社，2010.

［74］唐秀美，陈百明，张蕾娜，等．新形势下全国农用地整理潜力测算方法探讨［J］. 中国土地科学，2011，25（9）：67 – 71.

［75］童彦，施玉，张梅芬，等．基于敏感度分析模型的云南粮食生产与耕地变化动态响应研究［J］. 亚热带水土保持，2015，27（3）：45 – 47.

［76］万炜，李含微，王佳莹，等．基于空间平滑法的旱作区粮食产量

时空变化与影响因素研究 [J]. 农业工程学报, 2019, 35 (16): 284 –296.

[77] 王佳月, 辛良杰. 基于 GlobeLand30 数据的中国耕地与粮食生产的时空变化分析 [J]. 农业工程学报, 2017, 33 (22): 1 –8.

[78] 王静, 杨小唤, 蔡红艳, 等. 20a 来中国占补耕地光温生产潜力时空特征 [J]. 自然资源学报, 2013, 28 (1): 126 –136.

[79] 王庆宾, 王兴华, 许皞, 等. 基于粗糙集的农田生态系统生产力及稳定性研究——以河北雄县为例 [J]. 水土保持研究, 2010, 17 (6): 212 –219.

[80] 王树涛, 李新旺, 门明新, 等. 基于改进灰色关联度法的河北省粮食波动影响因素研究 [J]. 中国农业科学, 2011, 44 (1): 176 –184.

[81] 王彦. 守好"饭碗田"的关键是提升耕地健康产能 [J]. 中国土地, 2019, 26 (10): 51 –52.

[82] 魏洪斌, 吴克宁, 赵华甫, 等. 未来 10 年我国耕地数量质量变化对区域粮食产能影响研究 [J]. 广东农业科学, 2014, 41 (19): 213 –219, 237.

[83] 温良友, 孔祥斌, 辛芸娜, 等. 对耕地质量内涵的再认识 [J]. 中国农业大学学报, 2019, 24 (3): 156 –164.

[84] 温良友, 张青璞, 孔祥斌, 等. 基于产能与健康综合评价的北京大兴区耕地整治分区 [J]. 农业工程学报, 2019, 35 (22): 79 –89.

[85] 吴克宁, 程先军, 黄勤, 等. 基于分等成果的农用地综合生产能力 [J]. 农业工程学报, 2008, 24 (11): 51 –56.

[86] 伍育鹏, 郧文聚, 邹如. 耕地产能核算模型的研究 [J]. 农业工程学报, 2008, 24 (S2): 108 –113.

[87] 相慧, 孔祥斌, 武兆坤, 等. 中国粮食主产区耕地生产能力空间分布特征 [J]. 农业工程学报, 2012, 28 (24): 235 –244.

[88] 肖丽群, 陈伟, 吴群, 等. 未来 10a 长江三角洲地区耕地数量变化对区域粮食产能的影响——基于耕地质量等别的视角 [J]. 自然资源学报, 2012, 27 (4): 565 –576.

[89] 谢晓彤，朱嘉伟．耕地质量影响因素区域差异分析及提升途径研究——以河南省新郑市为例 [J]．中国土地科学，2017，31（6）：70－78.

[90] 邢丽珠，张方敏，黄进，等．1961～2018年内蒙古风速变化及影响因素分析 [J]．干旱区资源与环境，2020，34（11）：162－168.

[91] 徐保根．耕地产能健康才能确保粮食安全 [N]．中国国土资源报，2016－03－17（005）.

[92] 徐珊，宋戈，李丹，等．东北粮食主产区耕地资源时空变化及其对粮食生产能力的影响 [J]．农业工程学报，2012，28（21）：1－9.

[93] 徐新良，刘纪远，曹明奎，等．近期气候波动与 LUCC 过程对东北农田生产潜力的影响 [J]．地理科学，2007，27（3）：318－324.

[94] 闫慧敏，刘纪远，黄河清，等．城市化和退耕还林草对中国耕地生产力的影响 [J]．地理学报，2012，67（5）：579－588.

[95] 杨邦杰，郧文聚，程锋．论耕地质量与产能建设 [J]．中国发展，2012，12（1）：1－6.

[96] 杨厚翔，雷国平，徐秋．黑龙江省耕地土壤养分贫瘠化研究 [J]．干旱地区农业研究，2018，36（6）：224－229，236.

[97] 杨建波，王莉，宋富强，等．粮食主产区耕地质量影响因素与粮食产能关系分析 [J]．中国农业资源与区划，2017，38（9）：15－22.

[98] 杨庆媛．协同推进土地整治与耕地休养生息 [J]．中国土地，2017，24（5）：19－21.

[99] 杨晓霞，周启星，王铁良．土壤健康的内涵及生态指示与研究展望 [J]．生态科学，2007，26（4）：374－380.

[100] 杨哲海，韩建峰，宫大鹏，等．高光谱遥感技术的发展与应用 [J]．海洋测绘，2003，23（6）：55－58.

[101] 杨宗辉，李金锴，韩晨雪，等．我国粮食生产重心变迁及其影响因素研究 [J]．农业现代化研究，2019，40（1）：36－43.

[102] 叶思菁，宋长青，程锋，等．中国耕地健康产能综合评价与试点评估研究 [J]．农业工程学报，2019，35（22）：66－78.

[103] 于沪宁，赵丰收．光热资源和农作物的光热生产潜力——以河北省栾城县为例［J］．气象学报，1982，40（3）：327－334.

[104] 于磊，张柏，张树清．基于GIS的三江平原生态环境地球化学质量评价研究［J］．土壤通报，2004，35（5）：529－532.

[105] 于智媛，梁书民．基于Miami模型的西北干旱半干旱地区灌溉用水效果评价——以甘宁蒙为例［J］．干旱区资源与环境，2017，31（9）：49－55.

[106] 郧文聚，梁梦茵，汤怀志．提升耕地质量重在健康产能建设［J］．中国土地，2015，22（3）：22－23.

[107] 郧文聚，王洪波，王国强，等．基于农用地分等与农业统计的产能核算研究［J］．中国土地科学，2007，21（4）：32－37.

[108] 曾孙坚．耕地利用方式对土壤肥力的影响调查［J］．现代农业科技，2008，15（17）：188－189.

[109] 曾希柏，黄雪夏，刘子刚，等．种植年限对三江平原农田土壤剖面性质及碳、氮含量的影响［J］．中国农业科学，2006，39（6）：1186－1195.

[110] 张凤荣，齐伟，薛永森，等．盐渍土区耕地质量指标及其在持续土地利用管理评价中的应用［J］．中国农业大学学报，2001，6（5）：42－48.

[111] 张洪岩，周成虎，闾国年，等．试论地学信息图谱思想的内涵与传承［J］．地球信息科学学报，2020，22（4）：653－661.

[112] 张俊伶，张江周，申建波，等．土壤健康与农业绿色发展：机遇与对策［J］．土壤学报，2020，57（4）：783－796.

[113] 张树文，王文娟，李颖，等．近50年来三江平原土壤侵蚀动态分析［J］．资源科学，2008，32（6）：843－849.

[114] 张桃林，潘剑君，赵其国．土壤质量研究进展与方向［J］．土壤，1999，31（1）：1－7.

[115] 张小丹，吴克宁，杨淇钧，等．耕地健康产能内涵及评价指标体系研究进展［J］．土壤通报，2020，51（1）：245－252.

[116] 张志国．河南省主要粮食作物波动分析［J］．资源开发与市场，2011，27（8）：698－700，739.

[117] 赵庚星，李秀娟，李涛，等．耕地不同利用方式下的土壤养分状况分析［J］．农业工程学报，2005，21（10）：55－58.

[118] 赵慧颖，田宝星，宫丽娟，等．近308年来大兴安岭北部森林植被气候生产潜力及其对气候变化的响应［J］．生态学报，2017，37（6）：1900－1911.

[119] 赵俊芳，孔祥娜，姜月清，等．基于高时空分辨率的气候变化对全球主要农区气候生产潜力的影响评估［J］．生态环境学报，2019，28（1）：1－6.

[120] 赵瑞，吴克宁，张小丹，等．粮食主产区耕地健康产能评价——以河南省温县为例［J］．中国土地科学，2019，33（2）：67－75.

[121] 郑亚楠，张凤荣，谢臻，等．中国粮食产能变化与耕地保护策略研究——基于作物区试产量视角［J］．中国农业资源与区划，2019，40（4）：47－53.

[122] 周健民．浅谈我国土壤质量变化与耕地资源可持续利用［J］．中国科学院院刊，2015，30（4）：459－467.

[123] 周伟，牟凤云，刚成诚，等．1982——2010年中国草地净初级生产力时空动态及其与气候因子的关系［J］．生态学报，2017，37（13）：4335－4345.

[124] 周学国，赵振，杜宪．黑龙江垦区涝渍成因及对作物危害的分析［J］．黑龙江水专学报，2004，31（3）：46－47.

[125] 朱晓峰．新阶段我国农业发展的特征、问题与对策［J］．学术界，2013，28（6）：52－73，282－283.

[126] 邹健，龙花楼．改革开放以来中国耕地利用与粮食生产安全格局变动研究［J］．自然资源学报，2009，24（8）：1366－1377.

[127] Acton D F，Gregorich L J. Executive Summary of the Health of Our Soils toward Sustainable Agriculture in Canada［M］. Research Branch：Centre for Land and Biological Resources Research，Agriculture and Agri-Food Canada，Ottawa，Canada，1996.

[128] Acton D F, Gregorich L J. The Health of Our Soils: Toward in Canada [M]. Canada: Centre for Land and Biological Resources Research, 1995.

[129] Apfelbaum S I, Mcelligott K, Thompson R, et al. AES White Paper [R]: Defining Soil Health Within the Context of Ecosystem Health-A Framework. 2019.

[130] Ayoubi S, Khormali F, Sahrawat K L, et al. Assessing Impacts of Land Use Change on Soil Quality Indicators in a Loessial Soil in Golestan Province, Iran [J]. Journal of Agricultural Science and Technology, 2011, 13 (5): 727-742.

[131] Bacsi Z, Zsolt Hollósy. A Yield Stability Index and Its Application for Crop Production [J]. Analecta Technica Szegedinensia, 2019, 13 (1): 11-20.

[132] Bakhshandeh E, Hossieni M, Zeraatpisheh M, et al. Land Use Change Effects on Soil Quality and Biological Fertility: A Case Study in Northern Iran [J]. European Journal of Soil Biology, 2019, 95: 103119.

[133] Basukala A K, Oldenburg C, Schellberg J, et al. Towards Improved Land Use Mapping of Irrigated Croplands: Performance Assessment of Different Image Classification Algorithms and Approaches [J]. European Journal of Remote Sensing, 2017, 50 (1): 187-201.

[134] Ceglar A, R. Van Der Wijngaart B, A. De Wit B, et al. Improving WOFOST Model to Simulate Winter Wheat Phenology in Europe: Evaluation and Effects on Yield [J]. Agricultural Systems, 2019, 168: 168-180.

[135] Collette L, FAO. Save and Grow: A Policymaker's Guide to the Sustainable Intensification of Smallholder Crop Production [M] //Save and Grow: A Policymaker's Guide to the Sustainable Intensification of Smallholder Crop Production, 2011.

[136] Das S, Bhattacharyya R, Das T K, et al. Soil Quality Indices in a Conservation Agriculture Based Rice-Mustard Cropping System in North-western Indo-Gangetic Plains [J]. Soil and Tillage Research, 2021, 208: 104914.

[137] Enfors E I, Gordon L J. Analysing Resilience in Dryland Agroecosys-

tems: A case Study of the Makanya Catchment in Tanzaniaover the Past 50 Years [J]. Land Degradation & Development, 2007, 18 (6): 680 –696.

[138] Çerçioğlu, Melis, Anderson S H, et al. Effect of Cover Crop Management on Soil Hydraulic Properties [J]. Geoderma, 2019, 343: 247 –253.

[139] FAO. An International Framework for Evaluating Sustainable Land Management [R]. Rome: World Soil Resources Report, 1993.

[140] FAO, OECD. Building Resilience for Adaptation to Climate Change in the Agriculture Sector [R]. Rome: Proceedings of a Joint FAO/OECD Workshop, 2012.

[141] Farneda F Z, Meyer C, Grelle C. Effects of Land-Use Change on Functional and Taxonomic Diversity of Neotropical Bats [J]. Biotropica, 2020, 52 (1).

[142] Fu B J, Gulinck H, Masum M. Loess Erosion in Relation to Land-Use Changes in the Ganspoel Catchment, Central Belgium [J]. Land Degradation & Development, 1994, 5 (4): 261 –270.

[143] Gizaw S A, Garland-Campbell K, Carter A H. Use of Spectral Reflectance for Indirect Selection of Yield Potential and Stability in Pacific Northwest Winter Wheat [J]. Field Crops Research, 2016, 196: 199 –206.

[144] Graham S I, Kinnaird M F, O'Brien T G, et al. Effects of Land-Use Change on Community Diversity and Composition Are Highly Variable Among Functional Groups [J]. Ecological Applications, 2019, 29 (7).

[145] Herridge D F, Win M M, Nwe K M M, et al. The Cropping Systems of the Central Dry Zone of Myanmar: Productivity Constraints and Possible Solutions [J]. Agricultural Systems, 2019, 169: 31 –40.

[146] Igalavithana, Avanthi, Deshani, et al. Assessment of Soil Health in Urban Agriculture: Soil Enzymes and Microbial Properties [J]. Sustainability, 2017.

[147] Igor Bogunovic A, Paulo Pereira B, Ivica Kisic A, et al. Tillage Management Impacts on Soil Compaction, Erosion and Crop Yield in Stagnosols

(Croatia) [J]. CATENA, 2018, 160: 376 - 384.

[148] Imhoff M L, Bounoua L, DeFries R, et al. The Consequences of Urban Land Transformation on Net Primary Productivity in the United States [J]. Remote Sensing of Environment, 2004, 89 (4): 434 - 443.

[149] Janz A, Whitson I R, Lupardus R. Soil Quality and Land Capability of Reclaimed Oil and Gas Well Pads in Southern Alberta: Long-Term Legacy Effects [J]. Canadian Journal of Soil Science, 2019, 99 (3): 262 - 276.

[150] Kayikcioglu H H, Duman B, Asciogul T K, et al. Effects of Tomato-Based Rotations with Diversified Pre-Planting on Soil Health in the Mediterranean Soils of Western Turkey [J]. Agriculture Ecosystems & Environment, 2020, 299: 106986.

[151] Khanal S, Klopfenstein A, Kushal K C, et al. Assessing the Impact of Agricultural Field Traffic on Corn Grain Yield Using Remote Sensing and Machine Learning [J]. Soil and Tillage Research, 2021, 208: 104880.

[152] Khan I, Javed T, Khan A, et al. Impact Assessment of Land Use Change on Surface Temperature and Agricultural Productivity in Peshawar-Pakistan [J]. Environmental Science and Pollution Research, 2019, 26 (32).

[153] Kibblewhite M, Rubio J L, Kosmas C, et al. Environmental Assessment of Soil for Monitoring Desertification in Europe [M]. Bedfordshire: Cranfield University, 2007.

[154] Kindu M, Schneider T, Döllerer M, et al. Scenario Modelling of Land Use/Land Cover Changes in Munessa-Shashemene Landscape of the Ethiopian Highlands [J]. Science of the Total Environment, 2018, 622 - 623: 534 - 546.

[155] Kumar A, Sharma P, Joshi S. Assessing the Impacts of Climate Change on Land Productivity in Indian Crop Agriculture: An Evidence from Panel Data Analysis [J]. Journal of Agricultural Science & Technology, 2016, 18 (1): 1 - 13.

[156] Kun YANG, Yingying CHEN, Jie HE, et al. Development of a Daily

Soil Moisture Product for the Period of 2002 – 2011 in Chinese Mainland [J]. Science China (Earth Sciences), 2020, 63 (08): 1113 – 1125.

[157] Lal R. Soil Degradation as a Reason for Inadequate Human Nutrition [J]. Food Security, 2009, 1 (1): 45 – 57.

[158] Larkin R P, Griffin T S, Honeycutt C W. Rotation and Cover Crop Effects on Soilborne Potato Diseases, Tuber Yield, and Soil Microbial Communities [J]. Plant Disease, 2010, 94 (12): 1491 – 1502.

[159] Leith H, Box E. Evapotranspiration and Primary Productivity [M]. New Jersey: Climatology, 1972.

[160] Leopold A. Wilderness as a land laboratory [J]. Living Wilderness, 1941 (6): 3.

[161] Lieth H. Primary Production: Terrestrial Ecosystems [J]. Human Ecology, 1973, 1 (4): 303 – 332.

[162] Liu D Q, Wan F, Guo R, et al. GIS-Based Modeling of Potential Yield Distributions for Different Oat Varieties in China [J]. Mathematical and Computer Modelling, 2010, 54 (3 – 4): 869 – 876.

[163] Lupwayi N, Hamel C, Tollefson T. Soil Biology of the Canadian Prairies [J]. Prairie Soils & Crops Scientific Perspectives for Innovative Management, 2010.

[164] Luz F, Silva V, Mallmann F, et al. Monitoring Soil Quality Changes in Diversified Agricultural Cropping Systems by the Soil Management Assessment Framework (SMAF) in southern Brazil [J]. Agriculture Ecosystems & Environment, 2019, 281: 100 – 110.

[165] Mak K, Coulson M R C. Map-user Response to Computer-Generated Choropleth Maps: Comparative Experiments in Classification and Symbolization [J]. Cartography & Geographic Information Science, 1991, 18 (2): 109 – 124.

[166] Ma N, Szilagyi J, Y Zhang, et al. Complementary-Relationship-Based Modeling of Terrestrial Evapotranspiration across China during 1982 – 2012:

Validations and Spatiotemporal Analyses [J]. Journal of Geophysical Research Atmospheres, 2019.

[167] Marcus Vinícius Loss Sperandio, Santos L A, Tavares O C H, et al. Silencing the Oryza sativa Plasma Membrane H + -ATPase Isoform OsA2 Affects Grain Yield and Shoot Growth and Decreases Nitrogen Concentration [J]. Journal of Plant Physiology, 2020, 251: 153220.

[168] Michael M, Tu K, Jesslyn B. Optimizing a Remote Sensing Production Efficiency Model for Macro-Scale GPP and Yield Estimation in Agroecosystems [J]. Remote Sensing of Environment, 2018, 217: 258 -271.

[169] Milesi C, Elvidge C D, Nemani R R, et al. Assessing the Impact of Urban Land Development on Net Primary Productivity in the Southeastern United States [J]. Remote Sensing of Environment. 2003, 86 (3): 401 -410.

[170] Moebius-Clune B N, Moebius-Clune D J, Gugino B K, et al. Comprehensive Assessment of Soil Health the Cornell Framework [M]. 3.2 edn. Geneva, NY: Cornell University, 2016.

[171] Mohan D, Tiwari V. Influence of Varying Crop Seasons and Locations in Sustaining Wheat Yield under Two Agro-Climatically Diverse Zones of India [J]. Field Crops Research, 2016, 196: 402 -408.

[172] Nadeem F, Farooq M, Mustafa B, et al. Residual Zinc Improves Soil Health, Productivity and Grain Quality of Rice in Conventional and Conservation Tillage Wheat-Based Systems [J]. Crop and Pasture Science, 2020, 71.

[173] Nakadai T, Koizumi H, Usami Y, et al. Examination of the Method for Measuring Soil Respiration in Cultivated Land: Effect of Carbon Dioxide Concentration on Soil Respiration [J]. Ecological Research, 1993, 8 (1): 65 -71.

[174] Negasa T, Ketema H, Legesse A, et al. Variation in Soil Properties under Different Land Use Types Managed by Smallholder Farmers along the Toposequence in Southern Ethiopia [J]. Geoderma, 2017, 290: 40 -50.

[175] Nkebiwe P M, Weinmann M, Bar-Tal A, et al. Fertilizer Placement

to Improve Crop Nutrient Acquisition and Yield: A Review and Meta-Analysis [J]. Field Crops Research, 2016, 196: 389 -401.

[176] Nosrati K, Collins A L. A Soil Quality Index for Evaluation of Degradation under Land Use and Soil Erosion Categories in a Small Mountainous Catchment, Iran [J]. Journal of Mountain Science, 2019, 16 (11): 2577 -2590.

[177] Patrick D, Limin Y, Suming J, et al. An Assessment of the Cultivated Cropland Class of NLCD 2006 Using a Multi-Source and Multi-Criteria Approach [J]. Remote Sensing, 2016, 8 (2): 101.

[178] Pei F, Li X, Liu X, et al. Assessing the Differences in Net primary Productivity between Pre-and Post-Urban Land Development in China [J]. Agricultural and Forest Meteorology, 2013, 171 -172: 174 -186.

[179] Pokhrel K P. Soil Health and Sustainable Land Resource Management Practices at Municipal Level: A Case from Bheri Nagarpalika (Municipality), Jajorkot District, Nepal [J]. Geographical Research, 2020, 03 (2): 25 -33.

[180] Rahman M R, Ando K, Takeda S. Effect of Shrimp-Based Cropping Systems on Salinity and Soil Fertility in a Coastal Area of Bangladesh: A Village-Level Study [J]. Journal of Agricultural Science, 2013, 5 (11): 1 -10.

[181] Rimal B, Sharma R, Kunwar R M, et al. Effects of Land Use and Land Cover Change on ecosystem services in the Koshi River Basin, Eastern Nepal [J]. Ecosystem Services, 2019, 38 (1).

[182] Robinson D A, Hackley N, Dominati E J, et al. Natural Capital, Ecosystem Services and Soil Change [J]. Vadose Zone Journal, 2012, 11 (1): 5 -10.

[183] Rousseau L, Fonte S J, Tellez O, et al. Soil Macrofauna as Indicators of Soil Quality and Land Use Impacts in Smallholder Agroecosystems of Western Nicaragua [J]. Ecological Indicators, 2013, 27 (4): 71 -82.

[184] Sjgersten S, René van der Wal, Loonen M J J E, et al. Recovery of Ecosystem Carbon Fluxes and Storage from Herbivory [J]. Springer Open Choice,

2011, 106 (3).

[185] Smit B, Waltner T D, Rapport D. Agroecosystem Health: Analysis and Assessment. Uelph, Ontario: University of Guelph, 1998: 1 - 14.

[186] Stastny J, Konecny V, Trenz O. Agricultural Data Prediction by Means of Neural Network [J]. Agricultural Economics (AGRICECON), 2011, 57 (7): 356 - 361.

[187] Tang W, Yang. A 16-Year Dataset (2000 - 2015) of High-Resolution (3h, 10km) Global Surface Solar Radiation. Earth Syst. Sci. Data, 2019, 11: 1905 - 1915.

[188] Tao F, Yokozawa M, Liu J, et al. Climate Change, Land Use Change, and China's Food Security in the Twenty-First Century: An Integrated Perspective [J]. Climatic Change, 2009, 93 (3): 433 - 445.

[189] Thenkabail P S, Ward A D, Lyon J G. Landsat-5 Thematic Mapper Models of Soybean and Corn Crop Characteristics [J]. International Journal of Remote Sensing, 1994, 15 (1): 49 - 61.

[190] Villarino S H, Studdert G A, Laterra P. How does Soil Organic Carbon Mediate Trade-Offs between Ecosystem Services and Agricultural Production? [J]. Ecological Indicators, 2019, 103 (8): 280 - 288.

[191] Walker D J, Young D L. Crosson, Pierre R, et al. Productivity Effects of Cropland Erosion in the United States [J]. Agriculture Ecosystems & Environment, 2015, 12 (3): 263 - 264.

[192] Wang M, Chen S, Chen L, et al. The Responses of a Soil Bacterial Community under Saline Stress are Associated with Cd Availability in Long-Term Wastewater-Irrigated Field Soil [J]. Chemosphere, 2019, 236: 124372.

[193] Xi Yicheng, Luo Qingli. A Morphology-Based Method for Building Change Detection Using Multi-temporal Airborne LiDAR Data [J]. Remote Sensing Letters, 2018, 9 (2): 131 - 139.

[194] Zhang Jianguo, Li Xianwen, Wu Yanlei. Object oriented Estimation

of Winter Wheat Planting Area Using Remote Sensing Data [J]. Transactions of the CSAE, 2008, 24 (1): 156 – 160.

[195] Zumpf C, Cacho J, Grasse N, et al. Influence of Shrub Willow Buffers Strategically Integrated in an Illinois Corn-Soybean Field on Soil Health and Microbial Community Composition [J]. Science of The Total Environment, 2021: 145674.